LES INDISPENSABLES VUIBERT

Droit du travail

Isabelle Beyneix

Enseignant-chercheur en droit privé – HDR en droit privé
Novancia (CCIP) / chercheur associé à l'université de Paris 13 (Paris-Nord)
Chargée d'enseignement à ESCP Europe (CCIP)

Vuibert

ISBN 978-2-311-01295-8

Site internet : http://www.vuibert.fr

Sommaire

Mode d'emploi

Les ouvrages de la collection « Les indispensables Vuibert » sont composés de fiches comportant des rappels des notions clés, des questions à choix multiples commentées et des exercices intégralement corrigés.

Ces ouvrages sont conçus pour favoriser la mise à niveau, la mémorisation et la révision/préparation des épreuves. Ils proposent une organisation synthétique des connaissances et une application à la fois immédiate et progressive.

Organisation de l'ouvrage

La *première partie* présente les relations individuelles du travail, à savoir les rapports employeur/salarié. Il s'agit d'étudier le droit commun du travail, c'est-à-dire les règles communes s'appliquant à tous : les sources du droit du travail, les droits des salariés et les prérogatives de l'employeur. Cette partie traite également des différents contrats de travail envisageables en droit français (CDI, CDD, CTT), ainsi que de la possibilité de modifier ou non le CDI d'un salarié. En outre, les principales clauses usuelles du contrat de travail sont également étudiées (clause de non-concurrence, clause d'exclusivité… etc.).

La *deuxième partie* traite encore des relations individuelles mais cette fois sous l'angle de la fin du contrat de travail, qu'elle soit le fait de l'employeur (licenciement pour motif personnel, licenciement économique et prévention de ce dernier) ou bien qu'elle résulte du libre choix du salarié (prise d'acte, rupture négociée, démission, transaction). Les conflits individuels résultant du harcèlement moral et sexuel sont également présentés.

La *troisième partie* concerne les relations collectives du travail. Il est ici question de la représentation collective avec la création et le rôle des délégués du personnel (DP), du comité d'entreprise (CE), du comité d'hygiène, de sécurité et des conditions de travail (CHSCT), ainsi que des délégués syndicaux (DS) au sein de l'entreprise. Il s'agit également d'étudier la négociation collective (accord national interprofessionnel (ANI), convention et accord d'entreprise, d'établissement, de groupe ou de branche). Enfin, il est également traité des conflits collectifs (grève et *lock out*).

Un *index* permet de retrouver rapidement l'ensemble des notions abordées dans les fiches aussi bien dans les rappels de cours que dans les applications.

Les principaux sigles et abréviations utilisés dans l'ouvrage sont répertoriés dans la table ci-après.

Table des sigles et abréviations

ANI	Accord national interprofessionnel
al.	Alinéa
art.	Article
Ass. plén.	Assemblée plénière
Bull. civ.	Bulletin de la Cour de cassation
Cass. soc. ou Cass. crim.	Chambre sociale, Chambre criminelle de la Cour de cassation
C. civ.	Code civil
C. éd.	Code de l'éducation
C. trav.	Code du travail
CA	Conseil d'administration
CE	Comité d'entreprise
CEDH	Cour européenne des droits de l'homme
CESDH	Convention européenne de sauvegarde des droits de l'homme et des libertés fondamentales
Ch.	Chambre
Ch. mixte	Chambre mixte
CHSCT	Comité d'hygiène, de sécurité et des conditions de travail
CIF	Congé individuel de formation
CIL	Correspondant informatique et libertés
CNE	Contrat nouvelle embauche
CNIL	Comité national de l'informatique et des libertés
CPE	Contrat première embauche
CS	Conseil de surveillance
CSP	Contrat de sécurisation professionnelle
CTU	Contrat de travail unique
CV	*Curriculum vitae*
D.	*Dalloz* (revue)
DIF	Droit individuel à formation
DIRECCTE	Direction régionale des entreprises, de la concurrence, de la consommation, du travail et de l'emploi
DP	Délégué du personnel
DS	Délégué syndical
DUE	Déclaration unique d'embauche
DUP	Délégation unique du personnel
EEE	Espace économique européen
FONGECIF	Fonds de gestion des congés individuels de formation
GPEC	Gestion prévisionnelle des emplois et des compétences
LRAR	Lettre recommandée avec accusé de réception
OIT	Organisation internationale du travail
ONU	Organisation des Nations unies
OPCA	Organisme paritaire collecteur agréé
PDV	Plan de départ volontaire
préc.	Précité

PSE	Plan de sauvegarde de l'emploi
PV	Procès verbal
RI	Règlement intérieur
RP	Représentants du personnel
RSE	Responsabilité sociétale de l'entreprise
RSS	Représentant de la section syndicale
RTT	Réduction du temps de travail
s.	Suivant
SA	Société anonyme
SARL	Société à responsabilité limitée
SAS	Société par actions simplifiée
SCA	Société en commandite par actions
SCM	Société civile de moyens
SCP	Société civile professionnelle
SCS	Société en commandite simple
SEL	Société d'exercice libéral
SNC	Société en nom collectif
TC	Tribunal de commerce
TGI	Tribunal de grande instance
TI	Tribunal d'instance
TIC	Technologie de l'information et de la communication
UES	Unité économique et sociale
VRP	Voyageur représentant placier

Remerciements

Ce projet n'aurait jamais pu se concrétiser sans l'aide précieuse et l'amitié de Valérie Bauer et de Jean Rovinski. Qu'ils en soient très sincèrement remerciés ainsi que les étudiants qui, en « testant » les fiches, ont enrichi le contenu du présent ouvrage.

FICHE 1

Le droit commun du contrat de travail : les sources

1 Source et évolution du droit du travail

L'étymologie du mot travail renvoie à un instrument de torture (*tripalium*). Et, si le gendre de Marx, Paul Lafargue, a défendu le droit à la paresse dans l'ouvrage éponyme (1880), c'est bien parce que le travail est trop rarement un plaisir. On travaille généralement par nécessité et, si l'on a la chance d'avoir un emploi intéressant, pour l'estime de soi.

Le droit du travail est un **droit jeune**, qui date de la seconde moitié du XIXe siècle. Il vise à **protéger le salarié** en raison de l'inégalité inhérente au contrat de travail qui le subordonne à un employeur. C'est un **droit individuel** (relation employeur/salarié) et **collectif** (relation employeur/instances représentatives du personnel) en constante évolution.

C'est paradoxalement un **droit impératif** (règles d'ordre public), mais aussi fortement **négocié** (conventions ou accords collectifs).

A. Le droit du travail contemporain

1) Les Coutumes ou usages

Leur force résulte de la **croyance** en leur **caractère obligatoire**. Les usages d'entreprise sont des avantages octroyés par les employeurs depuis le XIXe siècle et conférant un avantage aux salariés (13e mois, prise en charge des indemnités de transport, etc.).

> **Exemple :** les techniciens de l'Opéra national de Paris ont demandé la reconnaissance d'un usage, refusé en l'espèce, leur permettant de bénéficier d'un âge d'ouverture du droit à pension à 55 ans (Cass. soc. 30 septembre 2013, n° 12-14.964 et 12-14.952, publication en cours).

L'usage est caractérisé par :

– sa **généralité**. Il est attribué à l'ensemble des salariés ou à une catégorie déterminée (exemple : les cadres) ;

- sa **constance**. La répétition de l'usage est nécessaire : « une fois n'est pas coutume » ;
- sa **fixité**. Les conditions et les modalités d'attribution doivent être fondées sur des critères objectifs.

L'employeur peut dénoncer **l'usage** en suivant des conditions prétoriennes (c'est-à-dire créées par la jurisprudence).

Attention

La dénonciation de l'usage suppose le respect d'un préavis qui permettra, le cas échéant, l'ouverture de négociations. L'information des RP et de tous les salariés individuellement est nécessaire par LRAR. Le seul fait pour les salariés de poursuivre le contrat de travail ne permet pas de présumer de leur accord (Cass. soc. 7 mai 1991, n° 87-43.242).

2) Les sources professionnelles

Le droit à la négociation collective est inscrit dans le Préambule de la Constitution du 27 octobre 1946 et fait donc partie intégrante du bloc de constitutionnalité. Depuis la loi n° 82-957 du 13 novembre 1982, les sources professionnelles proviennent de la négociation collective (art. L. 2221-1 C. trav. et s.).

3) Du droit du travailleur au droit de la personne au travail

L'échec du CNE, créé par l'ordonnance n° 2005-893 le 2 août 2005, a montré que la France n'était pas prête pour une flexibilité libérale. L'ordonnance n° 2007-329 du 12 mars 2007 a recodifié le Code du travail en tentant de concilier la flexibilité à laquelle les entreprises aspirent et la stabilité du contrat de travail que le salarié entend conserver.

L'apparition de **codes de bonne conduite** et la mode de la **RSE**, censés montrer la volonté des entreprises citoyennes à prendre en compte des considérations sociales et environnementales, sont une nouvelle démonstration de l'émergence d'un droit souple (*soft law*).

B. L'Europe et le droit du travail

Les diverses **conventions du Conseil de l'Europe** et la **CESDH** du 4 novembre 1950 énumèrent des libertés et droits fondamentaux relatifs au droit du travail.

Exemple : la liberté de réunion, l'interdiction des discriminations, la liberté syndicale, l'interdiction du travail forcé font partie de ces libertés et droits fondamentaux. Tout ressortissant d'un État signataire peut les invoquer devant les tribunaux nationaux et former un recours devant la Cour européenne des droits de l'homme une fois épuisées les voies de recours internes.

FICHE 1

La **Charte sociale européenne** de 1961, révisée en 1996, du Conseil de l'Europe, vise à sauvegarder les droits sociaux et économiques de l'homme.

Le **Comité européen des droits sociaux** statue sur la conformité des pratiques des États membres avec la charte et son protocole additionnel de 1988.

Tout citoyen de l'Union européenne ou de l'un des pays de l'EEE (Norvège, Liechtenstein, Islande) et de Suisse peuvent travailler dans l'Union. Les salariés roumains et bulgares sont soumis à une autorisation de travail simplifiée pendant une période transitoire.

Attention

Les 28 États membres ont des salaires minimums très différents. C'est pourquoi le *dumping* social européen effraye, même si la directive du 12 décembre 2006 relative aux services dans le marché intérieur, dite « Bolkestein », a finalement modifié marginalement la législation en simplifiant pour un prestataire de service d'un État membre les conditions dans lesquelles il peut opérer dans un autre État membre.

C. Les sources internationales

L'OIT a été créée en 1919 par les États signataires du traité de Versailles, conscients que des conditions de travail désastreuses pouvaient mettre en péril la paix. L'OIT est devenue par la suite une agence spécialisée de l'ONU. Elle cherche à promouvoir un travail décent à travers le monde et élabore des **conventions internationales** qui sont ratifiées par les États membres partiellement ou totalement (189 à ce jour). Ces dernières l'emportent alors sur les lois antérieures. Elle élabore aussi des recommandations (202 à ce jour). L'**absence de sanctions** réelles en fait cependant un organisme créateur de droits essentiellement incantatoires. Le 10 juin 2008, l'OIT a adopté à l'unanimité la **Déclaration sur la justice sociale pour une mondialisation équitable**.

2 Le droit commun du contrat de travail

A. Le champ d'application du droit du travail

Le droit du travail s'applique aux **relations individuelles et collectives** qui naissent à l'occasion d'un contrat de travail entre un salarié et un employeur. Le contrat de travail est caractérisé par le **lien de subordination** qui inféode le salarié à son employeur.

Exemple : le salarié doit venir travailler à heures fixes, dans un endroit précis, avec du matériel fourni par l'entreprise, sous l'autorité hiérarchique de son employeur qui contrôlera par la suite son travail.

1) Les caractéristiques du contrat de travail

Le Code du travail ne définit pas le contrat de travail. Il peut néanmoins être décrit comme le contrat par lequel une personne met sa force de travail à la disposition d'une autre, sous sa **subordination**, et moyennant **rémunération**. En 2012, en France, selon l'Insee, 88,5 % des travailleurs étaient salariés.

Figure 1.1. Les éléments du contrat de travail

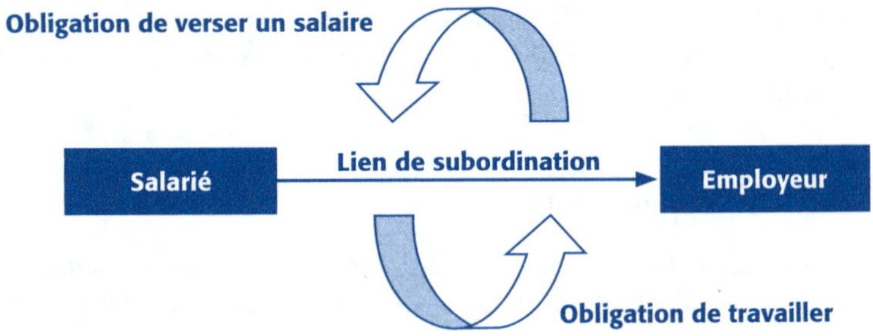

Le contrat de travail présente **6 caractères principaux** (tableau 1.1).

Tableau 1.1 Les caractères essentiels du contrat de travail

Consensuel	Le consentement oral suffit, mais il faut un écrit depuis le 1er juillet 1993, encore que ce ne soit pas une condition de validité pour le CDI (mais ça l'est pour les contrats atypiques : CDD, CTT, temps partiel...).
Synallagmatique	Il existe des obligations mutuelles et réciproques entre l'employeur et le salarié. L'un travaille et l'autre le rémunère.
À exécution successive	Les prestations sont échelonnées dans le temps.
Intuitus personae	Le choix du salarié se fait en considération de la personne.
De gré à gré (en théorie)	Souvent contrat d'adhésion en pratique. Le salarié négocie parfois quelques clauses et rarement tout le contrat.
À titre onéreux	Le salarié perçoit un salaire.

Le contrat de travail doit être rédigé en français (art. L. 1221-3 C. trav.).

2) Le champ d'application du contrat de travail

Le droit commun des contrats

Il s'applique au contrat de travail. Ce dernier est donc susceptible d'être annulé si le consentement de l'une des parties a été extorqué par un vice du consentement (dol, erreur, violence).

... À retenir ...

Le contrat de travail est soumis aux règles du droit commun. Il peut être établi selon les formes que les parties contractantes décident d'adopter (art. L. 1221-1 C. trav.).

Les contrats d'entreprise

Le droit du travail ne s'applique pas aux **contrats d'entreprise**. Dans de tels contrats, l'entrepreneur est un homme de l'art, titulaire d'un savoir-faire particulier, ce qui lui permet de travailler en totale autonomie.

Exemples : un médecin effectue sa visite chez un malade quand il le peut et tente de le soigner ; un plombier qui refait une salle de bains reste libre de ses allers et venues sur le chantier.

Les contrats de mandat

Le droit du travail ne s'appliquera pas non plus aux **contrats de mandat**. Dans de tels contrats, un mandant demande à un mandataire de le représenter. Si les dirigeants sociaux ne sont pas des dirigeants salariés, ils sont forcément les mandataires de leurs sociétés. Le droit du travail ne s'appliquera pas non plus au contrat de société.

Exemples : un gérant de SARL est le mandataire de la SARL ; un directeur général de société anonyme est le mandataire de cette dernière.

B. Le recrutement

Depuis la loi n° 2005-32 du 18 janvier 2005, Pôle Emploi n'a plus le monopole de l'activité de placement.

1) Les restrictions légales à la liberté d'embauche

Certains salariés sont **prioritaires** à l'embauche.

Exemple : à la suite d'un licenciement économique, le salarié licencié qui en fait la demande a droit à une priorité de réembauche durant un an (art. L. 1233-45 C. trav.).

FICHE 1

L'obligation d'emploi

Il existe une obligation d'emploi des personnes handicapées.

Les restrictions d'emploi

Elles peuvent être liées :
- à **l'âge** ;

> **Exemples :** les moins de 16 ans ne peuvent travailler sauf dans des établissements familiaux ou sous contrat d'apprentissage ; les moins de 18 ans se voient interdire certains emplois, comme dans les débits de boissons.

- à **la nationalité**. Les travailleurs étrangers peuvent travailler sous certaines conditions.

2) La procédure de recrutement

L'annonce

L'employeur doit définir le **poste**, le **niveau de compétence** requis et la **qualification professionnelle**. Le recrutement peut être interne ou externe.

… À retenir …

> Il existe 3 niveaux de qualification :
> - ouvrier : tâches matérielles ;
> - employés : administration de l'entreprise et relations fournisseurs/clientèles ;
> - cadres : fonction d'autorité et de commandement.

Les annonces doivent se conformer à des règles spécifiques.

> **Exemples :** le nom de l'employeur, la langue (le français, si le travail est effectué en France ou que l'employeur est français), l'absence de toute précision sur l'âge sauf si le poste est soumis à des conditions d'âge légal ou encore la date de l'offre sont des éléments à respecter scrupuleusement.

De même, toutes dispositions **discriminatoires** fondées sur l'origine, le sexe, la situation familiale, les mœurs ou encore sur l'appartenance supposée ou non à une ethnie, à une nation ou à une religion sont strictement interdites.

Le curriculum vitae et les modalités de l'entretien

La Cour de cassation considère que la fourniture de renseignements inexacts par le salarié lors de l'embauche n'est un manquement à l'obligation de loyauté susceptible d'entraîner la nullité du contrat de travail que si elle constitue un **dol** (Cass. soc. 30 mars 1999, n° 96-42.912, Bull. civ. V, n° 142), mais dans certaines limites.

Exemple : une salariée a été reconnue coupable d'avoir falsifié son CV afin de dissimuler une période d'activité au cours de laquelle elle avait commis des détournements de valeurs ayant donné lieu à une condamnation pénale (Cass. soc. 5 décembre 2006, n° 05-44.825).

En outre, la procédure de recrutement doit être **pertinente** au regard de la finalité poursuivie (tests graphologiques ou psychotechniques, questionnaires d'embauche...), mais ces demandes doivent uniquement avoir pour finalité l'appréciation de la **capacité du salarié** à occuper l'emploi proposé et présenter un **lien direct et nécessaire** avec l'emploi (art. L. 1221-6 C. trav.). Le candidat n'est pas tenu de répondre aux questions qui n'ont pas de lien direct avec l'emploi proposé, mais il doit être de **bonne foi**.

3) Les formalités liées à l'embauche

Tout employeur doit adresser, pour chaque salarié embauché, une **DUE** ou déclaration préalable à l'embauche à l'URSSAF ou à la mutualité agricole (art. L. 1221-10 C. trav.). Elle doit être effectuée avant la prise de fonction ou au tout début de la période d'essai et **au plus tôt 8 jours avant** la date présumée d'embauche. Le retard ou l'absence de déclaration sont pénalement sanctionnés. L'employeur doit remettre au salarié le **volet détachable** que l'URSSAF lui aura préalablement adressé. Le **registre du personnel** de l'entreprise recense les entrées et départs du personnel (art. L. 1221-13 C. trav.). La **visite médicale** d'embauche (avant l'embauche ou, au plus tard, avant la fin de la période d'essai) est obligatoire.

APPLICATIONS

QCM

Choisissez, parmi les propositions suivantes, la ou les bonnes(s) réponse(s).

1.1. Le droit du travail est le droit qui s'applique :

- ○ **a.** à tout travailleur (plombier, électricien, médecin...), quelle que soit la nature de son activité (civile ou commerciale).
- ○ **b.** uniquement aux rapports entre salariés et employeurs (CDD, CDI, contrat intérimaire...).
- ○ **c.** uniquement aux rapports entre les dirigeants sociaux et leurs sociétés.

1.2. L'usage ou coutume en droit du travail :

- ○ **a.** est une simple habitude des salariés qui ne lie pas l'employeur.
- ○ **b.** est une source de droit si elle est constante (elle existe depuis longtemps), générale (tous les salariés sont concernés ou une catégorie déterminée de salariés) et fixe (dans son mode de calcul, par exemple, s'agissant d'une prime).
- ○ **c.** n'est pas une source de droit mais une croyance populaire erronée.

1.3. Le contrat de travail est caractérisé par :

- ○ **a.** l'existence d'un lien de subordination entre le salarié et l'employeur.
- ○ **b.** l'autonomie nécessaire existant entre le salarié et l'employeur.
- ○ **c.** la représentation du salarié par l'employeur.

1.4. Les sources professionnelles sont en droit du travail :

- ○ **a.** inexistantes.
- ○ **b.** très importantes (droit de la négociation collective et usages).
- ○ **c.** très subsidiaires.

1.5. Selon la jurisprudence, la fourniture de renseignements inexacts par le salarié lors de l'embauche :

- ○ **a.** est un manquement à l'obligation de loyauté susceptible d'entraîner la nullité du contrat de travail si elle constitue un dol.
- ○ **b.** est une simple erreur, vice du consentement.
- ○ **c.** n'est pas un manquement à l'obligation de loyauté, mais un subterfuge toléré par la jurisprudence.

Exercice. Analyse d'arrêt

Cass. soc. 17 octobre 2012, n°11-12.517 (extrait)

« Sur le moyen unique :

Vu l'article 1134 du Code civil ;

[…] *Attendu que pour condamner l'employeur au paiement de certaines sommes au titre de la prime exceptionnelle du deuxième semestre 2007, l'arrêt retient que l'examen des bulletins de paie du salarié montre qu'une prime exceptionnelle lui a été versée deux fois par an, en juillet et en décembre de chaque année, régulièrement depuis au moins 1990 ; que cette prime s'est élevée à 11 400 euros en juillet 2006, 20 300 euros en décembre 2006 et 11 400 euros en juillet 2007 ; que la société Montenvert orthopédie ne conteste pas la pratique suivie dans l'entreprise de verser une prime exceptionnelle aux salariés récompensant leur esprit d'équipe et leur dynamique ; que cette pratique constante, générale et fixe a acquis la valeur contraignante de l'usage ; que jusqu'au 10 octobre 2007, l'employeur n'a adressé aucun reproche au salarié ; que les conditions d'attribution de cette prime sont donc remplies du fait de son activité jusqu'au mois d'octobre 2007 ;*

Attendu, cependant, que le paiement d'une prime est obligatoire pour l'employeur lorsque son versement résulte d'un usage répondant à des caractères de généralité, constance et fixité ;

Qu'en statuant comme elle l'a fait, sans constater la fixité des éléments de calcul de la prime exceptionnelle, la cour d'appel a violé le texte susvisé ;

Par ces motifs :

Casse et annule, mais seulement en ce qu'il condamne la société Montenvert orthopédie au paiement de la somme de 13 533 euros au titre de la prime exceptionnelle du second semestre 2007 [...] ; »

1. Reconstituez la procédure.
2. Quels sont les éléments retenus par la Cour de cassation pour caractériser l'usage ?

CORRIGÉS

QCM

1.1. ✓b. Le droit du travail est le droit qui s'applique uniquement aux rapports entre salariés et employeurs (CDD, CDI, contrat intérimaire...). Les hommes de l'art (plombier, médecin, expert-comptable...), qui travaillent de manière autonome, sont engagés par un contrat d'entreprise ; les dirigeants sociaux représentent leurs sociétés par le biais d'un contrat de mandat *sui generis* : le mandat social.

1.2. ✓b. L'usage ou coutume en droit du travail est une source de droit du travail si elle est constante (elle existe depuis longtemps), générale (tous les salariés sont concernés ou une catégorie déterminée de salariés) et fixe (dans son mode de calcul, par exemple, s'agissant d'une prime).

1.3. ✓a. Le contrat de travail est caractérisé par l'existence d'un lien de subordination entre le salarié et l'employeur.

1.4. ✓b. Les sources professionnelles sont très importantes (droit de la négociation collective) ainsi que les usages. Elles font la spécificité du droit du travail.

1.5. ✓a. La fourniture de renseignements inexacts par le salarié lors de l'embauche n'est un manquement à l'obligation de loyauté susceptible d'entraîner la nullité du contrat de travail que si elle constitue un dol. Elle ne constitue une faute susceptible de justifier le licenciement que s'il est avéré que le salarié n'avait pas les compétences effectives pour exercer les fonctions pour lesquelles il a été recruté (Cass. soc. 30 mars 1999, n° 96-42.912, Bull. civ. V, n° 142).

Exercice. Analyse d'arrêt

1. On peut subodorer, en raison de la nature du litige, qu'un salarié a assigné son employeur devant le conseil des prud'hommes en paiement d'une prime exceptionnelle. Il n'est pas fait état du jugement rendu, ni de la qualité de l'appelant et de l'intimé. Il est donc impossible de savoir qui a interjeté appel. L'arrêt de la Cour de cassation révèle juste que la cour d'appel a condamné l'employeur à lui payer la prime exceptionnelle. C'est donc ce dernier qui s'est pourvu en cassation sur un moyen unique (c'est-à-dire une seule critique contre l'arrêt de la cour d'appel). Les juges du fond sont censurés partiellement par la Cour de cassation.

2. Selon les juges du fond – dont l'appréciation des faits est souveraine –, l'examen des bulletins de paie du salarié montre qu'une prime exceptionnelle lui a été versée 2 fois par an, en juillet et en décembre de chaque année, régulièrement depuis au moins 1990. La société ne contestait pas la pratique dans l'entreprise de verser une prime exceptionnelle aux salariés pour récompenser leur esprit d'équipe et leur dynamique. Pour les juges du fond, cette pratique était constante, générale et fixe. Elle avait ainsi acquis la valeur contraignante de l'usage. La Cour de cassation rappelle que le paiement d'une prime est obligatoire pour l'employeur lorsque son versement résulte d'un usage répondant à des caractères de généralité, de constance et de fixité. Cependant, elle reproche en l'espèce à la cour d'appel de ne pas avoir constaté la fixité des éléments de calcul de la prime. La décision des juges du fond est donc censurée sur ce point et une nouvelle cour d'appel – de renvoi – devra se prononcer sur cet élément pour considérer si la prime est ou non constitutive d'un usage.

FICHE 2

Le droit commun du travail : les prérogatives de l'employeur

1 Le pouvoir de gestion

L'employeur est seul juge de la gestion de l'entreprise (Cass. soc. 31 mai 1956, n° 56.0423, Bull. civ. V, n° 499). La **liberté d'entreprendre** figure dans l'article 16 de la Charte des droits fondamentaux de l'UE. L'Assemblée plénière de la Cour de cassation a rappelé qu'il n'appartient pas aux juges « *de contrôler le choix effectué par l'employeur entre les solutions possibles* » (Ass. plén. 8 décembre 2000, n° 97-44.219, Bull. civ., AP, n° 11). Mais le contexte économique pousse de plus en plus le juge à **s'immiscer dans la gestion** ; la Chambre sociale a ainsi dû rappeler que « *la procédure de licenciement ne peut être annulée en considération de la cause économique de licenciement, la validité du plan étant indépendante de la cause du licenciement* » (Cass. soc. 3 mai 2012, n° 11-20.741, Bull. civ. V, n° 129 ; Cass. soc. 25 septembre 2013, n° 12-15.007).

2 Le pouvoir de direction

A. Les caractéristiques du pouvoir de direction

Le pouvoir de direction est « *caractérisé par l'exécution d'un travail sous l'autorité d'un employeur qui a le pouvoir de donner des ordres et des directives et d'en contrôler l'exécution* » (Cass. soc. 13 novembre 1996, n° 94-13.187, Bull. civ. V, n° 386).

Exemple : la fixation d'objectifs commerciaux relève du pouvoir de direction de l'employeur et, en l'absence de tout déclassement du salarié, il n'y a pas de modification du contrat de travail (Cass. soc. 25 septembre 2013, n° 12-16.960).

L'**engagement unilatéral** est une décision de l'employeur qui relève de son pouvoir de direction et peut être dénoncé sur le modèle de l'usage (fiche 1).

> **Exemple :** une prime versée en vertu d'un engagement unilatéral de l'employeur (Cass. soc. 18 décembre 2013, n° 12-27.462) peut être dénoncée par lui.

Il en est de même de l'**accord atypique** qui est conclu entre l'employeur et les délégués du personnel ou les salariés, mais sans respecter les règles relatives à la négociation collective.

B. Les limites au pouvoir de direction

Le pouvoir de direction est limité par l'article L. 1121-1 du Code du travail.

> *Nul* [l'employeur] *ne peut apporter aux droits des personnes et aux libertés individuelles et collectives de restrictions qui ne seraient pas justifiées par la nature de la tâche à accomplir ni proportionnées au but recherché.* (art. L. 1121-1 C. trav.)

C'est au salarié de démontrer que la décision patronale a été en réalité prise pour des raisons étrangères à l'intérêt de l'entreprise ou qu'elle a été mise en œuvre dans des conditions exclusives de la bonne foi contractuelle.

> **Exemple :** l'affectation d'une salariée à Guyancourt le 5 juin 2007, indiquée par son employeur la veille de cette affectation, a traduit « *un défaut de délai de prévenance et l'absence de bonne foi dans la mise en œuvre de la clause* [de mobilité] [rendant] *sans cause réelle et sérieuse le licenciement prononcé au motif du refus de la salariée de sa nouvelle affectation* ». (Cass. soc. 3 mai 2012, n° 10-25.937)

Une limite au pouvoir de direction de l'employeur tient à la **santé mentale ou physique** du salarié : « *dans l'exercice de son pouvoir de direction, il lui est interdit de prendre des mesures qui auraient pour objet ou pour effet de compromettre la santé et la sécurité des salariés* » (Cass. soc. 5 mars 2008, n° 06-45.888, Bull. civ. V, n° 46). Il en est de même en matière de **harcèlement moral** (Cass. soc. 19 juin 2013, n° 11-27.709). L'employeur a une **obligation de sécurité de résultat**.

> **Exemple :** « [...] *Justifie sa décision au regard de l'article 225-14 du Code pénal l'arrêt qui, pour déclarer le prévenu, dirigeant d'une entreprise de confection, coupable de soumission de personnes vulnérables ou dépendantes à des conditions de travail incompatibles avec la dignité humaine retient, d'une part, que la façon dont ce chef d'entreprise dirigeait ses salariés en ayant recours à des hurlements permanents, les vexations qu'il leur faisait subir en les insultant publiquement et en utilisant divers procédés inadmissibles pour les humilier*

ainsi que les cadences et les conditions de travail qu'il leur imposait, faisant d'eux « le prolongement d'une machine-outil », étaient incompatibles avec cette dignité [...] ; » (Cass. crim. 4 mars 2003, n° 02-82.194, Bull. crim, n° 58)

Enfin, l'employeur doit **respecter la vie privée**, personnelle du salarié et il ne peut en tirer un motif de licenciement disciplinaire sauf **trouble objectif** causé à l'entreprise par le fait de la vie privée (Cass. soc. 3 mai 2011, n° 09-67.464, Bull. civ. V, n° 105 ; Cass. soc. 9 mars 2011, n° 09-42.150, Bull. civ. V, n° 69).

C. L'évaluation des salariés

Les méthodes et techniques d'évaluation des salariés doivent être **pertinentes** au regard de la finalité poursuivie (art. L. 1222-3 C. trav.). Le salarié est expressément **informé**, préalablement à sa mise en œuvre, des **méthodes et techniques** d'évaluation professionnelle choisies. Les résultats obtenus sont **confidentiels**. Le *ranking* ou classement simple des salariés, qui accompagne parfois l'évaluation, est autorisé, mais pas le *ranking* assorti de quotas obligatoires obligeant le manager à classer certains de ses collaborateurs comme faibles (Cass. soc. 27 mars 2013, n° 11-26.539, publication en cours). **Le juge ne peut se substituer à l'employeur** pour accorder au salarié un rappel de salaire au titre d'un avancement non obtenu. Ce dernier n'a droit qu'à des dommages et intérêts, **sauf en cas de discrimination** constatée par le juge qui doit tirer toutes les conséquences de la nullité de l'acte et mettre en œuvre un « avancement judiciaire » le cas échéant (Cass. soc. 31 janvier 2007, n° 05-41.563).

D. Les horaires de travail

C'est au chef d'entreprise de fixer les horaires collectifs dans le respect des textes en vigueur et des droits individuels. Cependant, le salarié peut **refuser** toute modification qui porterait une **atteinte disproportionnée et non justifiée à sa vie personnelle** (Cass. soc. 3 novembre 2011, n° 10-14.702, Bull. civ. V, n° 246).

E. L'impossibilité d'une négociation forcée avec les syndicats

Les juges ne peuvent pas forcer un chef d'entreprise à entrer en négociation avec les syndicats dans un domaine relevant de son pouvoir de direction (Cass. soc. 5 mars 2008, n° 06-42.720).

3 Le règlement intérieur et le pouvoir disciplinaire

A. Définition et nature du règlement intérieur (RI)

Obligatoire dans les entreprises de plus de **20 salariés**, le RI est un document écrit par lequel l'employeur fixe exclusivement (art. L. 1321-1 C. trav.) :

- les mesures d'application de la réglementation en matière de santé et de sécurité ;
- les conditions dans lesquelles les salariés peuvent être appelés à participer, à la demande de l'employeur, au rétablissement de conditions de travail protectrices de la santé et de la sécurité si ces dernières sont menacées ;
- les règles générales et permanentes relatives à la **discipline**, notamment la nature et l'échelle des sanctions que peut prendre l'employeur (art. L. 1321-1 C. trav).

Les sanctions ne figurant pas dans le RI sont **inopposables** au salarié.

> **Exemple :** les contrôles d'alcoolémie prévus par un RI sont licites dès lors que les modalités de ce contrôle en permettent la contestation (Cass. soc. 22 mai 2002, n° 00-45.878, Bull. civ. V, n° 176).

Les sanctions pécuniaires sont interdites.

> **Exemple :** la privation d'une prime de fin d'année en cas de faute grave constitue une sanction pécuniaire prohibée qui ne peut faire l'objet d'une disposition conventionnelle (Cass. soc. 11 février 2009, n° 07-42.584, Bull. civ. V, n° 42).

Le RI rappelle également les dispositions relatives aux **droits de la défense des salariés** définis aux articles L. 1332-1 à L. 1332-3 du Code du travail ou par la convention collective applicable, ainsi que les dispositions relatives aux **harcèlements moral et sexuel** prévues par le Code du travail (art. L. 1321-2 C. trav.).

Le RI ne peut contenir (art. L. 1321-3 C. trav.) :

- de **dispositions contraires** aux lois et règlements ainsi qu'aux stipulations des conventions et accords collectifs de travail applicables dans l'entreprise ou l'établissement ;
- de **restrictions aux droits et libertés individuels et collectifs** qui ne seraient pas justifiées par la nature de la tâche à accomplir ni proportionnées au but recherché ;
- de **dispositions discriminatoires.**

B. Adoption et modalités d'application du RI

1) Procédure d'adoption

Le RI ne peut être introduit qu'après avoir été **soumis à l'avis du CE** ou, à défaut, **aux DP** ainsi que, pour les matières relevant de sa compétence, à l'avis du **CHSCT**. La date de son entrée en vigueur est indiquée et doit être postérieure d'un mois à l'accomplissement des formalités de dépôt et de publicité. Une éventuelle charte concernant les TIC doit être intégrée, pour être opposable, dans le RI.

Exemple : « [...] *Mais attendu que la cour d'appel, qui a relevé que l'utilisation de sa messagerie pour la réception et l'envoi de documents à caractère pornographique et la conservation sur son disque dur d'un nombre conséquent de tels fichiers constituaient un manquement délibéré et répété du salarié à l'interdiction posée par la charte informatique mise en place dans l'entreprise et intégrée au règlement intérieur, a pu en déduire que ces agissements, susceptibles pour certains de revêtir une qualification pénale, étaient constitutifs d'une faute grave et justifiaient le licenciement immédiat de l'intéressé ;* [...] » (Cass. soc. 15 décembre 2010, n° 09-42.691.)

En même temps qu'il fait l'objet des mesures d'une publicité, le RI, accompagné de l'avis du CE ou, à défaut, des DP et, le cas échéant, du CHSCT, est **communiqué à l'inspecteur du travail**. Ces dispositions s'appliquent également en cas de **modification ou de retrait** de clauses du RI (art. L. 1321-4 C. trav), ainsi qu'aux **avenants** ou **notes de service**. L'inspecteur du travail peut à tout moment exiger le retrait ou la modification des dispositions contraires aux articles L. 1321-1 à L. 1321-3 et L. 1321-6 du Code du travail (art. L. 1322-1 C. trav.). La décision de l'inspecteur du travail est **motivée**. Elle est notifiée à l'employeur et communiquée, pour information, aux membres du CE ou, à défaut, aux DP, ainsi qu'aux membres du CHSCT pour les matières relevant de sa compétence (art. L. 1322-2 C. trav.).

Exemples : l'interdiction du port du voile par le RI d'une caisse de Sécurité sociale a été jugée nécessaire à la mise en œuvre du principe de laïcité et de nature à assurer aux yeux des usagers la neutralité du service public (Cass. soc. 19 mars 2013, n° 12-11.690, *contra* CA Paris, 27 novembre 2013 mais confirmation du licenciement : Ass. plén. 25 juin 2014, n° 13-28.369, publication en cours). Il a également été jugé qu'un salarié ne pouvait pas porter de bermuda sous une blouse prescrite par le RI, la liberté de se vêtir à sa guise au temps et au lieu du travail n'entrant pas dans la catégorie des libertés fondamentales (Cass. soc. 28 mai 2003, n° 02-40.273, Bull. civ. V, n° 178).

2) Sanction disciplinaire

La procédure de sanction doit être **contradictoire** (art. L. 1332-1 C. trav.). Elle prend la forme d'une convocation, d'un entretien et d'une notification motivée (sauf pour l'avertissement).

> *Constitue une sanction toute mesure, autre que les observations verbales, prise par l'employeur à la suite d'un agissement du salarié considéré par l'employeur comme fautif, que cette mesure soit de nature à affecter immédiatement ou non la présence du salarié dans l'entreprise, sa fonction, sa carrière ou sa rémunération.* (art. L. 1331-1 C. trav.)

Les amendes ou sanctions pécuniaires sont interdites (art. L. 1331-2 C. trav.). Aucune sanction antérieure de plus de 3 ans à l'engagement des poursuites disciplinaires ne peut être invoquée à l'appui d'une nouvelle sanction (art. L. 1332-5 C. trav.). Aucun fait fautif ne peut donner lieu à lui seul à l'engagement de poursuites disciplinaires au-delà d'un délai de 2 mois à compter du jour où l'employeur en a eu connaissance, à moins que ce fait ait donné lieu, dans le même délai, à l'exercice de poursuites pénales (art. L. 1332-4 C. trav.)

Tableau 2.1. Les étapes de la procédure de sanction disciplinaire

Convocation	Lettre remise en main propre contre décharge ou LRAR dans le délai de **2 mois** à compter de la découverte des faits fautifs, et précisant la possibilité de l'éventuelle assistance d'un membre du personnel appartenant à l'entreprise.
Entretien	Délai d'**1 mois** fixé entre la date prévue pour l'entretien et la notification écrite de la sanction.
Notification motivée	Lettre remise en main propre ou LRAR : l'employeur doit respecter le délai de **48 heures** au minimum pour faire connaître la sanction (art. L. 1332-2 C. trav.).

Le salarié peut contester la sanction devant le conseil de prud'hommes (art. L. 1333-1 C. trav.) pour en obtenir l'annulation, mais cela est rarissime quand ce contentieux n'est pas lié à un licenciement. Il existe **3 motifs d'annulation** : la sanction est **injustifiée**, la procédure a été **irrégulière** et a porté un préjudice au salarié, la sanction est **disproportionnée** (art. L. 1333-2 C. trav.).

La **rétrogradation disciplinaire** (qualification et rémunération inférieures à titre de sanction) doit être prévue au **RI** et respecter une procédure particulière. En effet, le salarié doit notamment être informé de sa faculté d'accepter ou de refuser dans les **2 mois**. En cas de refus, l'employeur doit dans un nouveau délai de **2 mois** convoquer le salarié à un entretien préalable avant de lui notifier son licenciement. Il est donc plus simple de recourir au licenciement pour faute.

Attention

La mise à pied disciplinaire est à durée déterminée et l'employeur doit veiller à ne pas sanctionner 2 fois une même faute.

C. Les TIC et le salarié

Une charte relative à l'usage des TIC peut être intégrée au RI.

1) Les correspondances électroniques

Le salarié a droit, même pendant son temps et sur son lieu de travail, au **respect de l'intimité de sa vie privée** (Cass. soc. 2 octobre 2001, Nikon, n° 99-42.942, Bull. civ. V, n° 291). Cependant, seuls les dossiers et les courriels intitulés « personnels » ou « privé » ne seront pas ouverts par l'employeur sur l'ordinateur fourni par l'entreprise. Le RI peut toutefois contenir des **dispositions restreignant le pouvoir de consultation de l'employeur** en le soumettant à d'autres conditions, comme la présence obligatoire du salarié (Cass. soc. 26 juin 2012, n° 11-15.310, Bull. civ. V, n° 196).

Attention

Les courriels et fichiers enregistrés dans le disque dur de l'ordinateur, outil de travail du salarié fourni par l'employeur, ne sont pas identifiés comme personnels de par leur simple provenance, même s'agissant de la messagerie personnelle (Cass. soc. 19 juin 2013, n° 12-12.138, publication en cours).

L'**usage d'Internet** pendant le travail peut être considéré comme abusif par l'employeur, voire constituer une faute grave.

Exemples : la fréquentation des réseaux sociaux, des sites de rencontres ou encore la navigation sur Internet durant le travail sont à proscrire (Cass. soc. 21 septembre 2011, n° 10-14.869 ; Cass. soc. 9 février 2010, n° 08-45.253, Cass. soc. 18 mars 2009, n° 07-44.247).

2) La preuve en matière de TIC

La preuve n'est pas recevable en droit civil, et *a fortiori* en droit du travail, si la personne ne savait pas qu'elle était enregistrée ou filmée.

Exemple : l'enregistrement du vol de la caissière filmée à son insu n'est pas une preuve recevable en droit du travail (Cass. soc. 20 novembre 1991, n° 88-43.120, Bull. civ. V, n° 519).

Le **SMS** ou le **message audio** laissé sur un répondeur sont **utilisables** contre le salarié qui sait qu'il est enregistré. Il en est de même des salariés prévenus par l'employeur de l'enregistrement de leurs conversations téléphoniques.

Exemple : « [...] *les salariés avaient été dûment avertis de ce que leurs conversations* téléphoniques *seraient écoutées,* [...] *les écoutes réalisées constituaient un mode de preuve valable* [...] » (Cass. soc. 14 mars 2000, n° 98-42.090, Bull. civ. V, n° 101). Il en est de même pour le GPS ou la surveillance vidéo.

Le CE est informé, préalablement à leur utilisation, des moyens ou techniques permettant un contrôle de l'activité des salariés (art. L. 2323-32 C. trav.).

L'article 22 de la loi n° 2004-801du 6 août 2004 prévoit la possibilité pour l'employeur de désigner un **CIL** chargé d'assurer de manière indépendante le respect des dispositions légales contre la dispense des déclarations préalables à la CNIL.

... À retenir ...

Aucune information concernant personnellement un salarié ne peut être collectée par un dispositif qui n'a pas été préalablement porté à sa connaissance (art. L. 1224-2 C. trav.).

APPLICATIONS

QCM

Choisissez, parmi les propositions suivantes, la ou les bonnes(s) réponse(s).

2.1. Le juge :

- ○ **a.** ne peut décider de l'avancement d'un salarié en lieu et place de son employeur.
- ○ **b.** est là pour rétablir l'équité dans le contrat de travail quand l'employeur profite de sa supériorité.
- ○ **c.** peut décider de l'avancement d'un salarié en lieu et place de son employeur uniquement dans le cas où ce salarié a été victime d'une discrimination.

2.2. Une charte relative aux TIC peut :

- ○ **a.** être intégrée dans le RI d'une entreprise.
- ○ **b.** ne peut pas être intégrée dans le RI puisque l'accès à Internet constitue un des droits fondamentaux du salarié.

2.3. Un courriel professionnel dont l'objet porte l'intitulé « privé » :

- O **a.** ne peut pas être ouvert par l'employeur. Il en est de même des dossiers intitulés « personnels » du salarié.
- O **b.** ne peut pas être ouvert par l'employeur, mais les courriels et fichiers intégrés dans le disque dur de l'ordinateur mis à disposition du salarié par l'employeur ne sont pas identifiés comme personnels du seul fait qu'ils émanent initialement de la messagerie électronique personnelle du salarié.
- O **c.** peut être ouvert par l'employeur au même titre que l'ensemble des dossiers enregistrés sur l'outil de travail du salarié.

2.4. Un SMS envoyé par un salarié :

- O **a.** peut être utilisé comme preuve contre ce dernier car le SMS est enregistré sur l'appareil du receveur en toute connaissance de l'émetteur sauf à démontrer le vol de son portable.
- O **b.** ne peut pas être utilisé comme preuve contre ce dernier car l'envoi et la réception de SMS relèvent de la vie privée du salarié.

Exercice. Analyse d'arrêt

Cass. soc. 26 février 2013, n° 11-27.372 (extrait)

« [...] *Mais attendu que la cour d'appel, qui a constaté que la salariée s'était connectée pendant son temps de travail à de très nombreuses reprises à de nombreux sites extraprofessionnels tels que des sites de voyage ou de tourisme, de comparaison de prix, de marques de prêt-à-porter, de sorties et événements régionaux ainsi qu'à des réseaux sociaux et à un site de magazine féminin et que ces connexions s'établissaient, exclusion faite de celles susceptibles de présenter un caractère professionnel, à plus de 10 000 sur la période du 15 au 28 décembre 2008 et du 8 janvier au 11 janvier 2009 a pu décider, malgré l'absence de définition précise du poste de la salariée, qu'une telle utilisation d'Internet par celle-ci pendant son temps de travail présentait un caractère particulièrement abusif et constitutif d'une faute grave ; que le moyen, qui se borne, en sa troisième branche, à tenter de remettre en cause l'appréciation souveraine des éléments de preuve par les juges du fond, n'est pas fondé pour le surplus ;* [...] »

1. S'agit-il d'un arrêt de cassation ou de rejet ?
2. L'usage d'Internet durant le temps de travail peut-il être jugé abusif ?

CORRIGÉS

QCM

2.1. ✅ **c.** Le juge peut décider de l'avancement d'un salarié en lieu et place de son employeur uniquement dans le cas où ce salarié a été victime d'une discrimination (Cass. soc. 31 janvier 2007, n° 05-41.563).

2.2. ✅ **a.** Une charte relative aux TIC peut être intégrée dans le RI d'une entreprise. Le salarié saura donc ainsi ce qui peut lui être reproché au regard de leur utilisation.

2.3. ✅ **a.** ✅ **b.** Selon la jurisprudence, l'employeur ne peut pas ouvrir un courriel professionnel intitulé « privé », ni même des dossiers intitulés « personnels » du salarié ; toutefois, les courriels et fichiers enregistrés dans le disque dur de l'ordinateur mis à disposition du salarié par l'employeur ne sont pas identifiés automatiquement comme étant personnels par le seul fait qu'ils émanent initialement de sa messagerie électronique personnelle.

2.4. ✅ **a.** L'employeur peut utiliser comme preuve un SMS envoyé par le salarié car le SMS est enregistré sur l'appareil du receveur en toute connaissance de l'émetteur sauf s'il peut démontrer le vol de son portable.

Exercice. Analyse d'arrêt

1. Il s'agit d'un arrêt de rejet (du pourvoi rendu contre l'arrêt de la cour d'appel) puisque la Cour de cassation énonce que le moyen (la critique) se borne dans sa troisième branche (soit la troisième sous-critique) à tenter de revenir sur l'appréciation souveraine des faits par les juges du fond. La Cour de cassation ne s'y attarde pas comme elle est juge du droit et non du fond. Elle s'en tient à la qualification juridique des faits opérée par les juges du fond. L'extrait de l'arrêt se termine par une précision : le moyen n'est pas fondé pour le reste (le surplus).

2. L'usage d'Internet durant le temps de travail par cette salariée est jugé abusif et est constitutif d'une faute grave en raison du nombre de connexions effectuées à titre personnel sur une courte période et malgré le fait que la salariée excipait de l'absence de définition précise de son poste pour expliquer son inactivité professionnelle et le temps consacré à Internet.

FICHE 3

Le droit commun du travail : les droits des salariés (1)

1 Absence de discrimination entre salariés, un principe fort

La discrimination peut être directe ou indirecte.

Exemple : a été considéré comme discriminatoire relativement à l'orientation sexuelle, le refus de promotion d'un salarié homosexuel, parmi les plus diplômés de son entreprise, qui avait postulé en vain à quatorze reprises à un poste de sous-directeur et à des postes à l'international (Cass. soc. 24 avril 2013, n° 11-15.204, publication en cours).

Les dispositions du Code du travail ne font pas obstacle à ce que le juge ordonne le **reclassement** d'un salarié victime d'une discrimination prohibée, le principe de réparation intégrale d'un dommage obligeant à placer celui qui l'a subi dans la situation où il se serait trouvé si le comportement dommageable n'avait pas eu lieu (Cass. soc. 10 avril 2008, n° 06-45.821).

Attention

Les différences de traitement sont tolérées, lorsqu'elles répondent à une exigence professionnelle essentielle et déterminante et que l'objectif en soi est légitime et l'exigence proportionnée (art. L. 1133-1 C. trav.).

Enfin, en matière de discrimination, la **charge de la preuve** pèse **sur l'employeur** : il doit prouver qu'il n'a pas commis de faute.

2 Grossesse et protection légale

L'employeur ne doit pas prendre en considération l'état de grossesse d'une femme pour **refuser de l'embaucher**, **rompre son contrat de travail**, sauf exceptions, ou prononcer une **mutation** d'emploi. Il lui est, en conséquence, interdit de rechercher ou de faire rechercher toutes informations concernant l'état de grossesse de l'intéressée (art. L. 1225-1 C. trav.). Une femme candidate à un emploi ou salariée n'est **pas tenue de révéler son état de grossesse**, sauf lorsqu'elle demande le bénéfice des dispositions légales relatives à la protection de la femme enceinte (art. L. 1225-2 C. trav.). En cas de litige et lorsqu'un doute subsiste, il profite à la salariée enceinte (art. L. 1225-3 C. trav.). En outre, les femmes enceintes peuvent quitter le travail sans délai-congé et sans avoir à payer une indemnité de rupture (art. L.1225-34 C.trav.). La mère peut résilier son contrat pour élever son enfant sans avoir à respecter le délai de préavis (art. L.1225-66 C.trav).

A. Dispense de l'obligation de travailler

Pendant une première période qui court du début de la grossesse et qui se termine au plus tard 6 semaines avant la date présumée de l'accouchement, la salariée peut être dispensée d'exécuter une partie de sa tâche habituelle (par le biais de diverses réductions du temps de travail selon les conventions collectives). À partir de la 6e, 12e ou 24e semaine précédant la date présumée de l'accouchement s'ouvre une seconde période au cours de laquelle la salariée est dispensée de fournir un travail durant 16 semaines (avec une possible prolongation pour état pathologique ou naissances multiples, art. L.1225-17 C.trav.). Lorsque l'accouchement a lieu avant la date prévue, la période de suspension pourra être prolongée ; s'il a lieu après, la salariée bénéficie d'un congé rallongé. La période de congé maternité est assimilée par la loi à une période de travail effectif pour la détermination de la durée des congés payés et l'ancienneté. À l'issue du congé maternité ou du congé parental d'éducation, le salarié doit être réintégré dans l'emploi occupé auparavant ou dans un emploi similaire si le premier n'est plus disponible. Sa rémunération doit être majorée à hauteur des augmentations générales ainsi que la moyenne des augmentations individuelles perçues par les salariés de la même catégorie ou, à défaut, de la moyenne des augmentations individuelles dans l'entreprise.

B. Rupture du contrat de travail

Aucun employeur **ne peut rompre le contrat de travail** d'une salariée lorsqu'elle est en état de grossesse médicalement constaté et pendant l'intégralité des périodes de suspension du contrat de travail auxquelles elle a droit au titre du congé de maternité, qu'elle use ou non de ce droit, ainsi que pendant les 4 semaines suivant l'expiration de ces périodes.

Attention

L'employeur peut rompre le contrat s'il justifie d'une **faute grave** de l'intéressée, non liée à l'état de grossesse, ou de son **impossibilité de maintenir ce contrat pour un motif étranger à la grossesse ou à l'accouchement** (ex. force majeure, licenciement collectif...) Dans ce cas, la rupture du contrat de travail ne peut prendre effet ou être notifiée pendant les périodes de suspension du contrat de travail (art. L. 1225-4 C. trav.).

Si l'employeur procède au licenciement sans avoir été avisé de la grossesse d'une salariée, il est **annulé** lorsque, dans un délai de **15 jours** à compter de sa notification, l'intéressée envoie à son employeur, un **certificat médical** justifiant de son état de grossesse et que l'employeur ne peut exciper d'une faute grave ou de l'impossibilité de maintenir son contrat de travail pour un motif étranger à la grossesse ou à l'accouchement (art. L.1225-5 C.trav.).

C. Affectation temporaire à un autre emploi

La salariée enceinte peut être **affectée temporairement dans un autre emploi**, à son initiative ou à celle de l'employeur, si son état de santé médicalement constaté l'exige. Lorsque la salariée reprend son travail à l'issue du congé de maternité et si, pendant sa grossesse, elle a fait l'objet d'un changement d'affectation dans les conditions prévues au présent paragraphe, elle est **réintégrée** dans l'emploi occupé avant cette affectation (art. L. 1225-8 C. trav.). Le passage de **l'horaire de nuit** à l'horaire de jour est possible sur demande du médecin du travail ou de la salariée sans entraîner de diminution de la rémunération (art. L. 1225-9 C. trav.).

3 Le changement d'employeur

A. Principe

Lorsque survient une modification dans la situation juridique de l'employeur, notamment par succession, vente, fusion, transformation du fonds, mise en société de l'entreprise, **tous les contrats de travail en cours** au jour de la modification continuent à lier le nouvel employeur et le personnel de l'entreprise (art. L. 1224-1 C. trav.).

B. Exceptions

Le nouvel employeur est tenu, à l'égard des salariés dont les contrats de travail subsistent, aux **obligations qui incombaient à l'ancien employeur** à la date de la modification, sauf dans les cas suivants :

- procédure de sauvegarde, de redressement ou de liquidation judiciaire ;
- substitution d'employeur intervenue sans qu'il y ait eu de convention entre ceux-ci (art. L. 1224-2 C. trav.).

4 La durée du travail

Avec la loi n° 2000-37 du 19 janvier 2000 relative à la réduction négociée du temps de travail, le **passage aux 35 heures** par semaine (art. L. 3121-10 C. trav.) a été réalisé par un **accord collectif**. Toute heure de travail effectuée au-delà des 35 heures hebdomadaires est comptabilisée en heures supplémentaires. Certaines professions ne sont pas soumises aux 35 heures (VRP, gérants salariés, cadres dirigeants, assistantes maternelles, travailleurs indépendants…).

> *La durée du travail effectif est le temps pendant lequel le salarié est à la disposition de l'employeur et se conforme à ses directives sans pouvoir vaquer librement à des occupations personnelles.* (art. L. 3121-1 C. trav.)

A. Les conventions de forfait

Il existe 3 types de conventions de forfait :

- la **convention de forfait en heures sur une semaine ou sur un mois** (une convention individuelle suffit). Il s'agit de simplifier la gestion administrative de la paie en prévoyant de **rémunérer systématiquement un nombre d'heures supplémentaires** (avec les majorations) accomplies de façon régulière. Si le salarié effectue des heures au-delà du forfait, elles doivent être payées au taux majoré.
- la **convention de forfait annuel en heures** (un **accord collectif d'entreprise, d'établissement ou une convention ou un accord de branche** est nécessaire avant la conclusion de la convention individuelle).
- la **convention de forfait annuel en jours** (un **accord collectif d'entreprise, d'établissement ou une convention ou un accord de branche**, est nécessaire avant la conclusion de la convention individuelle). Le nombre de jours travaillés dans l'année fixé par l'accord collectif ne peut excéder **218 jours**. Bien évidemment, ces salariés ne sont pas soumis aux 35 heures hebdomadaires. Le nombre maximal de jours travaillés dans l'année, si le salarié accepte de **renoncer à ses jours de repos**, est de **235**. En ce cas, un avenant détermine alors le taux de la majoration applicable qui ne peut être inférieur à 10 %.

Ces 2 derniers types de convention ne peuvent concerner que des **cadres ou salariés autonomes** dans l'organisation de leur emploi du temps.

FICHE 3

B. La durée maximale quotidienne du travail

La durée quotidienne du travail ne peut excéder **10 heures** sauf dérogation (en cas de surcroît d'activité, de travaux devant être exécutés dans un délai déterminé en raison de leur nature notamment, art. L. 3121-34 C. trav.). Un salarié peut refuser des horaires illégaux (au-delà de 60 heures ou sans le repos de 11 heures consécutives). Un employeur souhaitant la dépasser doit demander une **dérogation** et joindre les justificatifs afférents, l'avis du CE ou des DP, à l'inspecteur du travail, qui doit répondre dans le délai de 15 jours. En cas d'urgence, l'employeur peut anticiper son autorisation, il doit alors l'en informer et présenter une demande de régularisation.

Un **accord collectif** (convention collective, accord collectif, accord d'entreprise ou d'établissement) peut prévoir le dépassement de la durée maximale quotidienne du travail, à condition que ce dépassement n'ait pas pour effet de porter la durée quotidienne de travail effectif à plus de **12 heures**. Pour entrer en vigueur, il ne doit **faire l'objet d'aucune opposition** de la part des **organisations syndicales**.

C. La durée maximale hebdomadaire du travail

Au cours d'**une même semaine**, la durée du travail ne peut dépasser **48 heures** (art. L. 3121-35 C. trav.). En cas de circonstances exceptionnelles, certaines entreprises peuvent être autorisées à dépasser ce plafond, pendant une **période limitée**, sans que ce dépassement puisse avoir pour effet de porter la durée du travail à plus de **60 heures** par semaine (art. L. 3121-35 C. trav.). En outre, la durée hebdomadaire de travail calculée sur une période quelconque de **12 semaines consécutives** ne peut dépasser **44 heures**. Un décret pris après conclusion d'une convention ou d'un accord collectif de branche peut prévoir que cette durée hebdomadaire calculée sur une période de 12 semaines consécutives ne peut dépasser **46 heures**. À titre exceptionnel, dans certains secteurs, régions ou entreprises, des **dérogations** applicables à des périodes déterminées peuvent être apportées à la limite de 46 heures (art. L. 3121-36 C. trav.). Le CE ou, à défaut, les DP donnent leur avis sur les dérogations prévues. Cet avis est transmis à l'inspecteur du travail (art. L. 3121-37 C. trav.).

D. Les heures supplémentaires

Ne sont pas concernés les **salariés non soumis au décompte de la durée hebdomadaire de travail**, comme les dirigeants et les cadres ayant conclu une **convention de forfait annuel en heures ou en jours**. Les heures supplémentaires sont accomplies dans la **limite d'un contingent annuel** fixé par **convention ou accord collectif**, à défaut fixé à **220 heures** par salarié et par an. Elles peuvent être accomplies **au-delà du contingent annuel** si une convention ou un accord collectif le prévoit. Les heures supplémentaires **sont rémunérées sauf si un accord prévoit le remplacement** de toute partie de la rémunération par un **repos compensateur**.

FICHE 3

... À retenir ...

Les heures supplémentaires ouvrent droit à une majoration de salaire :
- 25 % de majoration sont prévus pour les 8 premières heures (de la 36e à la 43e heure) ;
- 50 % pour les heures suivantes.

Une convention/accord de branche étendu ou une convention/accord d'entreprise ou d'établissement peut prévoir un taux différent ; la majoration **ne peut être inférieure** à **10 %** (art. L. 3121-22 C. trav.).

E. Le temps de restauration et de pause

Le temps nécessaire à la restauration ainsi que les temps consacrés aux pauses sont considérés comme du **temps de travail effectif**, uniquement si le salarié est sous la subordination de l'employeur. Ils peuvent faire l'objet d'une rémunération prévue par une convention ou un accord collectif de travail ou par le contrat de travail (art. L. 3121-2 C. trav.). Dès que le temps de travail quotidien atteint **6 heures**, le salarié bénéficie d'un temps de pause d'une durée de **20 minutes**, mais des dispositions plus favorables peuvent fixer un temps de pause supérieur (art. L. 3121-33 C. trav.). En revanche, l'employeur peut **récupérer les heures perdues** suite à une interruption collective du travail résultant de causes accidentelles, d'intempéries ou de cas de force majeure, d'inventaire, du chômage d'un ou de 2 jours ouvrables compris entre un jour férié et un jour de repos hebdomadaire ou d'un jour précédant les congés annuels (art. L. 3122-27 C. trav.).

F. L'astreinte

C'est la période durant laquelle le salarié, sans être à la disposition permanente et immédiate de l'employeur, a l'obligation de **demeurer à son domicile** ou à proximité afin d'être en mesure d'intervenir. Seul le temps de l'**intervention** est du **temps de travail effectif** (art. L. 3121-5 C. trav.). Les astreintes sont mises en place par des conventions ou accords collectifs étendus ou d'entreprise ou d'établissement ou, à défaut, par l'employeur après information et consultation du CE ou des DP, et information de l'inspecteur du travail. La période d'intervention ouvre droit à un repos intégral. Chaque salarié concerné doit être **averti** des périodes d'astreinte **au moins 15 jours à l'avance**, sauf circonstances exceptionnelles (art. L. 3121-8 C. trav.). Particularité de l'astreinte : le **lien de subordination n'est pas maintenu**.

Attention

Il ne faut pas confondre les astreintes avec les **heures d'équivalence** instituées pour certaines professions (santé, transport...), durant lesquelles le salarié reste à la disposition de l'employeur (le lien de subordination est maintenu) sans accomplir de travail effectif et sans bénéficier de rémunération particulière (art. L. 3121-9 C. trav.).

FICHE 3

G. Les jours fériés

Le **1er mai** est paradoxalement le seul jour payé chômé pour l'ensemble des salariés, sauf ceux des établissementss et services qui, compte tenu de la nature de leur activité, ne peuvent interrompre leur travail (double paye en compensation). Les conventions collectives et la loi n° 78-49 du 19 janvier 1978 permettent aux salariés de bénéficier des **11 jours fériés** en comptant le lundi de Pentecôte qui est chômé ou non (1er janvier, lundi de Pâques, 1er mai, 8 mai, Ascension, 14 juillet, 15 août, 1er novembre, 11 novembre, 25 décembre, art. L. 222-1 C. trav.). Enfin, les « ponts » sont discrétionnairement accordés par les entreprises.

5 La suspension du contrat de travail

La suspension du contrat **autorise** le salarié à **ne pas exécuter une prestation** de travail. Il doit cependant respecter les obligations de loyauté, de confidentialité ou de non-concurrence. Si différents cas de suspension se chevauchent dans le temps, c'est le premier cas qui l'emporte.

Exemple : le salarié, s'il a été malade durant ses vacances, a le droit de prolonger ses congés de la durée de sa maladie.

La suspension du contrat peut être :

- **imposée par la loi** (congés payés, jours fériés...) et rémunérée ;
- **voulue par l'employeur** (chômage partiel, mise à pied disciplinaire ou conservatoire...) et **partiellement rémunérée** (chômage partiel) ou **pas du tout** (cas de la mise à pied disciplinaire ou conservatoire si elle est suivie d'un licenciement pour faute grave ou lourde) ;
- **voulue par le salarié** (CIF, congé d'enseignement et de recherche, création d'entreprise, congé parental d'éducation, congé sabbatique, congés de solidarité internationale, congé d'accompagnement d'une personne en fin de vie...) et non rémunérée (sauf le CIF).

Les heures de délégation ou encore la grève (sans rémunération) suspendent également le contrat de travail, tout comme les activités publiques (conseiller prud'homal, mandat local...), la maladie, la maternité, la paternité ou encore les événements familiaux et l'incarcération (sans rémunération).

6 Le travail dominical et le travail nocturne

Des **dérogations** existent pour certains établissements, dont le fonctionnement ou l'ouverture est rendu nécessaire par les contraintes de la production, de l'activité ou les besoins du public ; ils peuvent de droit déroger à la règle du repos dominical en attribuant le repos hebdomadaire par **roulement** (art. L. 3131-12 C. trav.).

A. Le travail dominical

1) Dans le commerce de détail alimentaire

Dans le **commerce de détail alimentaire**, le repos hebdomadaire peut être donné le dimanche à partir de 13 h (art. L. 3132-13 al. 1er C. trav.), les salariés bénéficiant d'un repos compensateur par roulement et par quinzaine d'une journée entière. Des dérogations conventionnelles peuvent prévoir le travail en continu (art. L. 3132-14 C. trav.). La rémunération des salariés de l'équipe de suppléance est majorée d'au moins **50 %** (art. L. 3132-19 al. 1er C. trav.).

Attention

Le refus de travailler le dimanche ne constitue **pas une faute, ni un motif de radiation** de la liste des demandeurs d'emploi (art. L. 3132-3-1 C. trav.), **ni un motif de licenciement**, et ne peut justifier un refus d'embauche ou donner lieu à une mesure discriminatoire.

2) Avec l'autorisation du préfet

Il existe des dérogations temporaires au repos dominical au profit d'un établissement sur **autorisation du préfet** (art. L. 3132-20 C. trav.). Ainsi, des établissements de vente au détail situés dans les **communes d'intérêt touristique ou thermales** et dans les zones touristiques d'affluence exceptionnelle ou d'animation culturelle peuvent, de droit, donner le repos hebdomadaire par roulement pour tout ou partie du personnel (art. L. 3132-25 C. trav.). Il en est de même dans les **unités urbaines de plus d'un million d'habitants** (Paris, Lyon, Marseille), après **autorisation administrative**, dans un périmètre d'usage de consommation exceptionnel (art. L. 3132-25-1 C. trav.) pour **5 ans** (art. L. 3132-25-5 C. trav.). Ces autorisations sont accordées au vu d'un **accord collectif** ou, à défaut, d'une décision unilatérale **de l'employeur** prise après **référendum** (art. L. 3132-25-3, al. 1er C. trav.), pour une durée limitée et après avis du conseil municipal, de la chambre de commerce et d'industrie, de la chambre des métiers et des syndicats d'employeurs et de salariés intéressés de la commune (art. L. 3132-25-4, al. 1er C. trav.). Seuls les salariés **volontaires** ayant donné leur **accord par écrit** à leur employeur peuvent travailler le dimanche.

3) Avec l'autorisation du maire

Des dérogations peuvent également être accordées **par le maire pour 5 dimanches** et par le préfet de Paris concernant cette ville (art. L. 3132-26 C. trav.).

> *Chaque salarié privé du repos dominical perçoit une rémunération au moins égale **au double** à la rémunération normalement due pour une durée équivalente, ainsi qu'un repos compensateur équivalent en temps.* (art. L. 3132-27 al. 1er C. trav.)

B. Le travail nocturne

Il est en principe exceptionnel. Tout travail entre **21 h et 6 h** est considéré comme travail de nuit, si le salarié effectue au minimum 3 heures la nuit, 2 fois par semaine au moins ou un minimum d'heures fixé sur une période de référence. À défaut d'accord, ce nombre minimal est de 270 heures pendant 12 mois consécutifs. Une autre période de 9 heures consécutives, comprise entre **21 h et 7 h** et incluant, en tout état de cause, l'intervalle compris entre 24 h et 5 h, peut être substituée à celle entre 21 h et 6 h par une convention ou un accord collectif de travail étendu ou un accord d'entreprise ou d'établissement. À défaut d'accord et lorsque les caractéristiques particulières de l'activité de l'entreprise le justifient, cette substitution peut être autorisée par l'inspecteur du travail après consultation des DS et avis du CE ou des DP s'il en existe (art. L. 3122-29 C. trav.).

Attention

> Certaines activités (presse, monde du spectacle...) sont soumises à une réglementation particulière.

APPLICATIONS

QCM

Choisissez, parmi les propositions suivantes, la ou les bonnes(s) réponse(s).

3.1. Lorsque survient une modification dans la situation juridique de l'employeur (vente, fusion, transformation du fonds, mise en société...) :

- ○ **a.** tous les contrats de travail en cours sont automatiquement arrêtés et les salariés licenciés avec un PSE (plan de sauvegarde de l'emploi).
- ○ **b.** tous les contrats de travail en cours sont arrêtés, mais le nouvel employeur peut réembaucher le personnel qui lui semble indispensable dans le mois qui suit.

- c. tous les contrats de travail en cours au jour de la modification subsistent entre le nouvel employeur et le personnel de l'entreprise par exception à l'effet relatif des contrats.
- d. l'employeur conserve ou non discrétionnairement les salariés.

3.2. La durée quotidienne du travail :

- a. ne peut excéder 8 heures.
- b. ne peut excéder 10 heures.
- c. ne peut excéder 12 heures.

3.3. Dès que le temps de travail quotidien atteint :

- a. 6 heures, le salarié bénéficie d'une pause d'une durée de 5 minutes.
- b. 3 heures, le salarié bénéficie d'une pause de 10 minutes.
- c. 6 heures, le salarié bénéficie d'une pause de 20 minutes.

3.4. Le travail le dimanche :

- a. est interdit.
- b. est possible dans les commerces de détail alimentaire, avec l'autorisation du préfet ou du maire.
- c. est possible pour tous sans restriction ou discrimination.

CORRIGÉS

3.1. ✓ c. Lorsque survient une modification dans la situation juridique de l'employeur (vente, fusion, transformation du fonds, mise en société…), tous les contrats de travail en cours au jour de la modification subsistent entre le nouvel employeur et le personnel de l'entreprise par exception à l'effet relatif des contrats.

3.2. ✓ b. ✓ c. La durée quotidienne du travail ne peut excéder 10 heures normalement et 12 heures exceptionnellement.

3.3. ✓ c. Dès que le temps de travail quotidien atteint 6 heures, le salarié bénéficie d'une pause de 20 minutes.

3.4. ✓ b. Le travail le dimanche est possible dans les commerces de détail alimentaire, ou encore avec l'autorisation du préfet (dans les communes d'intérêt touristique ou thermales et dans les zones d'affluence exceptionnelle ou d'animation culturelle, les unités urbaines de plus d'un million d'habitants pour 5 ans) ou du maire (pour 5 dimanches).

FICHE 4

Le droit commun du travail : les droits des salariés (2)

1 Le repos

Selon le droit européen, le temps de repos se définit comme « toute période qui n'est pas du travail » (ex. transport en commun). Le droit français est fort heureusement plus favorable au travailleur.

A. Le repos quotidien

Tout salarié doit bénéficier d'un **repos quotidien** d'une durée minimale de **11 heures consécutives**, sauf rares dérogations prévues par accord collectif ou autorisation de l'inspecteur du travail (durée minimale de 9 heures), y compris les salariés en forfait jours (13 heures avec les pauses et les repas) (art. L. 3131-1 et L. 3131-2 C. trav.).

B. Le repos hebdomadaire

Tout salarié a droit au minimum à un **repos hebdomadaire de 24 heures** consécutives auquel il convient d'ajouter **11 heures de repos quotidien** (art. L. 3131-1 et L. 3132-1 C. trav.). Dans l'intérêt des salariés, le repos hebdomadaire est donné le **dimanche** (art. L. 3132-3 C. trav.). Il peut cependant être dérogé au repos hebdomadaire dans des cas limitativement énumérés par la loi (art. L. 3132-4 et s. C. trav.), notamment pour les travaux urgents et le surcroît de travail (fiche 3).

C. Le repos compensateur (les RTT)

1) Le repos compensateur de remplacement

La contrepartie en repos n'est **pas obligatoire** pour les **heures supplémentaires** effectuées **dans la limite du contingent**. Elle peut cependant être prévue par une convention ou un accord collectif d'entreprise ou d'établissement (ou une convention ou un accord de branche non étendu) qui en fixe les conditions (art. L. 3121-24 C. trav.).

Dans les entreprises sans DS, l'employeur peut le décider si le CE ou les DP ne s'y opposent pas.

2) Le repos compensateur obligatoire (ou de complément)

Depuis 2008, ce repos imposé par la loi (art. L. 3121-11 C. trav.), **s'ajoute à la rémunération majorée** des heures supplémentaires. Il est dû, quel que soit l'effectif de l'entreprise, pour toute heure supplémentaire accomplie au-delà du contingent annuel. Une convention ou un accord collectif d'entreprise ou d'établissement (ou une convention ou un accord de branche) prévoit les conditions d'utilisation (art. D. 3121-7 C. trav. et s.).

Figure 4.1 La contrepartie obligatoire en repos des heures supplémentaires

Pour les entreprises de 20 salariés au plus	Pour les entreprises de moins de 20 salariés
50 % : soit ½ heure de repos pour chaque heure effectuée.	100 % : soit 1 heure de repos pour 1 heure travaillée.

Les repos doivent être pris de préférence dans les **2 mois** suivant l'ouverture des droits sous réserve des impératifs de fonctionnement de l'entreprise, mais le salarié ne les perd pas s'il omet de les poser (art. D. 3121-8 al. 2 C. trav.). En effet, l'employeur doit lui demander de les prendre dans le **délai d'un an maximum**. Le repos peut être posé par **journée** ou **demi-journée**. Les demandes doivent être formulées **au moins une semaine à l'avance** et l'employeur doit **y répondre dans les 7 jours suivants**. Il peut proposer un **report** ou une autre date au salarié (art. D. 3121-11 C. trav.). Le salarié dont le contrat de travail prend fin avant qu'il ait pu bénéficier des repos auxquels il avait droit ou avant qu'il ait acquis des droits suffisants reçoit l'indemnité correspondante.

2 Les congés

Le salarié acquiert, mois après mois, un droit à congé (**5 semaines par an** sauf dispositions conventionnelles plus favorables) et perçoit une **indemnité de congés payés** destinée à financer ce repos.

> *Le salarié a droit à un congé de deux jours et demi ouvrables par mois de travail effectif chez le même employeur. La durée totale du congé exigible ne peut excéder trente jours ouvrables.* (art. L. 3141-3 C. trav.)

Sont assimilées à un mois de travail effectif, pour la détermination de la durée du congé, les périodes équivalentes à 4 semaines ou 24 jours de travail (art. L. 3141-4 C. trav.). L'**absence du salarié** ne peut avoir pour effet d'entraîner **une réduction de ses droits** à congé plus que proportionnelle à la durée de l'absence (art. L. 3141-6 C. trav.).

A. La prise des congés

Les congés peuvent être **pris dès l'ouverture des droits** (art. L. 3141-12 C. trav.). La période de prise des congés payés est fixée par les conventions ou accords collectifs de travail. Elle comprend, dans tous les cas, la période du **1er mai au 31 octobre** (art. L. 3141-13, al. 1er, C. trav.).

À l'intérieur de la période des congés et à moins que l'ordre des départs ne résulte des stipulations des conventions ou accords collectifs de travail ou des usages, cet ordre est fixé par l'employeur après avis, le cas échéant, des délégués du personnel.

Pour fixer l'ordre des départs, l'employeur tient compte :

1° De la situation de famille des bénéficiaires, notamment des possibilités de congé, dans le secteur privé ou la fonction publique, du conjoint ou du partenaire lié par un pacte civil de solidarité ;

2° De la durée de leurs services chez l'employeur ;

3° Le cas échéant, de leur activité chez un ou plusieurs autres employeurs. (art. L. 3141-14 C. trav.)

Les **conjoints** ou **partenaires d'un Pacs** travaillant dans la même entreprise ont droit à un congé simultané (art. L. 3141-15 C. trav.).

B. La durée des congés

Lorsque le congé ne dépasse pas **12 jours** ouvrables, il doit être **continu.**

Attention

La durée des congés pouvant être pris en une seule fois ne peut excéder **24 jours ouvrables** (art. L. 3141-17, al. 1er C. trav.).

Lorsque le congé principal est d'une durée comprise entre 12 et 24 jours ouvrables, il peut être **fractionné** par l'employeur avec l'accord du salarié. Dans ce cas, une des fractions est au moins égale à **12 jours ouvrables** continus compris entre 2 jours de repos hebdomadaire (art. L. 3141-18 C. trav.), attribuée entre le 1er mai et le 31 octobre et ouvrant droit à un congé supplémentaire (art. L. 3141-19 C. trav.).

Lorsque le congé s'accompagne de la **fermeture** de l'établissement, le fractionnement peut être réalisé par l'employeur sur **avis conforme des DP** ou, à défaut de délégués, avec **l'agrément des salariés** (art. L. 3141-20 C. trav.). Si, en vertu d'une disposition légale, la durée de travail d'un salarié est décomptée à l'année, une convention ou un accord collectif étendu peut prévoir que les congés ouverts au titre de l'année de référence fassent l'objet de **reports** jusqu'au 31 décembre de l'année suivante (art. L. 3141-21 C. trav.).

Attention

En cas de licenciement et de démission, l'employeur doit verser une **indemnité compensatrice**. La **faute lourde** (mais non grave) fait perdre le bénéfice de cette indemnité sauf si elle est commise durant le préavis de départ. L'indemnité est également due aux ayants droit du salarié dont le décès survient avant qu'il ait pris son congé payé annuel (art. L. 3141-26 C. trav.).

… À retenir …

L'indemnité de congés payés est un substitut du salaire qui doit être versé si le salarié a travaillé du 1er juin de l'année précédente au 31 mai de l'année en cours. Il existe 2 méthodes de calcul et seule la plus favorable est appliquée au salarié :
- soit le maintien de la rémunération qu'il aurait perçue s'il avait continué à travailler (avec d'éventuelles augmentations ou heures supplémentaires) ;
- soit le versement du dixième des sommes perçues pendant la période de référence (sans compter les primes annuelles qui couvrent l'année entière). (art. L. 3141-22 C. trav.)

Ces règles ne remettent pas en cause les stipulations contractuelles ou les usages assurant des indemnités d'un **montant plus élevé** (art. L. 3141-25 C. trav.).

3 Le salaire

A. La nature du salaire

Constitue une rémunération, le **salaire ou traitement ordinaire de base ou minimum** et tous les **autres avantages et accessoires payés**, directement ou indirectement, **en espèces ou en nature**, par l'employeur au salarié en raison de l'emploi de ce dernier (art. L. 3221-3 C. trav.).

Le **salaire de base** est la partie stable de la rémunération. Il peut être calculé en fonction :
- du temps ;
- du rendement ;
- du chiffre d'affaires, à condition d'être au moins égal au SMIC et/ou au salaire conventionnel.

Exemple : « *En cas de rémunération variable résultant du contrat de travail et à défaut d'accord entre l'employeur et le salarié sur le taux applicable à son calcul, il incombe au juge de le déterminer en fonction notamment des éléments qu'il peut trouver dans le contrat et des accords expressément ou implicitement* *conclus entre les parties les années précédentes.* » (Cass. soc. 18 septembre 2013, n° 12-17.156).

Il peut aussi résulter d'un **panachage** de ces 3 modes.

La **retenue sur salaire** pour absence n'est prévue par aucun texte légal, mais elle doit être proportionnelle au temps d'absence. Les **avantages** en nature et en espèces ne doivent pas être confondus avec les **gratifications et primes** qui peuvent aussi bien constituer de **simples libéralités** que des **compléments de salaire** (paiement obligatoire).

L'indemnité pour maladie et accident du travail ou de droit commun est versée, durant la suspension du contrat de travail, par la Sécurité sociale en remplacement de tout ou partie du salaire.

B. L'égalité salariale

La jurisprudence veut qu'à situation de fait identique, le salaire soit analogue, sauf justification objective et pertinente (Cass. soc. 28 mars 2012, n° 11-12.043, Bull. civ. V, n° 114). Sont considérés comme ayant une **valeur égale**, les travaux qui exigent des salariés un ensemble comparable de connaissances professionnelles consacrées par un titre, un diplôme ou une pratique professionnelle, de capacités découlant de l'expérience acquise, de responsabilités et de charge physique ou nerveuse (art. L. 3221-4 C. trav.). Tout employeur assure, pour un même travail ou pour un travail de valeur similaire, **l'égalité de rémunération** entre les femmes et les hommes (art. L. 3221-2 C. trav.).

C. Le salaire minimum interprofessionnel de croissance (SMIC)

Le SMIC, défini par les articles L. 3231-1 et suivants du Code du travail, assure aux salariés dont les rémunérations sont les plus faibles la garantie de leur pouvoir d'achat, et une participation au développement économique de la Nation (art. L. 3231-2 C. trav.). Il est indexé sur l'indice national des prix à la consommation (art. L. 3231-5 C. trav.).

... À retenir ...

Depuis le 1er janvier 2014, le SMIC est fixé à 9,53 € bruts par heure (soit 7,45 € en net), le montant mensuel du salaire minimum étant de 1 445,38 € bruts (soit 1 128 € en net).

Le SMIC admet des exceptions, notamment pour les jeunes (abattement de 10 % ou 20 % entre 16 et 18 ans), sauf s'ils justifient de 6 mois d'ancienneté, et les apprentis.

Pour savoir si le SMIC est atteint : salaire de base + avantage en nature + compensation pour réduction d'horaire + majorations diverses (ex. primes, indemnités...) + pourboires + primes de rendement individuelles ou d'équipe, de production, de productivité, de fin d'année, de vacances.

Sont exclus de l'assiette du SMIC : les primes pour les frais exposés par les salariés du fait de leur travail (ex. prime de panier, de salissure...), les majorations pour heures supplémentaires, pour travail du dimanche, des jours fériés et de nuit, les primes d'ancienneté, d'assiduité, de conditions de travail (danger, froid, insalubrité...), primes de transport, participation ou intéressement, primes collectives relatives à la production globale de l'entreprise.

D. La fixation d'objectifs individuels

Lorsque le contrat de travail prévoit que la rémunération variable dépend **d'objectifs fixés annuellement par l'employeur**, le défaut de fixation desdits objectifs constitue un manquement justifiant la résiliation judiciaire du contrat de travail ou la prise d'acte aux torts de l'employeur (fiche 13). (Cass. soc. 29 juin 2011, n° 09-65.710 ; Bull. civ. V, n° 173).

Les **clauses de variation discrétionnaire** sont interdites ; le salarié doit avoir expressément **accepté** la part variable de sa rémunération.

Exemple : « [...] *mais attendu qu'ayant relevé que la répartition part fixe/part variable de la rémunération, fixée contractuellement chaque année en même temps que les objectifs à atteindre pour percevoir la part variable de la rémunération par le biais d'une fiche de situation, n'avait pas été acceptée par la salariée en 2005, la cour d'appel, qui a exactement considéré que cette modification du contrat de travail ne pouvait être mise en œuvre sans l'accord de la salariée, s'est, à bon droit, référée aux critères visés au contrat et aux accords conclus les années précédentes pour fixer le montant des salaires dus au titre de la part variable de la rémunération, pour 2005 et les années suivantes ;* [...] » (Cass. soc. 13 février 2013, n° 11-19.820)

E. Le versement du salaire

Sous réserve de dispositions législatives imposant le paiement des salaires sous une forme déterminée, ce dernier est versé en **espèces** (moins de 1 500 €), par **chèque** ou par **virement**, à un compte bancaire ou postal. La mensualisation des salaires n'interdit pas divers modes de calcul du salaire aux pièces, à la prime ou au rendement (art. L. 3242-2 C. trav.). Les salariés ne bénéficiant pas de la mensualisation sont payés au moins 2 fois par mois, à 16 jours d'intervalle (art. L. 3242-3 C trav.).

Lors du paiement du salaire, l'employeur fournit un **bulletin de paie** papier ou électronique (art. L. 3243-2 C. trav.), mais l'acceptation sans protestation ni réserve d'un bulletin de paie par le travailleur ne peut valoir de sa part renonciation au paiement de tout ou partie du salaire et des indemnités ou accessoires de salaire qui lui sont dus (art. L. 3243-3 C. trav.). L'employeur conserve un **double** des bulletins de paie des salariés sous forme papier ou électronique pendant **5 ans** (art. L. 3243-4 C. trav.).

En outre, l'employeur ne peut opérer une retenue de salaire pour compenser des sommes qui seraient dues par un salarié pour fournitures diverses hors dérogation légale (art. L. 3251-1 C. trav.). À la fin du contrat, le salarié reçoit un **solde de tout compte** qui a valeur libératoire pour le salarié s'il ne le dénonce pas dans les 6 mois.

> *L'action en paiement ou répétition de salaire se prescrit par **trois ans** à compter du jour où celui qui l'exerce a connu ou aurait dû connaître les faits lui permettant de l'exercer. La demande peut porter sur les sommes dues au titre des trois dernières années à compter de ce jour ou, lorsque le contrat de travail est rompu, sur les sommes dues au titre des trois années précédant la rupture du contrat.* (art. L. 3245-1 C. trav.)

APPLICATIONS

QCM

Choisissez, parmi les propositions suivantes, la ou les bonnes(s) réponse(s).

4.1. Le repos quotidien est de :

- O **a.** 8 heures consécutives.
- O **b.** 9 heures consécutives.
- O **c.** 11 heures consécutives.

4.2. Le repos hebdomadaire est de :

- O **a.** 48 heures (les 24 heures du samedi et les 24 heures du dimanche).
- O **b.** 24 heures consécutives en sus des 11 heures de repos quotidien, soit 35 heures au total.
- O **c.** 32 heures (les 24 heures du dimanche et les 8 heures chômées du samedi).

4.3. Le repos compensateur :

- O **a.** est obligatoire pour les heures supplémentaires accomplies au-delà du contingent annuel, mais pas pour les heures supplémentaires effectuées dans la limite du contingent.
- O **b.** est obligatoire pour toutes les heures supplémentaires dans les TPE-PME.
- O **c.** n'est jamais obligatoire. Il s'agit d'un libre choix du salarié.

4.4. Le salarié a droit à un congé de :

- O **a.** 3,5 jours par mois de travail effectif chez le même employeur.
- O **b.** 2,5 jours par mois de travail effectif chez le même employeur.
- O **c.** 2,5 jours par mois de travail effectif chez un seul ou plusieurs employeurs.

4.5. L'employeur :

- ○ **a.** peut fractionner le congé principal demandé par le salarié lorsque celui-ci est d'une durée supérieure à 12 jours ouvrables et au plus égale à 24 jours ouvrables.
- ○ **b.** ne peut pas fractionner le congé principal demandé par le salarié, ce dernier bénéficiant d'un droit intangible à poser ses congés quand bon lui semble.
- ○ **c.** peut fractionner le congé principal demandé par le salarié uniquement lorsque celui-ci excède 16 jours entre septembre et février.

4.6. La retenue sur salaire opérée par l'employeur en cas d'absence injustifiée du salarié est :

- ○ **a.** interdite car aucun texte ne la prévoit.
- ○ **b.** autorisée par la jurisprudence.
- ○ **c.** proportionnelle au temps d'absence.

4.7. L'action en paiement ou répétition des salaires :

- ○ **a.** se prescrit par 5 ans à compter du jour où celui qui l'exerce a connu ou aurait dû connaître les faits qui lui permettent de l'exercer.
- ○ **b.** se prescrit par 3 ans à compter du jour où celui qui l'exerce a connu ou aurait dû connaître les faits qui lui permettent de l'exercer.
- ○ **c.** ne se prescrit pas car c'est une action perpétuelle en faveur du salarié.

Exercice. Analyse d'arrêt

Cass. soc. 27 novembre 2013, n° 12-18.814 (extrait)

« [...] *Attendu que l'association AFT-IFTIM Formation continue fait grief à l'arrêt d'accueillir cette demande alors, selon le moyen, que le principe d'égalité de traitement, qui impose à l'employeur d'octroyer les mêmes avantages à tous les salariés placés dans une situation identique, ne s'applique qu'à l'égard des salariés d'une même entreprise ; qu'en retenant qu'elle avait violé le principe d'égalité de traitement entre le 3 avril 2000 et le 31 décembre 2009, période pendant laquelle les associations relevant de l'AFT et celles relevant de l'IFTIM constituaient des entités juridiquement distinctes, au motif inopérant qu'au moment de la mise à la retraite de la salariée, les associations avaient fusionné, la cour d'appel a violé le principe d'égalité de traitement ;* [...]

Mais attendu qu'ayant constaté, qu'avant même la fusion, il existait, au sein de l'unité économique et sociale, une direction générale commune et fait ressortir que cette direction n'avait pas transféré le contrat de travail de la salariée vers l'association AFT Formation continue comme elle l'avait pourtant fait pour les autres directeurs régionaux engagés par l'association IFTIM. La direction n'avait pas justifié d'éléments objectifs expliquant cette différence de traitement, la privant ainsi du régime de retraite plus avantageux dont avaient bénéficié ses collègues, la cour d'appel a fait une exacte application du principe d'égalité de traitement ; que le moyen n'est pas fondé ; [...] »

1. S'agit-il d'un arrêt de cassation ou de rejet ?
2. Pourquoi la Cour de cassation considère-t-elle qu'il y a inégalité de traitement ?

CORRIGÉS

QCM

4.1. ✓c. Le repos quotidien, hors dérogation par accord collectif ou autorisation de l'inspecteur du travail, est de 11 heures consécutives (sans pouvoir être inférieur à 9 heures, art. L.3131-1 et 2 C. trav).

4.2. ✓b. Le repos hebdomadaire est de 24 heures consécutives en sus des 11 heures de repos quotidien, soit 35 heures au total.

4.3. ✓a. Le repos compensateur est obligatoire pour les heures supplémentaires accomplies au-delà du contingent annuel, mais pas pour les heures supplémentaires effectuées dans la limite du contingent.

4.4. ✓b. Le salarié bénéficie d'un congé de 2,5 jours par mois de travail effectif chez le même employeur (art. L. 3141-3 C. trav.).

4.5. ✓a. L'employeur peut fractionner le congé principal demandé par le salarié lorsque celui-ci est d'une durée supérieure à 12 jours ouvrables et au plus égale à 24 jours ouvrables.

4.6. ✓b. ✓c. La retenue sur salaire opérée par l'employeur en cas d'absence injustifiée du salarié est seulement autorisée par la jurisprudence, mais doit être proportionnelle au temps d'absence. Elle ne constitue cependant pas une sanction disciplinaire (Cass. soc. 21 mars 2012, n° 10-21.097).

4.7. ✓b. L'action en paiement ou répétition des salaires se prescrit par 3 ans à compter du jour où celui qui l'exerce a connu ou aurait dû connaître les faits qui lui permettent de l'exercer.

Exercice. Analyse d'arrêt

1. Il s'agit d'un arrêt de rejet, ce que montrent plusieurs éléments. Tout d'abord, l'association forme le pourvoi en cassation (on reconnaît ce dernier à l'expression « *fait grief à l'arrêt d'accueillir* ») et reproche à la cour d'appel d'avoir reconnu l'inégalité de traitement de la salariée. La Cour de cassation considère au contraire que la cour d'appel a fait une exacte application du principe d'égalité de traitement et considère le moyen (c'est-à-dire l'unique critique contenue dans le pourvoi) comme non fondé. Elle rejette donc le pourvoi.

2. La Cour de cassation confirme l'opinion de la cour d'appel, selon laquelle il y a inégalité de traitement puisque, même avant la fusion, il existait au sein de l'unité économique et sociale une direction générale commune. En outre, cette direction n'avait pas transféré le contrat de travail de la salariée vers l'association AFT-Formation continue, comme elle l'avait pourtant fait pour les autres directeurs régionaux engagés par l'association IFTIM, sans justifier d'éléments objectifs expliquant cette différence de traitement, la privant ainsi du régime de retraite plus avantageux dont avaient bénéficié ses collègues. Le principe d'égalité de traitement avait ainsi été violé.

FICHE 5

Le droit commun du travail : les modifications du contrat de travail

1 La force obligatoire du contrat et le désir de flexibilité de l'employeur

Les conventions légalement formées tiennent lieu de loi à ceux qui les ont faites.
Elles ne peuvent être révoquées que de leur consentement mutuel, ou pour les causes que la loi autorise.
Elles doivent être exécutées de bonne foi. (art. 1134 C. civ.)

Le contrat de travail est soumis aux règles de droit commun (art. L. 1221-1 C. trav.). La **force obligatoire du contrat** et le **respect de l'ordre public social** interdisent de remettre en cause les stipulations contractuelles malgré la crise économique (Cass. soc. 8 octobre 1987, n° 84-41.902, Bull. civ. V, n° 541, arrêt Raquin) : le salarié doit **expressément accepter** la modification du contrat ; on considère qu'à défaut, il ne l'accepte pas.

L'ancienne opposition, issue de la loi n° 2005-32 du 18 janvier 2005 pour la cohésion sociale, entre « modification substantielle » et « modification non substantielle », dont l'objet était de déterminer si un employeur pouvait ou non imposer unilatéralement un changement dans le contrat de travail, a disparu à la suite de plusieurs arrêts. Depuis lors, la **modification** du contrat de travail suppose un **commun accord** des parties et le **pouvoir de l'employeur** concerne le **simple changement** des conditions de travail. En pratique, la mise en œuvre de ce *distinguo* est source de contentieux. Seule la modification du contrat pour motif économique est prévue dans le Code du travail (art. L. 222-6 C. trav.).

L'**acceptation** du salarié à la modification du contrat emporte **novation** (c'est-à-dire transformation de l'obligation ancienne en une obligation nouvelle).

En outre, il faut désormais compter en ce domaine avec les **accords collectifs de mobilité** issus de la loi Sapin n° 2013-504 du 14 juin 2013 relative à la sécurisation de l'emploi, qui vont avoir une incidence sur chaque **contrat individuel**.

2 La modification touchant le salaire

Le logement pris en charge par l'entreprise, la voiture de fonction, les frais de déplacement et le salaire *stricto sensu* ne peuvent être remis en cause **sans l'accord du salarié**, hors les cas d'augmentations légales du SMIC ou des impôts relatifs au salaire, et ce même si le nouveau mode de rémunération paraît plus avantageux (Cass. soc. 12 avril 2012, n° 11-10.471).

Attention

> Il doit s'agir du salaire, élément contractuel. Il n'en est pas de même des objectifs unilatéraux définis par l'employeur dans le cadre de son pouvoir de direction (Cass. soc. 30 mars 2011, n° 09-42.737). De même, les avantages salariaux collectifs (usages, engagements unilatéraux, accords collectifs) ne sont pas incorporés au contrat de travail et donc non protégés ! Il faut les **contractualiser** d'une manière expresse pour pouvoir les rendre intouchables.

L'employeur ne peut que proposer la modification en indiquant au salarié qu'il peut la refuser (Cass. soc. 29 mai 2013, n° 12-13.437). Si le salarié **refuse**, il pourra être licencié pour **motif économique** et **non pour faute**. La jurisprudence examine **la situation financière de l'entreprise** mais également **du groupe** pour juger si le licenciement est fondé ou non.

Attention

> La Cour de cassation a cependant admis la modification résultant de la rémunération contractuelle prévue par une **clause de variabilité** et fondée sur des éléments objectifs et indépendants de la volonté de l'employeur, à condition qu'elle ne fasse pas porter le risque d'entreprise sur le salarié et n'ait pas pour effet de réduire la rémunération en dessous des *minima* légaux conventionnels (Cass. soc. 4 mars 2003, n° 01-41.864).

Cependant, la **partie variable** (à distinguer de la clause de variabilité) d'une rémunération est un élément du contrat de travail qui ne peut être modifié sans l'accord du salarié ; c'est un élément de rémunération contractuelle (Cass. soc. 8 janvier 2002, n° 99-44.467, Bull. civ. V, n° 3).

La **mobilité** géographique, professionnelle (changement de fonction) et **temporelle** (changement d'horaires) peut entraîner des **diminutions de rémunération** (perte de primes…). Elle est dans ce cas soumise à l'**acceptation du salarié**.

Le salarié qui **continue de travailler** ne consent pas pour autant à la modification de son salaire et peut réclamer un rattrapage de salaire dans les **3 ans**.

En cas de modification imposée de son salaire, le salarié doit :

– saisir le **juge des référés** (procédure d'urgence) et demander la **remise en l'état** ;

- « **prendre acte de la rupture de son contrat de travail aux torts exclusifs de l'employeur** » (le salarié prend acte de l'attitude de l'employeur pour estimer qu'elle emporte à ses torts la résiliation du contrat de travail et en cas de contestation, si le juge la confirme, elle produit les effets d'une rupture aux torts exclusifs de l'employeur, soit d'un licenciement sans cause réelle et sérieuse, cf. fiche 13).

FICHE 5

3 La modification relative à la qualification

Une modification de qualification est également de nature **contractuelle**. Une nouvelle affectation ne doit pas transformer les attributions et responsabilités ; à défaut, elle modifie l'équilibre fonctionnel du contrat et donc la qualification. La **clause de polyvalence** est autorisée uniquement si elle est logique et cohérente (par exemple, caissière/vendeuse). Le salarié peut **refuser toute mobilité professionnelle portant atteinte à sa qualification**. De même, un salarié peut refuser d'accomplir des tâches n'ayant aucun rapport avec sa qualification contractuelle et les erreurs commises ne lui sont pas imputables. Le refus de promotion (« placard doré ») n'est pas fautif. Une **preuve écrite** de l'acceptation du salarié est nécessaire.

4 La modification relative au temps de travail

A. Les changements d'horaires de travail

Hors les cas des temps partiels et des forfaits jours qui sont contractualisés, les **horaires de travail** relèvent du **pouvoir de direction** de l'employeur. C'est pourquoi, le changement d'horaires constitue un **simple changement des conditions de travail**, entraînant une **faute disciplinaire** si le salarié la refuse, **sauf atteinte excessive du droit du salarié au respect de sa vie personnelle et familiale** ou à son **droit au repos** (Cass. soc. 3 novembre 2011, n° 10-14.702, Bull. civ. V, n° 246). Dans la limite du contingent annuel, les heures supplémentaires imposées par l'employeur n'entraînent pas de modification du contrat.

Attention

Ne pas confondre les horaires et la durée du travail qui ne peut être modifiée sans l'accord du salarié. La réduction de la durée du travail d'un salarié à temps complet est une modification du contrat qu'il peut refuser (Cass. soc. 2 mai 2000, n° 97-45.355).

B. Le refus d'un accord de réduction de la durée du travail

Lorsqu'un ou plusieurs salariés **refusent** une modification de leur contrat de travail résultant de l'application d'un **accord de réduction de la durée du travail**, leur licenciement ne repose pas sur un motif économique. Il est soumis aux dispositions relatives à la rupture du contrat de travail pour **motif personnel** (art. L. 1222-8 C. trav.).

5 La modification relative au lieu de travail

Le lieu de travail mentionné dans le contrat de travail est **simplement informatif**, à moins qu'il ne soit stipulé par une **clause claire et précise que le salarié exécutera son travail exclusivement dans ce lieu** (Cass. soc. 15 mars 2006, n° 02-46.496, Bull. civ. V, n° 102). L'idéal est de contractualiser son lieu de travail si le salarié ne désire pas en changer.

A. Les clauses de mobilité prévues au contrat

Pour les conditions de validité des clauses de mobilité (fiche 9). Les contrats peuvent prévoir des **clauses de mobilité**. Cependant, la jurisprudence est favorable au salarié quand il peut invoquer une **atteinte grave à sa vie personnelle ou familiale** pour refuser une mobilité géographique contractuellement prévue (Cass. soc. 14 octobre 2008, n° 07-40.523, Bull. civ. V, n° 192). Le juge opère **au cas par cas** et met en balance vie privée (enfants, parents à charge…) et but recherché par l'entreprise.

Attention

> En l'absence de clause de mobilité, la mobilité est limitée au même secteur géographique, sauf application des nouveaux accords de mobilité de 2013.

B. L'accord de mobilité issu de la loi Sapin n° 2013-504 du 14 juin 2013

Le législateur, dans l'espoir de promouvoir la mobilité, permet à l'employeur d'engager une **négociation** sur les conditions de la **mobilité professionnelle ou géographique** interne à l'entreprise dans le cadre de mesures collectives d'organisation courantes **sans projet de réduction d'effectifs** (art. L. 2242-21 C. trav.).

Il s'agit d'une **simple faculté**, excepté pour les sociétés ou groupes de **plus de 300 salariés** ou dans le cas d'entreprises de **dimension européenne** comportant au moins un établissement ou une entreprise de **plus de 150 salariés** en France, où l'employeur doit engager une **négociation tous les 3 ans**, portant notamment sur le dispositif de GPEC (fiche 11).

L'accord issu de cette négociation comporte les **limites de cette mobilité géographique** dans le **respect de la vie personnelle et familiale du salarié**, des mesures visant à concilier vie professionnelle, personnelle et familiale, et des situations liées aux contraintes de handicap et de santé. Il comporte également des mesures d'accompagnement à la mobilité, notamment la **participation de l'employeur à la compensation d'une éventuelle perte de pouvoir d'achat et aux frais de transport**.

Les stipulations de l'accord collectif ne peuvent avoir pour effet d'entraîner **une diminution du niveau de la rémunération ou de la classification personnelle** du salarié et doivent garantir le **maintien ou l'amélioration de sa qualification professionnelle** (art. L. 2242-22 C. trav.).

L'accord porté à la connaissance de chacun des salariés concernés et il **est applicable** au contrat de travail. Les clauses de stabilité géographique éventuelles du contrat de travail **contraires** à l'accord sont **suspendues**.

Après une phase de **concertation** par laquelle il prend en compte les **contraintes personnelles et familiales** du ou des salariés, l'employeur recueille **leur accord** selon la procédure de **modification d'un élément essentiel du contrat pour motif économique** ; à savoir, par l'envoi d'une LRAR, suivie d'un délai d'un mois pour les salariés pour faire connaître leur refus. À défaut de réponse dans le mois, les salariés sont réputés avoir accepté. Qu'il s'agisse du refus d'un ou de plusieurs salariés, leur licenciement reposera sur un **licenciement individuel pour motif économique** (art. L. 2242-23 C. trav.) à savoir, par l'envoi d'une **LRAR**, suivi d'un délai d'un mois durant lequel **les salariés peuvent faire connaître leur refus**.

Tableau 5.1. Tableau récapitulatif des modifications susceptibles de concerner un contrat de travail

	Accord du salarié	Refus du salarié	Particularités
Modification du salaire	Nécessaire. L'accord ne peut se déduire de la poursuite du contrat de travail aux nouvelles conditions (Cass. soc. 11 décembre 2002, n° 00-46.649).	Licenciement individuel pour motif économique.	Uniquement les éléments contractuels. Les avantages collectifs ne peuvent être modifiés sauf contractualisation expresse. Rattrapage du salaire dans la limite de la prescription triennale.
Modification de la qualification	Nécessaire si transformation des attributions et des responsabilités, de l'économie fonctionnelle du contrat de travail (Cass. soc. 7 juin 2006, n° 04-44.815).	Licenciement individuel pour motif économique.	Le refus de promotion n'est pas fautif.
Modification du temps de travail : horaires de travail	Non nécessaire. Constitue un simple changement des conditions de travail (pouvoir de direction de l'employeur).	Licenciement pour faute, sauf atteinte excessive du droit du salarié au respect de sa vie familiale ou de son droit au repos (Cass. soc. 3 novembre 2011, n° 10-14.702, Bull. civ. V, n° 246).	Il faut contractualiser les horaires spécifiques. Les RP peuvent refuser une modification et un simple changement de leurs conditions de travail. Ce n'est pas nécessairement une faute grave selon la jurisprudence.
Modification du temps de travail : durée du travail	Nécessaire. La réduction de la durée du travail d'un salarié à temps complet constitue une modification du contrat de travail.	Licenciement individuel pour motif économique.	
Modification du lieu de travail : sans clause de mobilité géographique	Non nécessaire. Le lieu de travail est une simple information dans le contrat. Le salarié peut toutefois invoquer une grave atteinte à sa vie personnelle ou familiale (Cass. soc. 14 octobre 2008, n° 07-40.523, Bull. civ. V, n° 192).	Licenciement individuel pour motif économique.	Le lieu de travail stipulé au contrat est simplement informatif à défaut de contractualisation expresse du lieu par le salarié désirant une stabilité géographique.
Modification du lieu de travail : avec clause de mobilité géographique	Non nécessaire. Simple changement des conditions de travail.	Licenciement pour faute.	Mais le refus d'exécution d'une clause de mobilité ne caractérise pas à lui seul une faute grave (Cass. soc. 23 janvier 2008, n° 07-40.522, Bull. civ. V, n° 19). L'argument de l'atteinte à la vie personnelle ou familiale peut donc être utilisé…
Modification du lieu de travail : accord de mobilité issu de la loi du 14 juin 2013	Refus dans le délai d'un mois, sinon présumé accepté.	Licenciement individuel pour motif économique.	Les clauses du contrat contraires à l'accord sont suspendues. L'accord de mobilité est une faculté, mais s'inscrit dans un GPEC pour les sociétés ou groupes de plus de 300 salariés.

APPLICATIONS

QCM

Choisissez, parmi les propositions suivantes, la ou les bonnes(s) réponse(s).

5.1. L'employeur peut modifier le salaire du salarié :

- ○ **a.** sans lui demander son avis car cela relève de son pouvoir de direction.
- ○ **b.** uniquement avec l'accord du salarié qui peut refuser car le salaire a une nature contractuelle.
- ○ **c.** uniquement avec l'accord du salarié, qui peut être licencié pour motif économique en cas de refus.

5.2. L'employeur peut modifier la qualification du salarié :

- ○ **a.** qui peut refuser car il s'agit d'un élément contractuel.
- ○ **b.** sans lui demander son avis car cela relève de son pouvoir de direction.
- ○ **c.** après un contrôle préliminaire du conseil de prud'hommes.

5.3. L'employeur peut modifier :

- ○ **a.** l'horaire de travail du salarié car il s'agit d'un simple changement des conditions de travail qui relève de son pouvoir de direction.
- ○ **b.** la durée du travail du salarié sans son accord.
- ○ **c.** la durée du travail du salarié avec son accord, à défaut celui-ci pourra être licencié.

5.4. Le salarié célibataire ayant à sa charge sa mère malade et handicapée, peut-il refuser un changement de ses horaires de travail qui l'empêcherait de rentrer chez lui à midi pour le repas de sa mère ?

- ○ **a.** Il semble que la jurisprudence de la Cour de cassation soit en ce sens.
- ○ **b.** Non, l'intérêt de l'entreprise est supérieur à l'intérêt du personnel.
- ○ **c.** Uniquement s'il fait état d'un certificat médical établissant l'état de dépendance et de faiblesse de sa mère.

5.5. Le lieu de travail mentionné dans le contrat de travail est :

- ○ **a.** une simple information, à moins qu'une clause ne prévoie que le salarié exécutera exclusivement son travail dans ce lieu.
- ○ **b.** obligatoirement celui où travaille le salarié, qui ne peut voir changer son lieu de travail sans son accord.

5.6. Le salarié peut refuser un changement de son lieu de travail :

- ○ **a.** jamais.
- ○ **b.** jamais, s'il est prévu une clause de mobilité dans son contrat de travail.
- ○ **c.** s'il peut invoquer une atteinte grave à sa vie personnelle et familiale, même en présence d'une clause de mobilité selon la jurisprudence.

5.7. En l'absence de clause de mobilité au sein du contrat de travail :

○ **a.** la mobilité du salarié est limitée au même secteur géographique, sauf application des nouveaux accords de mobilité issus de la loi Sapin du 14 juin 2013.

○ **b.** la mobilité du salarié est limitée à 50 kilomètres autour de son actuel lieu de travail.

○ **c.** le salarié est inamovible.

5.8. L'accord de mobilité issu de la loi Sapin du 14 juin 2013 :

○ **a.** est une simple faculté dans les sociétés ou groupes de plus de 300 salariés ou les entreprises de dimension européenne comportant au moins un établissement ou une entreprise de plus de 150 salariés en France.

○ **b.** doit trouver sa place dans une négociation que l'employeur engage tous les 3 ans portant notamment sur la GPEC.

○ **c.** doit poser des limites géographiques et respecter la vie personnelle et familiale du salarié.

Exercice. Cas pratique

M. Sacha Touil a été engagé le 15 juin 2011 en contrat à durée indéterminée en qualité de cadre commercial par la société HO, spécialisée dans la vente d'appareils de climatisation réversible, située dans le 11e arrondissement de Paris. Son contrat contient une clause de mobilité précisant qu'il peut être muté dans d'autres établissements situés à Menton ou à Marseille. Depuis septembre 2013, M. Sacha Touil, récemment veuf, est propriétaire d'un appartement dans le 11e arrondissement de Paris afin d'améliorer sa qualité de vie (il se rend désormais à pied dans les locaux de l'entreprise), de mieux s'occuper de ses enfants (âgés de 4 et 5 ans) et de profiter de l'aide de sa propre mère (garde des enfants…) domiciliée dans ce même quartier. Son employeur, M. Marc Eur, vient de lui faire savoir qu'il va être muté à Nice où un établissement est ouvert depuis 3 mois.

1. Très dépité, M. Sacha Touil se demande s'il est obligé d'accepter la mutation à Nice ?

CORRIGÉS

QCM

5.1. ✓b. ✓c. L'employeur peut modifier le salaire du salarié uniquement avec l'accord du salarié qui peut refuser car le salaire a une nature contractuelle ; si le salarié refuse, il peut être licencié pour motif économique.

5.2. ✓a. L'employeur peut modifier la qualification du salarié qui peut refuser car il s'agit d'un élément contractuel.

5.3. ✓a. ✓c. L'employeur peut modifier l'horaire de travail du salarié car il s'agit d'un simple changement des conditions de travail qui relève de son pouvoir de direction. Concernant la durée du travail du salarié, il peut la modifier avec son accord, à défaut celui-ci pourra être licencié.

5.4. ✅ **a.** Le salarié célibataire ayant à sa charge sa mère malade et handicapée peut refuser un changement de ses horaires de travail qui l'empêcherait de rentrer chez lui à midi pour le repas de sa mère. La jurisprudence semble aller en ce sens. Le changement d'horaire constitue un simple changement des conditions de travail sauf atteinte excessive du droit du salarié au respect de sa vie familiale ou de son droit au repos (Cass. soc. 3 novembre 2011, n° 10-14.702, Bull. civ. V, n° 246).

5.5. ✅ **a.** Le lieu de travail mentionné dans le contrat de travail est une simple information, à moins qu'une clause ne prévoie que le salarié exécutera exclusivement son travail dans ce lieu.

5.6. ✅ **c.** Le salarié peut refuser un changement de son lieu de travail s'il peut invoquer une atteinte grave à sa vie personnelle et familiale, même en présence d'une clause de mobilité selon la jurisprudence.

5.7. ✅ **a.** En l'absence de clause de mobilité au sein du contrat de travail, la mobilité du salarié est limitée au même secteur géographique sauf application des nouveaux accords de mobilité issus de la loi Sapin n° 2013-504 du 14 juin 2013.

5.8. ✅ **a.** ✅ **b.** ✅ **c.** L'accord de mobilité issu de la loi Sapin n° 2013-504 du 14 juin 2013 est une simple faculté sauf dans les sociétés ou groupe de plus de 300 salariés ou d'entreprise de dimension européenne comportant au moins un établissement ou une entreprise de plus de 150 salariés en France. Il doit trouver sa place dans une négociation que l'employeur engage tous les 3 ans portant notamment sur la GPEC. Il doit poser des limites géographiques et respecter la vie personnelle et familiale du salarié.

Exercice. Cas pratique

1. La clause de mobilité, pour être valable, doit être acceptée par le salarié. Elle doit être indispensable à la protection des intérêts légitimes de l'entreprise et proportionnée au but recherché (Cass. soc. 12 janvier 1999, n° 96-40.755, Bull. civ. V, n° 7). La clause de mobilité doit définir de façon précise sa zone géographique et l'employeur ne peut en étendre la portée unilatéralement (Cass. soc. 14 octobre 2008 n° 06-46.400, Bull. civ. V, n° 19). La Chambre sociale avait également jugé que la clause par laquelle un salarié « *accepte par avance un changement de lieu de travail* [...] *ne concerne* [...] *que les mutations dans un établissement existant au jour de la conclusion du contrat* » (Cass. soc. 12 mai 2004, n° 02-42.018). En outre, la haute juridiction a indiqué que les juges du fond devaient rechercher si la mise en œuvre de la clause contractuelle de mobilité ne portait pas atteinte au droit du salarié à une vie personnelle et familiale et si une telle atteinte pouvait être justifiée par la tâche à accomplir et était proportionnée au but recherché (Cass. soc. 14 octobre 2008, n° 07-40.523, Bull. civ. V, n° 192).

En l'espèce, la clause de mobilité prévoyait la mutation dans les établissements de Menton et de Marseille. Nice n'était pas incluse dans la zone géographique de mobilité prévue originellement au contrat. En outre, M. Sacha Touil peut faire valoir une atteinte à une vie personnelle et familiale pour refuser cette mobilité.

FICHE 6

Le contrat de travail de droit commun : le contrat à durée indéterminée (CDI)

1 La forme normale et générale de la relation de travail : le contrat à durée indéterminée (CDI)

A. Le contrat à durée indéterminée à temps plein

Le contrat de travail à durée indéterminée est la forme normale et générale de la relation de travail. (art. L. 1221-2 al.1er C. trav.)

Un **contrat écrit** n'est **pas nécessaire** (directive 91/533/CEE du conseil du 14 octobre 1991 transposée par le décret n° 94-761 du 31 août 1994), sauf exceptions légales (par exemple, le contrat de travail à domicile, art. L. 7421-1 C. trav. ; les contrats passés par des médecins salariés, art. L. 4113-9 CSP) ; cependant, des conventions collectives peuvent le prévoir.

Attention

À défaut d'écrit, le contrat de travail sera obligatoirement qualifié en contrat à durée indéterminée.

La loi n° 91-1383 du 31 décembre 1991 impose à tout employeur de faire une **déclaration préalable d'embauche** auprès des organismes de protection sociale (art. L. 1221-10 C. trav.).

FICHE 6

B. La période d'essai

La période d'essai permet à l'employeur d'évaluer les compétences du salarié dans son travail, notamment au regard de son expérience, et au salarié d'apprécier si les fonctions occupées lui conviennent. (art. L. 1221-20 C. trav.)

1) La durée de la période d'essai

Le CDI peut comporter une période d'essai dont la durée maximale est :
1° Pour les ouvriers et les employés, de 2 mois ;
2° Pour les agents de maitrise et les techniciens, de 3 mois ;
3° Pour les cadres, de 4 mois (art. L. 1221-19 C. trav.).

Il peut néanmoins exister des **durées plus longues** ou **plus courtes** dans des accords collectifs (art. L. 1221-22 C. trav.).

2) Le renouvellement de la période d'essai

Elle peut être **renouvelée une fois si un accord de branche étendu le prévoit**, soit pour une durée de **4, 6 et 8 mois maximum** (art. L. 1221-21 C. trav.). La période d'essai et la possibilité de la renouveler ne se présument pas, elles doivent être expressément **stipulées** dans la lettre d'engagement ou le contrat de travail (art. L. 1221-23 C. trav.).

3) L'embauche après un stage

En cas d'embauche dans l'entreprise dans les **3 mois** suivant l'issue du stage intégré à un cursus pédagogique réalisé lors de la dernière année d'études, la durée de ce stage est **déduite de la période d'essai,** sans que cela ait pour effet de réduire cette dernière **de plus de la moitié**, sauf accord collectif prévoyant des stipulations plus favorables. Lorsque cette embauche est effectuée dans un emploi en correspondance avec les activités qui avaient été confiées au stagiaire, la durée du stage est **déduite intégralement** de la période d'essai.

4) La rupture durant la période d'essai

En cas de rupture de la période d'essai, l'employeur devra respecter un **délai de prévenance de 24 heures en dessous de 8 jours de présence**, **48 heures au cours du premier mois** de présence du salarié, **2 semaines après 1 mois de présence**, **1 mois après 3 mois de présence** (art. L. 1221-25 C. trav.).

Si le **salarié** est à l'origine de la rupture, il devra respecter un préavis de **48 heures**, ramené à **24 heures** si la présence du salarié dans l'entreprise est **inférieure à 8 jours** (art. L. 1221-26 C. trav.). Ces délais de prévenance ne rallongent pas la période d'essai.

2 Le contrat à durée indéterminée à temps partiel

FICHE 6

A. La définition du temps partiel

Est considéré comme salarié à temps partiel le salarié dont la durée du travail est inférieure :
1° À la durée légale du travail ou, lorsque cette durée est inférieure à la durée légale, à la durée du travail fixée conventionnellement pour la branche ou l'entreprise ou à la durée du travail applicable dans l'établissement ;
2° À la durée mensuelle résultant de l'application, sur cette période, de la durée légale du travail ou, si elle est inférieure, de la durée du travail fixée conventionnellement pour la branche ou l'entreprise ou de la durée du travail applicable dans l'établissement ;
3° À la durée de travail annuelle résultant de l'application sur cette période de la durée légale du travail, soit 1 607 heures, ou, si elle est inférieure, de la durée du travail fixée conventionnellement pour la branche ou l'entreprise ou de la durée du travail applicable dans l'établissement. (art. L. 3123-1 C. trav.)

Depuis la loi du 14 juin 2013, une durée minimale de 24 heures hebdomadaire minimum est désormais imposée pour les embauches en contrat à temps partiel à compter du 1er juillet 2014. Des dérogations sont cependant accordées pour les étudiants de moins de 26 ans, le salarié victime de contraintes personnelles ou qui cumule plusieurs activités afin d'atteindre un temps plein ou une durée au moins égale à 24 heures, etc. (art. L. 3123-14-1 C. trav. et s.)

Pour les contrats en cours au 1er janvier 2014, cette durée minimale s'applique seulement aux salariés à temps partiel qui en font la demande, sous réserve que l'employeur ne fasse pas état de son impossibilité d'y répondre favorablement (et ce jusqu'au 1er janvier 2016).

Pour les contrats conclus du 1er au 21 janvier 2014, leur durée minimale est de 24 heures hebdomadaires sauf dérogation (V. *supra*.).

Pour les contrats conclus entre le 22 janvier et le 30 juin 2014, depuis le 1er juillet 2014, la durée du travail doit être portée à 24 heures dès lors que les salariés en font la demande.

B. La mise en œuvre

Le temps partiel peut être mis en œuvre sur le fondement d'une **convention collective** ou d'un **accord de branche étendu** ou d'une **convention ou d'un accord d'entreprise ou d'établissement**. Il peut être mis en place après **avis du CE** ou des **DP**. En l'absence de RP, les horaires de travail à temps partiel peuvent être également instaurés à l'**initiative de l'employeur** ou à la demande des salariés après **information de l'inspection du travail** (art. L. 3123-2 C. trav.). L'employeur communique au moins une fois par an au CE ou, à défaut, aux DP un **bilan du travail à temps partiel** réalisé dans l'entreprise. Il le communique également aux **DS** (art. L. 3123-3 C. trav).

Attention

Le refus par un salarié d'accomplir un travail à temps partiel ne constitue ni une faute, ni un motif de licenciement (art. L. 3123-4 C. trav.).

La période d'essai d'un salarié à temps partiel **ne peut avoir une durée calendaire** (c'est-à-dire la totalité des jours de l'année civile y compris les fériés ou chômés) **supérieure** à celle du salarié à temps complet (art. L. 3129-9 C. trav.). Compte tenu de la durée de son travail et de son ancienneté dans l'entreprise, la **rémunération du salarié à temps partiel est proportionnelle à celle du salarié qui, à qualification égale, occupe à temps complet un emploi équivalent** dans l'établissement ou l'entreprise (art. L. 3123-10 C. trav.). Le salarié à temps partiel bénéficie des **droits reconnus au salarié à temps complet par la loi**, les conventions et les accords collectifs d'entreprise ou d'établissement sous réserve, en ce qui concerne les droits conventionnels, de **modalités spécifiques** prévues par une convention ou un accord collectif de travail (art. L. 3123-11 C. trav.).

C. La demande de temps partiel du salarié

Les conditions de mise en œuvre sont réglées par une **convention ou un accord collectif** de travail étendu ou une convention ou un accord d'entreprise ou d'établissement. Cette convention ou accord prévoit :

- les **modalités** selon lesquelles les salariés à temps complet peuvent occuper un emploi à temps partiel et les salariés à temps partiel occuper un emploi à temps complet dans le même établissement ou, à défaut, dans la même entreprise ;
- la **procédure** à suivre par les salariés pour faire part de leur demande à leur employeur ;
- le **délai** laissé à l'employeur pour y apporter une réponse **motivée**, en particulier, en cas de refus, celui-ci explique les raisons objectives qui le conduisent à ne pas donner suite à la demande (art. L. 3123-5 C. trav.).

En l'absence de convention ou d'accord collectif du travail, le salarié peut demander à bénéficier d'un horaire à temps partiel **6 mois avant** la date envisagée pour sa mise en œuvre, par **LRAR,** et l'employeur doit y répondre selon le même mode dans les **3 mois** à compter de sa réception (art. D. 3123-3 C. trav.). Cette demande ne peut être refusée **que si l'employeur justifie de l'absence d'emploi disponible** relevant de la catégorie professionnelle du salarié ou de l'absence d'emploi équivalent ou s'il peut démontrer que le **changement d'emploi demandé aurait des conséquences préjudiciables** à la bonne marche de l'entreprise (art. L. 3123-6 C. trav.).

L'horaire de travail du salarié à temps partiel ne peut comporter au cours d'une même journée **plus d'une interruption d'activité ou une interruption supérieure à 2 heures** (art. L.3123-16 al. 1er C. trav.). Des dérogations sont cependant possibles. Cette limite permet d'assurer au salarié de longues périodes pour vaquer à ses obligations personnelles ou à d'autres obligations professionnelles. Hors le cas particulier de l'article L.3123-7 du Code du travail, le salarié à temps partiel qui travaille, **au-delà de son horaire contractualisé mais moins que la durée légale du travail, effectue des heures complémentaires.**

L'article L.3123-17 du Code du travail dispose que le nombre **d'heures complémentaires** accomplies par un salarié à temps partiel au cours d'une même semaine, d'un même mois ou d'une période prévue par accord collectif, ne peut être supérieur **au 10e de la durée hebdomadaire ou mensuelle** du travail prévue dans son contrat ou calculée sur la période prévue par un accord collectif. En outre, les heures complémentaires ne peuvent avoir pour effet de porter la durée du travail accomplie par un salarié au niveau de la durée légale du travail ou à la durée fixée conventionnellement.

- Chacune des heures complémentaires accomplies dans la limite donne lieu à une **majoration de 10 %.** Une convention ou un accord collectif de branche étendu ou une convention ou un accord d'entreprise ou d'établissement peut porter **jusqu'au tiers de la durée stipulée au contrat la limite des heures complémentaires** (art. L.3123-18 C. trav.).
- Au surplus, l'article L.3123-5 du Code du travail prévoit qu'un accord de branche (8 maximum par an) étendu peut augmenter temporairement la durée contractuelle avec avenant. En ce cas toutes, les heures complémentaires effectuées sont majorées de 25 % sauf taux différent retenu par l'accord.
- Lorsque la limite dans laquelle peuvent être accomplies des heures complémentaires est portée **au-delà du 10e de la durée hebdomadaire ou mensuelle** fixée au contrat de travail, calculée le cas échéant sur la période prévue par accord collectif, chacune des heures complémentaires accomplies **au-delà du 10e de cette durée donne lieu à une majoration de 25 %.** Une convention ou un accord de branche étendu peut prévoir un taux différent mais **qui ne peut être inférieur à 10 %** (art. L.3123-19 C. trav.).

Le refus d'accomplir les heures complémentaires proposées par l'employeur au-delà des limites fixées par le contrat ne constitue **pas une faute ou un motif de licenciement.** Il en est de même quand le salarié est informé **moins de 3 jours avant la date des heures complémentaires prévues** (art. L.3123-20 C. trav.).

Les salariés à temps partiel qui souhaitent **occuper ou reprendre** un emploi à temps complet et les salariés à temps complet qui souhaitent occuper ou reprendre un emploi à temps partiel dans le même établissement ou, à défaut, dans la même entreprise ont **priorité** pour l'attribution d'un emploi ressortissant à leur catégorie professionnelle ou d'un emploi équivalent. L'employeur porte à la connaissance de ces salariés la **liste des emplois disponibles** correspondants (art. L. 3128-8, al. 1 C. trav.).

Attention

Une convention collective ou un accord de branche étendu peut prévoir la possibilité pour l'employeur de proposer au salarié à temps partiel un emploi à temps complet ne ressortissant pas de sa catégorie professionnelle ou un emploi à temps complet non équivalent (art. L. 3128-6, al. 2 C. trav.).

3 Le contrat de travail à durée indéterminée intermittent (CDII)

Le désir de flexibilité des employeurs et celui de pérennité du salarié font parfois naître des créations juridiques hybrides, à l'instar du contrat de travail à durée indéterminée mais intermittent…

Exemples : moniteurs de ski ; enseignants chercheurs dans les établissements d'enseignement supérieur privés dont l'activité principale conduit à la délivrance au nom de l'État d'un diplôme sanctionnant cinq années d'études (art. L. 731-18 C. éd.).

Il se caractérise par l'**alternance de périodes travaillées et non travaillées** en raison de fluctuations de l'activité. Il s'entend d'**emplois permanents**, qui, par nature, obligent à une telle alternance.

Une **convention ou un accord collectif étendu** ou bien une **convention ou un accord d'entreprise ou d'établissement** doit obligatoirement autoriser un tel contrat. L'employeur, par sa seule volonté, ne le peut.

A. Les dérogations aux conventions et accords collectifs

Une dérogation existe pour les **travailleurs handicapés** bénéficiant de **l'obligation d'emploi** (art. L. 5212-13 C. trav.).

À **titre expérimental**, dans 3 secteurs déterminés depuis la loi n° 2013-504 du 14 juin 2013, par arrêté du 19 juin 2013 (à l'heure actuelle, il s'agit du seul secteur du **spectacle vivant et enregistré**), les entreprises employant **moins de 50 salariés** peuvent conclure de tels contrats jusqu'au 31 décembre 2014 en l'absence de convention ou d'accord collectif, après **information des DP**, pour pourvoir des emplois permanents qui par nature comportent une alternance de périodes travaillées et non travaillées. Le contrat doit indiquer que la rémunération versée mensuellement au salarié est indépendante de l'horaire réel effectué et qu'elle est lissée sur l'année.

B. Les conditions

Le CDII est établi par écrit. Il mentionne la qualification du salarié, les éléments de sa rémunération, la durée annuelle minimale du travail du salarié, les périodes de travail, la répartition des heures de travail à l'intérieur de ces périodes.

Le CDII précise obligatoirement la **durée annuelle minimale** de travail du salarié concerné. Elle peut être dépassée avec une limite : les heures effectuées au-delà ne doivent pas, **sauf accord** du salarié, **excéder le tiers** de la durée fixée par le contrat (art. L. 3123-34 C. trav.).

Exemple : le nombre d'heures travaillées au-delà d'une durée minimale fixée à 1 200 heures annuelles par un contrat de travail intermittent ne peut être supérieur à 400 heures (1 200 × 1/3).

C. Les droits de salariés en contrat à durée indéterminée intermittent

Les salariés en CDII bénéficient des mêmes droits que ceux reconnus aux salariés travaillant à un rythme régulier, sous réserve des dispositions spécifiques contenues dans la convention ou l'accord collectif organisant le recours à ce type de contrat (art. L. 3123-36 C. trav.).

Attention

Concernant l'ancienneté des travailleurs en CDII, la totalité des périodes non travaillées doit être prise en compte.

Le CDII doit faire apparaître la durée minimale annuelle, semestrielle, trimestrielle ou mensuelle du travail du salarié. Enfin, les modes de rupture sont les mêmes que ceux du contrat à durée indéterminée classique.

APPLICATIONS

QCM

Choisissez, parmi les propositions suivantes, la ou les bonnes(s) réponse(s).

6.1. Le CDI est :

- ○ **a.** la forme exceptionnelle de contrat de travail en droit français, les contrats atypiques étant la norme.
- ○ **b.** la forme normale et générale de relation de travail.
- ○ **c.** une forme parmi d'autres et de même importance de relation de travail.

6.2. Dans le cadre d'un CDI :

- ○ **a.** le contrat doit toujours être écrit.
- ○ **b.** le contrat doit toujours être oral.
- ○ **c.** l'écrit n'est pas nécessaire, mais des conventions collectives peuvent le prévoir.

6.3. À défaut d'écrit, le contrat de travail est :

- ○ **a.** qualifié obligatoirement de CDD.
- ○ **b.** qualifié obligatoirement de CDI.
- ○ **c.** qualifié obligatoirement de portage salarial.

6.4. La période d'essai en CDI est de :

- ○ **a.** 1 à 6 mois pour les ouvriers et employés.
- ○ **b.** 1 à 2 mois maximum pour les ouvriers et employés.
- ○ **c.** 2 à 15 jours maximum pour les cadres.
- ○ **d.** 3 à 4 mois maximum pour les cadres.

6.5. La période d'essai :

- ○ **a.** ne peut pas être renouvelée.
- ○ **b.** peut être renouvelée une fois si un accord de branche étendu le prévoit pour une durée de 4, 6 et 8 mois maximum.
- ○ **c.** peut être renouvelée 2 fois si l'employeur le souhaite de par son pouvoir de direction.

6.6. La période d'essai d'un CDI :

- ○ **a.** n'a pas à être stipulée dans la lettre d'engagement ou le contrat de travail.
- ○ **b.** doit être stipulée, ainsi que son renouvellement, dans le contrat de travail ou la lettre d'engagement.
- ○ **c.** doit être stipulée dans la convention collective.

6.7. En cas de rupture de la période d'essai, l'employeur :

- ○ **a.** doit respecter un délai de prévenance de 24 heures en dessous de 8 jours de présence, 48 heures au cours du premier mois de présence du salarié, 2 semaines après un mois de présence, 1 mois après 3 mois de présence.
- ○ **b.** ne doit respecter aucun délai.
- ○ **c.** doit respecter un délai de prévenance de 2 jours quel que soit le temps de présence du salarié.

6.8. Le refus par un salarié d'accomplir un travail à temps partiel :

- ○ **a.** est une faute et un motif de licenciement.
- ○ **b.** n'est pas constitutif d'une faute ou un motif de licenciement.
- ○ **c.** est impossible en raison du pouvoir de direction de l'employeur.

Exercice. Cas pratique

M. Jean Bal a signé le 28 mai 2013, avec la société RealProd, un document intitulé *R*èglement des participants lui permettant de concourir à l'élection de Mister Picardie 2013. 27 participants ont ainsi été sélectionnés par le comité Mister Picardie. M. Jean Bal a dû participer à plusieurs répétitions entre le 17 mai et le 3 juin 2013. La diffusion en direct a eu lieu le 3 juin et M. Jean Bal a obtenu le titre de Mister Picardie 2013, recevant un prix de 10 000 €. Il a cependant eu la sensation que sa prestation servait à fabriquer un programme audiovisuel, plus que s'il s'agissait d'une réelle compétition. En effet, il a dû s'engager à participer aux répétitions et à l'émission pendant 8 jours, acceptant de se conformer aux choix du producteur sur les lieux de restauration et d'hébergement, de répondre aux questions des présentateurs et aux interviews en cours d'émission, d'être filmé, d'effectuer les chorégraphies choisies par le producteur. En outre, le règlement des candidats plaçait ces derniers sous l'autorité directe du producteur qui avait un pouvoir de sanction. Il en a fait état à la société Realprod qui lui a répondu qu'il ne s'agissait que d'une compétition, d'un jeu. Selon elle, le risque de perte ou de chance de gain caractérisait l'existence d'un simple contrat aléatoire.

1. M. Jean Bal envisage de saisir la justice afin de faire valoir qu'il s'agissait d'un contrat de travail. Qu'en pensez-vous ?

La société RealProd envisage désormais de créer une émission de téléréalité en filmant en temps réel 6 femmes et 6 hommes cohabitant dans un appartement parisien de 140 m^2 durant 2 mois. Le gagnant sera celui que le public n'éliminera pas. Il est prévu que les participants doivent impérativement suivre les règles du programme définies unilatéralement par le producteur, qui orientent leur conduite, et que certaines scènes seraient répétées pour valoriser des moments essentiels. Enfin, les heures de réveil et de sommeil seraient fixées par la production, le règlement leur imposant une disponibilité permanente, avec interdiction de sortir du site et de communiquer avec l'extérieur, et toute infraction aux obligations contractuelles pourrait être sanctionnée par le renvoi.

2. Pensez-vous que les 12 candidats de ce type de jeu puissent considérer qu'ils travaillent pour la société de production ?

CORRIGÉS

QCM

6.1. ✓**b.** Le CDI est la forme normale et générale de relation de travail.

6.2. ✓**c.** Dans le cadre d'un CDI, l'écrit n'est pas nécessaire, mais des conventions collectives peuvent le prévoir.

6.3. ✓**b.** À défaut d'écrit, le contrat de travail est qualifié obligatoirement de CDI.

6.4. ✓**b.** ✓**d.** La période d'essai est de 1 à 2 mois maximum pour les ouvriers et employés et de 3 à 4 mois maximum pour les cadres.

6.5. ✓**b.** La période d'essai peut être renouvelée une fois si un accord de branche étendu le prévoit pour une durée de 4, 6 et 8 mois maximum.

6.6. ✓ **b.** La période d'essai doit être stipulée, ainsi que son renouvellement, dans le contrat de travail ou la lettre d'engagement.

6.7. ✓ **a.** En cas de rupture de la période d'essai, l'employeur doit respecter un délai de prévenance de 24 heures en dessous de 8 jours de présence, 40 heures au cours du premier mois de présence du salarié, 2 semaines après un mois de présence, 1 mois après 3 mois de présence.

6.8. ✓ **b.** Le refus par un salarié d'accomplir un travail à temps partiel n'est pas constitutif d'une faute ou un motif de licenciement.

Exercice. Cas pratique

1. La Chambre sociale de la Cour de cassation a jugé le 25 juin 2013 que l'existence d'une relation de travail ne dépendait ni de la volonté exprimée par les parties, ni de la dénomination qu'elles avaient donnée à leur convention, mais des conditions de fait dans lesquelles était exercée l'activité des travailleurs. Les juges du fond ont ainsi caractérisé l'existence d'une prestation de travail exécutée sous la subordination de la société et ayant pour objet la production d'un bien ayant une valeur économique, prestation consistant pour les participants, pendant un temps et dans un lieu sans rapport avec le déroulement habituel de leur vie personnelle, à prendre part à des activités imposées (Cass. soc. 25 juin 2013, n° 12-13.968).

En l'espèce, M. Jean Bal a été lié par un contrat de travail à la société de production RealProd. Il a participé à la création d'un bien ayant une valeur économique : une émission. En effet, M. Jean Bal était subordonné dans les faits à la société de production. L'objet du contrat ne consistait pas simplement à participer à une compétition, mais à un concept d'émission. La prestation des candidats servait à fabriquer un programme audiovisuel à valeur économique.

2. La Chambre sociale a jugé le 3 juin 2009 que les obligations impératives des participants de cette émission de téléréalité caractérisaient l'existence d'une prestation de travail exécutée sous la subordination de la société et ayant pour objet la production d'une « série télévisée ». Elle a ainsi reconnu que les participants étaient liés par un contrat de travail à la société de production (Cass. soc. 3 juin 2009, n° 08-40.981, Bull. civ. V, n° 159).

En l'espèce, il est fort probable que les 12 candidats du jeu soient considérés *a posteriori* comme tenus par un contrat de travail avec la société de production.

FICHE 7 Les contrats de travail spéciaux : le contrat à durée déterminée (CDD)

1 Le recours au contrat à durée déterminée (CDD)

Un contrat de travail à durée déterminée, quel que soit son motif, ne peut avoir ni pour objet ni pour effet de pourvoir durablement un emploi lié à l'activité normale et permanente de l'entreprise. (art. L. 1242-1 C. trav.)

A. La nécessité d'une tâche précise et temporaire

La liste des cas où il est possible de conclure un CDD est **très proche** de celle des **CTT** (fiche 8). Un CDD ne peut être conclu que pour l'exécution d'une tâche précise et temporaire, et seulement dans les cas suivants :

1° Remplacement d'un salarié en cas :
*– d'**absence** ;*
*– de **passage provisoire à temps partiel**, conclu par avenant à son contrat de travail ou par échange écrit entre ce salarié et son employeur ;*
*– de **suspension** de son contrat de travail ;*
*– de **départ définitif** précédant la suppression de son poste de travail après consultation du comité d'entreprise ou, à défaut, des délégués du personnel, s'il en existe ;*
*– d'**attente de l'entrée en service effective du salarié recruté** par contrat à durée indéterminée appelé à le remplacer.*
*2° **Accroissement temporaire de l'activité** de l'entreprise.*
*3° Emplois à caractère **saisonnier** (tourisme...) ou pour lesquels, dans certains secteurs d'activité, il est d'usage constant de ne pas recourir au CDI en raison de la nature de l'activité exercée et du caractère par nature temporaire de ces emplois (réparation navale, exploitations forestières...).*
*4° **Remplacement d'un chef d'entreprise artisanale, industrielle ou commerciale, d'une personne exerçant une profession libérale, de son conjoint participant** effectivement à l'activité de l'entreprise à titre professionnel et habituel ou d'un associé non salarié d'une société civile professionnelle, d'une société civile de moyens ou d'une société d'exercice libéral ;*
*5° Remplacement du **chef d'une exploitation agricole ou d'une entreprise**.* (art. L. 1242-2 C. trav.)

En outre, un CDD peut être conclu pour le recrutement de certaines personnes sans emploi (contrats de professionnalisation, initiative emploi, d'accompagnement dans l'emploi, d'avenir), pour assurer un complément de formation professionnelle ou à l'issue du contrat d'apprentissage.

Il faut noter, également, l'existence d'un CDD à objet défini, institué à titre expérimental par la loi n° 2008-596 du 25 juin 2008 pour 5 ans mais non pérennisé, et d'un CDD pour senior (art. L. 2212-2 C. trav.).

B. L'interdiction de recourir au contrat à durée déterminée

Le recours au CDD est interdit **dans les 6 mois suivant un licenciement pour motif économique** (art. L. 1242-5 C. trav.) et pour **remplacer un salarié dont le contrat de travail est suspendu à la suite d'un conflit collectif du travail ou pour effectuer certains contrats particulièrement dangereux** (art. L. 1242-6 C. trav.). Le fait de conclure un CDD pour un objet autre que ceux autorisés est puni pénalement.

En outre, le fait de ne **pas établir par écrit** le contrat de travail à durée déterminée et de ne pas y faire figurer **la définition précise de son motif**, ainsi que le fait de conclure un CDD qui a pour objet ou pour effet de pourvoir **durablement un emploi lié à l'activité normale et permanente** de l'entreprise, sont punis d'une amende (art. L. 1 248-6 et art. L. 1 248-1 C. trav.).

2 Les caractéristiques du contrat à durée déterminée

A. Le terme

Le CDD comporte **un terme fixé avec précision dès sa conclusion**.

Toutefois, le contrat **peut ne pas comporter de terme précis** lorsqu'il est conclu dans l'un des cas suivants :

- remplacement d'un **salarié absent** ;
- remplacement d'un **salarié dont le contrat est suspendu** ;
- dans l'attente de l'**entrée en service effective d'un salarié** recruté par CDI ;
- emploi à caractère **saisonnier ou d'usage** ;
- **remplacement d'un chef d'entreprise** artisanale, industrielle ou commerciale, d'exploitation agricole ou d'une entreprise, d'une profession libérale, de son conjoint participant, d'un associé non salarié d'une SCP ou SCM ou SEL.

Le CDD est alors conclu pour une durée minimale. Il a pour terme la fin de l'absence de la personne remplacée ou la réalisation de l'objet pour lequel il a été conclu (art. L. 1243-7 C. trav.).

En outre, la suspension du CDD ne fait pas obstacle à l'échéance du terme (art. L. 1243-7 C. trav.).

Lorsque le CDD est conclu pour remplacer un **salarié temporairement absent** ou dont le contrat de travail est suspendu ou pour un remplacement d'un chef d'entreprise, d'une profession libérale, de son conjoint, d'un associé non salarié de société civile, le terme du contrat initialement fixé peut être **reporté jusqu'au surlendemain** du jour où la personne remplacée reprend son emploi (art. L. 1242-7 C. trav.).

Le fait de conclure un CDD ne comportant **pas un terme fixé** avec précision dès sa conclusion ou **sans fixer de durée minimale, lorsqu'il ne comporte pas de terme précis**, est puni d'une **amende** (art. L. 1248-4 C. trav.) et entraîne la requalification du contrat en CDI.

B. La durée du contrat à durée déterminée

La durée totale du CDD ne peut excéder **18 mois** compte tenu, le cas échéant, d'un renouvellement. Cette durée est réduite à **9 mois** lorsque le contrat est conclu dans l'attente de l'entrée en service effective d'un salarié recruté par CDI ou lorsque son objet consiste en la réalisation des travaux urgents nécessités par des mesures de sécurité.

Elle est portée à **24 mois :**

- lorsque le contrat est exécuté **à l'étranger** ;
- lorsque le contrat est conclu dans le cadre d'un **départ définitif d'un salarié** précédant la suppression de son poste de travail ;
- lorsque survient dans l'entreprise (entrepreneur principal ou sous-traitant) une **commande exceptionnelle à l'exportation**. La durée initiale du contrat ne peut alors être **inférieure à 6 mois** et l'employeur doit procéder, préalablement aux recrutements, à la **consultation du CE ou des DP** s'il en existe (art. L. 1242-8 C. trav.).

Lorsque le CDD est conclu pour remplacer un salarié temporairement absent ou dont le contrat de travail est suspendu ou pour le remplacement d'un chef d'entreprise ou d'une personne assimilée, il peut prendre effet **avant l'absence** de la personne à remplacer (art. L. 1 248-5 C. trav.).

Le fait de méconnaître les dispositions relatives à la durée du CDD est puni d'une amende.

C. Le renouvellement du contrat à durée déterminée

Le CDD est renouvelable **une fois** pour une **durée déterminée**. La durée du renouvellement, ajoutée à la durée du contrat initiale, **ne peut excéder la durée maximale légale**. Les conditions de renouvellement sont **stipulées** dans le contrat ou font l'objet d'un avenant soumis au salarié avant le terme initialement prévu. Ces dispositions ne sont pas applicables au CDD conclu avec les dispositions légales favorisant le recrutement de personnes sans emploi ou dans le cadre d'un complément de formation professionnelle (art. L. 1242-3 C. trav.).

Il est possible de conclure des **CDD successifs** avec le **même salarié** lorsque le contrat est conclu dans l'un des cas suivants :

1° Remplacement d'un salarié absent ;
2° Remplacement d'un salarié dont le contrat de travail est suspendu ;
3° Emplois à caractère saisonnier ou d'usage ;
4° Remplacement d'un chef d'entreprise ou d'une personne assimilée. (art. L. 1244-1 C. trav.)

D. Le délai de carence

À l'expiration d'un CDD, il ne peut être recouru, pour pourvoir le poste du salarié dont le contrat a pris fin, ni à un CDD ni à un CTT, avant l'expiration d'un ***délai de carence*** *calculé en fonction de la durée du contrat, renouvellement inclus. Ce délai de carence est égal :*
1° ***Au tiers*** *de la durée du contrat venu à expiration si la durée du contrat, renouvellement inclus, est* ***de 14 jours ou plus*** *;*
2° ***À la moitié*** *de la durée du contrat venu à expiration si la durée du contrat, renouvellement inclus,* ***est inférieure à 14 jours.***
Les jours pris en compte pour apprécier le délai devant séparer les deux contrats sont les jours d'ouverture de l'entreprise ou de l'établissement concerné. (art. L. 1244-3 C. trav.)

Le délai de carence n'est **pas applicable** :

1° Lorsque le CDD est conclu pour assurer le ***remplacement d'un salarié temporairement absent ou dont le contrat de travail est suspendu****, en cas de* ***nouvelle absence du salarié remplacé*** *;*
2° Lorsque le CDD est conclu pour l'exécution de ***travaux urgents*** *nécessités par des mesures de sécurité ;*
3° Lorsque le CDD est conclu pour pourvoir un ***emploi à caractère saisonnier ou d'usage*** *;*
4° Lorsque le contrat est conclu pour assurer le ***remplacement d'un chef d'entreprise*** *ou d'une personne assimilée ;*
5° Lorsque le contrat est conclu au titre des dispositions légales du recrutement de certaines personnes ***sans emploi ou du complément de formation professionnelle*** *;*
6° Lorsque le ***salarié est à l'initiative d'une rupture*** *anticipée du contrat ;*
7° Lorsque le salarié ***refuse le renouvellement*** *de son contrat, pour la durée du contrat non renouvelé.* (art. L. 1244-4 C. trav.)

Le fait de renouveler le CDD est puni d'une amende, ainsi que le fait de méconnaître les dispositions relatives à la succession de contrats sur un même poste (art. L. 1248-11 C. trav.).

E. La période d'essai du CDD

Le CDD **peut** comporter une **période d'essai. Sauf si des usages ou des stipulations conventionnelles prévoient des durées moindres**, cette période d'essai ne peut **excéder** une durée calculée à raison :

- **d'un jour par semaine**, dans la limite de **2 semaines** lorsque la durée initialement prévue au contrat est **au plus égale à 6 mois**,

– et **d'1 mois** dans les autres cas. Lorsque le contrat ne comporte **pas de terme précis, la période d'essai est calculée par rapport à la durée minimale du contrat** (art. L. 1224-10 C. trav.).

Le **renouvellement** de la période d'essai ne peut résulter que d'un **accord exprès** des parties intervenues au cours de la période initiale et **ne peut pas dépasser** la période maximum légale.

FICHE 7

Attention

Sauf disposition conventionnelle ou contractuelle contraire, toute période d'essai se décompte de manière calendaire (Cass. soc. 28 avril 2011, n° 09-72.165, Bull. civ. V, n° 101).

Pour les CDD stipulant une période d'essai d'au moins une semaine, l'employeur qui met **fin au contrat en cours ou au terme de la période d'essai**, doit **prévenir le salarié** dans un délai :

– qui ne peut être **inférieur à 24 heures en deçà de 8 jours** de présence,
– qui ne peut être inférieur **à 48 heures entre 8 jours et 1 mois** de présence,
– qui ne peut être inférieur **à 2 semaines après 1 mois** de présence,
– qui ne peut être inférieur **à 1 mois après 3 mois** de présence.

La période d'essai, renouvellement inclus, ne peut être prolongée du fait de la durée de ce délai de prévenance.

3 La forme du contrat

Pour sa part, le salarié doit prévenir l'employeur dans un délai de 24 ou 48 heures selon que sa présence dans l'entreprise est supérieure ou non à 8 jours.

Le CDD est établi ***par écrit*** *et comporte la* ***définition précise de son motif****. À défaut, il est* ***réputé conclu pour une durée indéterminée****.*
Il comporte notamment :
1° Le ***nom et la qualification professionnelle*** *de la personne remplacée si tel est le cas ;*
2° La ***date du terme*** *et, le cas échéant, une clause de renouvellement lorsqu'il comporte un terme précis ;*
3° La ***durée minimale*** *pour laquelle il est conclu lorsqu'il ne comporte pas de terme précis ;*
4° La ***désignation du poste*** *de travail en précisant, le cas échéant, si celui-ci figure sur la liste des postes de travail présentant des risques particuliers pour la santé ou la sécurité des salariés, la désignation de l'emploi occupé ou, lorsque le contrat est conclu pour assurer un complément de formation professionnelle, la désignation de la nature des activités ;*
5° L'intitulé de la ***convention collective applicable*** *;*
6° La ***durée de la période d'essai*** *éventuellement prévue ;*
7° Le ***montant de la rémunération*** *et de ses différentes composantes, y compris les primes et accessoires de salaire s'il en existe ;*
8° Le ***nom et l'adresse de la caisse de retraite complémentaire*** *ainsi que, le cas échéant, ceux de l'organisme de prévoyance.* (art. L. 1242-12 C. trav.)

L'employeur porte à la connaissance des salariés en CDD la **liste des postes à pourvoir dans l'entreprise par des CDI** lorsqu'un tel dispositif existe déjà pour les salariés en CDI (art. L. 1242-17 C. trav.). Le contrat de travail est **transmis au salarié**, au plus tard, **dans les 2 jours ouvrables** suivant l'embauche (art. L. 1242-12 C. trav.). Le fait de ne pas transmettre au salarié le CDD au plus tard dans les 2 jours suivant l'embauche est puni d'une amende (art. L. 1 248-7 C. trav.).

4 La rémunération du salarié en contrat à durée déterminée

Les dispositions légales et conventionnelles, ainsi que celles résultant des usages applicables aux salariés titulaires d'un CDI s'appliquent (sauf celles relatives à la rupture) (art. L. 1241-14 C. trav.). La rémunération **ne peut être inférieure au montant de la rémunération que percevrait dans la même entreprise, après période d'essai, un salarié bénéficiant d'un CDI** de qualification professionnelle équivalente et occupant les mêmes fonctions (art. L. 1242-15 C. trav.).

A. L'indemnité compensatrice de congés payés

Le salarié a droit à une **indemnité compensatrice de congés payés**, dont le montant calculé en fonction de sa durée dans l'entreprise **ne peut être inférieur au 10e de la rémunération** totale brute perçue par le salarié pendant la durée de son contrat. L'indemnité est versée à la fin du contrat, sauf si le CDD se poursuit par un CDI (art. L. 1242-16 C. trav.).

B. L'indemnité de fin de contrat

Lorsque, à l'issue d'un CDD, les relations contractuelles de travail ne se poursuivent pas par un CDI, le salarié a droit, à titre de complément de salaire, à une **indemnité de fin de contrat** destinée à compenser la précarité de sa situation. Cette indemnité est égale à **10 % de la rémunération totale brute** versée au salarié. Elle s'ajoute à la rémunération totale brute due au salarié. Elle est versée à l'issue du contrat en même temps que le dernier salaire et figure sur le bulletin de salaire correspondant (art. L. 1243-8 C. trav.).

En vue d'améliorer la formation professionnelle des salariés titulaires de CDD, une convention ou un accord collectif de branche étendu ou une convention ou un accord d'entreprise ou d'établissement peut également prévoir de **limiter le montant de l'indemnité de fin de contrat à hauteur de 6 %**, dès lors que **des contreparties sont offertes à ces salariés, notamment sous la forme d'un accès privilégié à la formation professionnelle**. Un bilan de compétences peut être réalisé dans le cadre du plan de formation au titre de la participation des employeurs au financement de la formation professionnelle (art. L. 1243-9 C. trav.).

L'indemnité de fin de contrat n'est **pas due dans certains cas** (emploi à caractère saisonnier ou d'usage avec une personne sans emploi ou en complément de formation professionnelle, avec un jeune en vacances scolaires, si le salarié refuse d'accepter la conclusion d'un CDI, ou en cas de rupture anticipée du contrat par le salarié ou en raison de sa faute grave ou d'un cas de force majeure, art. L. 1243-10 C. trav.).

FICHE 7

5 La rupture anticipée

A. La faute grave, la force majeure ou l'inaptitude du salarié

S'agissant d'un CDD, il ne peut être question ni de démission, ni de prise d'acte, toutes deux réservées au CDI (fiche 6), mais de **faute grave**. La faute grave permet la **rupture anticipée** après respect de la procédure disciplinaire. Il en est de même de la **force majeure** ou de **l'inaptitude du salarié** constatée par le médecin du travail (art. L. 1243-1 C. trav.). La rupture commune par accord des parties est néanmoins possible.

Si un employeur prend acte de la soi-disant « démission » d'un salarié ne se présentant plus à son travail, il s'agit là non d'une prise d'acte justifiée, mais d'une rupture avant terme obligatoirement fautive.

Attention

La rupture anticipée du CDD qui intervient à l'initiative de l'employeur, en dehors des cas de faute grave, de force majeure ou d'inaptitude constatée par le médecin du travail, ouvre droit pour le salarié à des **dommages et intérêts** d'un montant **au moins égal aux rémunérations qu'il aurait perçues** jusqu'au terme du contrat, sans préjudice de **l'indemnité** de fin de contrat prévue.

Toutefois, lorsque le contrat de travail est rompu avant l'échéance du terme en raison d'un sinistre relevant d'un cas de **force majeure**, le salarié a également droit à une **indemnité compensatrice** dont le montant est égal aux rémunérations qu'il aurait perçues jusqu'au terme du contrat. Cette indemnité est à la charge de l'employeur (art. L. 1243-4 C. trav.).

B. L'obtention d'un contrat à durée indéterminée

Le CDD peut être **rompu avant l'échéance du terme à l'initiative du salarié**, lorsque celui-ci **justifie de la conclusion d'un CDI**.

*Sauf accord des parties, le salarié est alors tenu de respecter **un préavis** dont la durée est calculée à raison **d'un jour par semaine** compte tenu :*
*1° De la **durée totale du contrat**, renouvellement inclus, lorsque celui-ci comporte un terme précis ;*
*2° De la **durée effectuée** lorsque le contrat ne comporte pas un terme précis.*
*Le préavis **ne peut excéder deux semaines**.* (art. L. 1242-2 C. trav.)

Lorsque la relation contractuelle de travail se poursuit **après l'échéance** du terme du CDD, celui-ci **devient un CDI**. Le salarié conserve l'ancienneté qu'il avait acquise au terme du CDD. La durée du CDD est déduite de la période d'essai éventuellement prévue dans le nouveau contrat de travail (art. L. 1243-11 C. trav.).

Lorsque le conseil de prud'hommes fait droit à la demande du salarié, il lui accorde une **indemnité**, à la charge de l'employeur, ne pouvant être **inférieure à un mois de salaire**. Cette disposition s'applique sans préjudice de l'application des règles relative à la rupture du CDI (art. L. 1245-2 C. trav.).

C. La rupture à l'initiative du salarié

La **rupture anticipée** du CDD qui intervient à l'**initiative du salarié**, en dehors de la faute grave, de la force majeure, de l'inaptitude, ou de la conclusion d'un CDI, ouvre droit pour l'employeur à des **dommages et intérêts** correspondant au préjudice subi (art. L. 1243-3 C. trav.).

APPLICATIONS

QCM

Choisissez, parmi les propositions suivantes, la ou les bonnes(s) réponse(s).

7.1. Le CDD :

- ○ **a.** peut ne pas être établi par écrit.
- ○ **b.** doit être établi par écrit.
- ○ **c.** est établi par écrit s'il est supérieur à 6 mois.

7.2. Le CDD est conclu :

- ○ **a.** pour pourvoir durablement un emploi lié à l'activité normale et permanente.
- ○ **b.** forcément pour une tâche précise et temporaire.
- ○ **c.** toujours pour une tâche subalterne sans grande importance.

7.3. Le CDD :

- ○ **a.** ne doit pas préciser son motif.
- ○ **b.** doit comporter la définition précise du motif de recours.
- ○ **c.** comporte juste l'indication de la fiche du poste.

7.4. Il est possible de recruter en CDD :

- ○ **a.** pour n'importe quel poste sans aucune restriction.
- ○ **b.** en cas de remplacement d'un salarié, d'accroissement temporaire de l'activité, de remplacement d'un chef d'entreprise artisanale, industrielle ou commerciale, d'exploitation agricole ou d'une entreprise, d'une profession libérale, de son conjoint participant, d'un associé non salarié d'une SCP ou SCM ou SEL.

- ○ **c.** pour favoriser le recrutement de certaines catégories de personnes sans emploi, pour assurer un complément de formation professionnelle au salarié, à l'issue d'un contrat d'apprentissage.

7.5. Il est interdit de recourir à un CDD :

- ○ **a.** dans les 6 mois qui suivent un licenciement économique.
- ○ **b.** pour remplacer un salarié dont le contrat de travail est suspendu à la suite d'un conflit collectif de travail.
- ○ **c.** pour effectuer certains contrats particulièrement dangereux.
- ○ **d.** pour remplacer une salariée enceinte.

7.6. Le CDD :

- ○ **a.** peut comporter un terme fixé avec précision.
- ○ **b.** peut ne pas comporter un terme précis, en cas de remplacement d'un salarié absent, dont le contrat est suspendu, d'un chef d'entreprise ou d'une personne assimilée, dans l'attente de l'entrée en service effective d'un salarié recruté par CDI, d'un emploi saisonnier ou d'usage.
- ○ **c.** comporte toujours un terme fixé avec précision.
- ○ **d.** ne comporte jamais de terme précis.

7.7. La durée d'un CDD :

- ○ **a.** ne peut excéder 18 mois compte tenu d'un renouvellement.
- ○ **b.** est réduite à 9 mois lorsque le contrat est conclu dans l'attente de l'entrée en service effective d'un salarié recruté par CDI ou s'agissant de la réalisation de travaux urgents nécessités par des mesures de sécurité.
- ○ **c.** est portée à 24 mois lorsque le contrat est exécuté à l'étranger, en cas de commande exceptionnelle à l'exportation.
- ○ **d.** ne peut excéder 27 mois.

7.8. Le délai de carence entre deux contrats précaires (CDD ou CTT) est égal :

- ○ **a.** au tiers de la durée du contrat terminé et éventuellement renouvelé s'il avait pour durée 14 jours ou plus.
- ○ **b.** à la moitié de la durée du contrat venu à expiration si la durée du contrat, renouvellement inclus, est inférieure à 14 jours.
- ○ **c.** au quart de la durée du contrat déterminé s'il avait une durée égale à 14 jours.

7.9. Le délai de carence :

- ○ **a.** est toujours applicable.
- ○ **b.** n'est pas applicable en cas de remplacement d'un salarié ou d'exécution de travaux urgents, d'emploi saisonnier ou d'usage constant, de remplacement d'un chef d'entreprise ou d'une personne assimilée.
- ○ **c.** n'est pas applicable au titre des dispositions légales de recrutement de certaines personnes sans emploi ou en complément de formation professionnelle.
- ○ **d.** n'est pas applicable quand le salarié est à l'initiative d'une rupture anticipée du contrat ou refuse le renouvellement de son contrat.

CORRIGÉS

QCM

7.1. ✓ **b.** Le CDD doit être impérativement établi par écrit.

7.2. ✓ **b.** Le CDD est conclu forcément pour une tâche précise et temporaire.

7.3. ✓ **b.** Le CDD doit comporter la définition précise du motif de recours.

7.4. ✓ **b.** ✓ **c.** Il est possible de recruter en CDD en cas de remplacement d'un salarié, d'accroissement temporaire de l'activité, de remplacement d'un chef d'entreprise ou d'une personne assimilée, ainsi que pour favoriser le recrutement de certaines catégories de personnes sans emploi, pour assurer un complément de formation professionnelle au salarié, à l'issue d'un contrat d'apprentissage.

7.5. ✓ **a.** ✓ **b.** ✓ **c.** Il est interdit de recourir à un CDD dans les 6 mois qui suivent un licenciement économique, pour remplacer un salarié dont le contrat de travail est suspendu à la suite d'un conflit collectif de travail ou pour effectuer certains contrats particulièrement dangereux.

7.6. ✓ **a.** ✓ **b.** Le CDD peut comporter un terme fixé avec précision mais peut également ne pas comporter de terme précis. Tel est le cas du remplacement d'un salarié absent, dont le contrat est suspendu, d'un chef d'entreprise ou d'un personne assimilée, ou encore dans l'attente de l'entrée en service effective d'un salarié recruté par CDI, d'un emploi saisonnier ou d'usage.

7.7. ✓ **a.** ✓ **b.** ✓ **c.** La durée d'un CDD ne peut excéder 18 mois compte tenu d'un renouvellement. Elle est réduite à 9 mois lorsque le contrat est conclu dans l'attente de l'entrée en service effective d'un salarié recruté par CDI ou s'agissant de la réalisation de travaux urgents nécessités par des mesures de sécurité. Elle est portée à 24 mois lorsque le contrat est exécuté à l'étranger, en cas de commande exceptionnelle à l'exportation.

7.8. ✓ **a.** ✓ **b.** Le délai de carence entre deux contrats précaires (CDD ou CTT) est égal : au tiers de la durée du contrat terminé et éventuellement renouvelé s'il avait pour durée 14 jours ou plus ; à la moitié de la durée du contrat venu à expiration si la durée du contrat, renouvellement inclus, est inférieure à 14 jours.

7.9. ✓ **b.** ✓ **c.** ✓ **d.** Le délai de carence n'est pas applicable en cas de remplacement d'un salarié ou d'exécution de travaux urgents, d'emploi saisonnier ou d'usage constant, le remplacement d'un chef d'entreprise ou d'une personne assimilée. Il n'est pas applicable au titre des dispositions légales de recrutement de certaines personnes sans emploi ou en complément de formation professionnelle. Il n'est pas applicable quand le salarié est à l'initiative d'une rupture anticipée du contrat ou refuse le renouvellement de son contrat.

FICHE 8

Les contrats de travail spéciaux : le contrat de travail temporaire ou intérimaire (CTT)

1 Définition

Le recours au travail temporaire a pour objet la **mise à disposition temporaire** d'un salarié (également appelé « l'intérimaire ») par une entreprise de travail temporaire (personne physique ou morale) au bénéfice d'un client utilisateur pour l'exécution d'une mission.

Chaque mission donne lieu à la conclusion :

- d'un **contrat de mise à disposition** entre l'entreprise de travail temporaire et l'entreprise utilisatrice ;
- d'un **contrat de mission** entre le salarié temporaire et son employeur, l'entreprise de travail temporaire (art. L. 1251-1 C. trav.).

Figure 8.1. Les différents contrats composant le contrat de travail temporaire

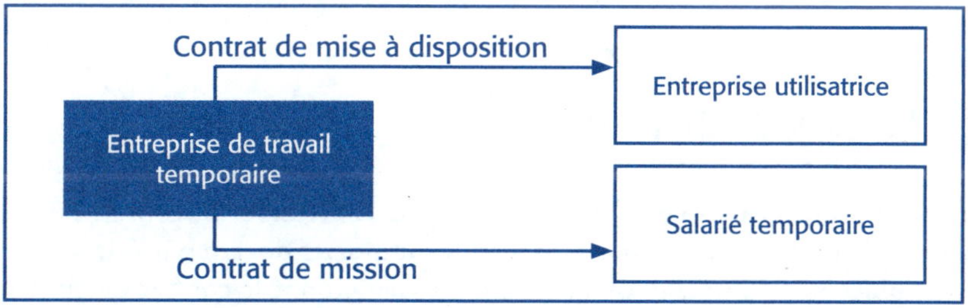

Par dérogation, les entreprises de travail temporaire peuvent exercer des **activités de placement privé** à titre lucratif (c'est-à-dire la fourniture à titre habituel de services visant à rapprocher les offres et les demandes d'emploi sans que la personne assurant cette activité ne devienne partie aux relations de travail, art. L. 5321-1 C. trav.) et l'**activité d'entreprise de travail à temps partagé** (art. L. 1251-4 C. trav.).

2 Les cas de recours au contrat de travail temporaire

Le contrat de mission, quel que soit son motif, **ne peut avoir pour objet, ni pour effet, de pourvoir durablement à un emploi lié à l'activité normale et permanente** de l'entreprise utilisatrice (art. L. 1251-5 C. trav.). La mission est une tâche précise et temporaire qui concerne quasiment les mêmes cas que le CDD (fiche 7).

Attention

Dans les **6 mois qui suivent un licenciement pour motif économique**, il est interdit de faire appel à un salarié temporaire au titre d'un accroissement temporaire de l'activité, y compris pour l'exécution d'une tâche occasionnelle, précisément définie et non durable, ne relevant pas de l'activité normale de l'entreprise utilisatrice.

Il est également interdit de recourir au CTT pour remplacer un salarié dont le contrat de travail est **suspendu** à la suite d'un conflit collectif de travail et pour certains travaux particulièrement dangereux figurant sur une liste (art. L. 4154-1 C. trav.), ainsi que pour remplacer le médecin du travail (art. L. 1251-10 C. trav.).

Exceptions :

- lorsque la durée du contrat de mission n'est **pas susceptible de renouvellement** et n'excède **pas 3 mois** ;
- lorsque le contrat est lié à la survenance dans l'entreprise (entrepreneur principal ou sous-traitant) d'une **commande exceptionnelle** à l'exportation.

Il faut en informer au préalable le CE ou les DP s'il en existe (art. L. 1251-9 C. trav.). L'employeur doit cependant toujours respecter la **priorité de réembauche du salarié licencié pour motif économique** durant un délai d'un an à compter de la date de rupture de son contrat s'il en a fait la demande (art. L. 1233-45 C. trav.).

3 Le contrat de mission

Il comporte un **terme fixé** avec précision dès la conclusion du contrat de mise à disposition. Toutefois, le contrat peut **ne pas comporter de terme précis** dans le cas du **remplacement d'un salarié** absent, d'un salarié dont le contrat est suspendu, dans l'attente de l'entrée en service effective d'un salarié recruté par CDI, d'un emploi à caractère saisonnier ou pour lequel il est d'usage constant de ne pas recourir au CDI, du remplacement d'un chef d'entreprise artisanale, industrielle ou commerciale, du chef d'une exploitation agricole. Le contrat de mission est alors conclu pour une durée minimale. Il a pour terme la fin de l'absence de la personne remplacée ou la réalisation de l'objet pour lequel il a été conclu (art. L. 1251-11 C. trav.).

En outre, lorsque le contrat de mission est conclu pour remplacer un salarié temporairement absent ou dont le contrat de travail est suspendu ou pour remplacement du chef d'entreprise, il peut **prendre effet avant l'absence** de la personne à remplacer (art. L. 1251-14 C. trav.).

Tableau 8.1. Durée totale maximale du contrat de travail temporaire

Durée totale maximale du contrat	Cas
18 mois	Avec renouvellement.
9 mois	Attente de l'entrée en service d'un salarié recruté en CDI. Travaux urgents nécessités par des mesures de sécurité.
24 mois	Mission exécutée à l'étranger. Départ définitif d'un salarié avant la suppression de son poste. Commande exceptionnelle à l'exportation.
36 mois	Cycle de formation effectué en apprentissage.

A. Une possible période d'essai

Le contrat de mission **peut** comporter une période d'essai rémunérée dont la durée est fixée par convention ou accord professionnel de branche étendu ou par convention ou accord d'entreprise ou d'établissement. À défaut de convention ou d'accord, cette durée ne peut excéder :

- **2 jours** ouvrés si le contrat est conclu pour une **durée inférieure ou égale à 1 mois** ;
- **3 jours** ouvrés si le contrat est conclu pour une **durée supérieure à 1 mois et inférieure ou égale à 2 mois** ;
- **5 jours** ouvrés si le contrat est conclu pour une **durée supérieure à 2 mois**.

B. Les modalités du contrat de mission

Il est écrit et comporte la **reproduction des clauses et mentions du contrat de mise à disposition** (cf. art. L. 1251.43 et V. *infra*) :

- la qualification professionnelle, les lieux et horaires de la mission, la nature des équipements de protection éventuels (fournis ou non par l'entreprise de travail temporaire) ;
- le montant de la rémunération avec les différentes composantes et l'indemnité de fin de mission ;
- la durée éventuelle de la période d'essai ;
- une éventuelle clause de rapatriement ;
- le nom et l'adresse de la caisse de retraite complémentaire et de l'organisme de prévoyance ;

- la mention que l'embauche du salarié par l'entreprise utilisatrice n'est pas interdite, la liste des postes à pourvoir par des CDI (si cela existe déjà pour les salariés en CDI, art. L. 1251-16 C. trav).

Si le salarié est embauché en CDI, la durée des missions accomplies au sein de cette entreprise au cours des **3 mois précédant le recrutement** est prise en compte pour **le calcul de l'ancienneté** du salarié. Cette durée est **déduite de la période d'essai** éventuellement prévue dans le nouveau contrat de travail (art. L. 1251-38 C. trav.). En outre, le contrat de mission est transmis au salarié **au plus tard dans les 2 jours ouvrables** suivant sa mise à disposition (art. L. 1251-7 C. trav.).

La suspension du contrat de mission du salarié ne fait **pas obstacle à l'échéance** de ce contrat (art. L. 1251-29 C. trav.). Le terme de la mission prévu au contrat de mise à disposition ou fixé par avenant peut être **avancé ou reporté** à raison **d'1 jour pour 5 jours** de travail. Pour les missions **inférieures à 10 jours de travail**, ce terme peut être **avancé ou reporté de 2 jours.** Cependant, l'aménagement du terme de la mission ne peut avoir pour effet ni de réduire la durée de la mission initialement prévue **de plus de 10 jours**, ni de conduire à un **dépassement de la durée maximale** du contrat de mission fixé par la loi (art. L. 1251-20 C. trav.). Lorsque le contrat de mission est conclu pour remplacer un **salarié temporairement absent** ou dont le contrat de travail est **suspendu** ou pour un **remplacement d'un chef d'entreprise**, le terme de la mission initialement fixé peut être **reporté jusqu'au surlendemain du jour où la personne remplacée reprend son emploi** (art. L. 1251-31 C. trav.).

Pendant la durée de la mission, **l'entreprise utilisatrice est responsable des conditions d'exécution du travail** (art. L. 1251-21 C. trav.). Les obligations relatives à la médecine du travail sont à la charge de l'entreprise de travail temporaire sauf lorsque cette dernière relève du régime agricole (art. L. 1251-22 C. trav.). Les salariés temporaires ont accès, dans l'entreprise utilisatrice, dans les mêmes conditions que les salariés de cette entreprise, **aux moyens de transport collectifs et aux installations collectives, notamment de restauration**, dont peuvent bénéficier ces salariés (art. L. 1251-24 C. trav.).

C. La rémunération

Elle **ne peut être inférieure** à celle prévue au contrat de mise à disposition qui fait apparaître son montant avec ses différentes composantes y compris, s'il en existe, les primes et accessoires de salaire que percevrait dans l'entreprise utilisatrice, après période d'essai, un **salarié de qualification professionnelle équivalente** occupant le même poste de travail (art. L. 1251-43, al. 6, C. trav.).

D. L'indemnité de congé payé

Le salarié a droit à une **indemnité compensatrice de congé payé** pour chaque mission qu'il effectue, quelle qu'en ait été la durée. Le montant de l'indemnité est calculé **en**

fonction de la durée de la mission et **ne peut être inférieur au 10e de la rémunération totale brute** perçue par le salarié pendant la mission. L'indemnité est versée à la fin de la mission.

FICHE 8

E. L'indemnité de fin de mission

Si, à la fin de la mission, le salarié ne bénéficie pas immédiatement d'un CDI avec l'entreprise utilisatrice, il a droit, à titre de complément de salaire, à une **indemnité de fin de mission** destinée à compenser la précarité de sa situation. Elle est égale à **10 % de la rémunération brute totale due au salarié** (art. L. 1251-32 C. trav.). Elle n'est **pas due** en cas d'**emploi saisonnier**, lorsque le contrat de mission correspond à des **stages de formation**, des **bilans de compétences** ou des **actions de validation d'acquis de l'expérience**, dans le cas de **rupture anticipée du contrat à l'initiative du salarié**, en cas de **faute grave** ou de **force majeure** (art. L. 1251-33 C. trav.).

F. La rupture

L'entreprise de travail temporaire qui **rompt le contrat** de mission du salarié avant le terme prévu au contrat lui propose, **sauf faute grave** de ce dernier ou cas de **force majeure** (qui n'est pas constitué par la rupture du contrat de mise à disposition, art. L. 1251-27 C. trav.), un **nouveau contrat de mission prenant effet dans un délai maximum de 3 jours ouvrables**. Le nouveau contrat de mission ne peut comporter de modification d'un élément essentiel en matière de qualification professionnelle, de rémunération, d'horaires de travail et de temps de transport. À défaut, ou si le nouveau contrat de mission est d'une durée inférieure à celle restant à courir au contrat précédent, l'entreprise de travail temporaire assure au salarié une **rémunération équivalente** à celle qu'il aurait perçue jusqu'au terme du contrat, y compris l'**indemnité de fin de mission.**

Lorsque la durée restant à courir du contrat de mission rompu est **supérieure à 4 semaines**, l'entreprise de travail temporaire peut satisfaire à ses obligations au moyen de **3 contrats successifs** au plus (art. L. 1251-26 C. trav.).

La **rupture anticipée** du contrat de mission qui intervient à **l'initiative du salarié** ouvre droit pour l'entreprise de travail temporaire à des **dommages et intérêts** correspondant au préjudice subi, sauf si le salarié justifie de la **conclusion d'un CDI**. Hors accord des parties, le salarié est tenu de respecter un **préavis** dont la durée est calculée à raison **d'1 jour par semaine** compte tenu de la durée totale du contrat, renouvellement inclus, lorsque celui-ci comporte un terme précis ; de la durée accomplie lorsque le contrat ne comporte pas un terme précis. Dans les 2 cas, la durée totale du préavis ne peut être **inférieure à 1 jour** ni **supérieure à 2 semaines** (art. L. 1251-28 C. trav.).

G. Le renouvellement

Le contrat de mission est renouvelable une fois pour une durée déterminée qui, ajoutée à la durée du contrat initial, **ne peut excéder la durée maximale de 18 mois, 9 mois, 24 mois ou 36 mois** selon les cas (cf. art. L. 1251-12 C. trav.). Les conditions de renouvellement sont stipulées dans le contrat ou font l'objet d'un avenant soumis au salarié avant le terme (art. L. 1251-35 C. trav.). À l'expiration d'un contrat de mission, il ne peut être recouru, pour pourvoir le poste du salarié dont le contrat a pris fin, ni à un CDD, ni à un contrat de mission, avant **l'expiration d'un délai de carence** calculé en fonction de la durée du contrat de mission, renouvellement inclus, sur le modèle de ce qui est prévu légalement concernant le CDD (fiche 7). Les jours pris en compte pour apprécier le délai devant séparer les 2 contrats sont les **jours d'ouverture de l'entreprise** ou de l'établissement utilisateur (art. L. 1251-36 C. trav.). La requalification du CTT en CDI est envisageable pour les mêmes raisons que dans les cas relatifs au CDD (fiche 7).

4 Le contrat de mise à disposition

Lorsqu'une entreprise de travail temporaire met un salarié à la disposition d'une entreprise utilisatrice, ces entreprises concluent par écrit un contrat de mise à disposition au plus tard dans les 2 jours ouvrables suivant la mise à disposition (art. L. 1251-42 C. trav.).

A. La mise à disposition

Le contrat de mise à disposition établi pour chaque salarié comporte :
- le **motif** pour lequel il est fait appel au salarié temporaire ;
- le **terme** de la mission ;
- le cas échéant, la **clause prévoyant la possibilité de modifier le terme** de la mission ;
- les **caractéristiques particulières du poste** de travail à pourvoir et, notamment, les éventuels risques particuliers pour la santé, la qualification professionnelle exigée, le lieu de la mission et l'horaire ;
- la **nature des équipements de protection individuelle** que le salarié utilise et si ceux-ci sont fournis par l'entreprise de travail temporaire ;
- le montant de la **rémunération** avec ses différentes composantes, y compris, s'il en existe, les primes et accessoires de salaire que percevrait dans l'entreprise utilisatrice, après période d'essai, un salarié de qualification professionnelle équivalente occupant le même poste de travail (art. L. 1251-43 C. trav.).

Enfin, toute **clause** tendant à **interdire l'embauche** par l'entreprise utilisatrice du salarié temporaire à l'issue de sa mission est **réputée non écrite** (art. L. 1251-44 C. trav.).

B. Le statut des salariés de l'entreprise de travail temporaire

Pour calculer les **effectifs d'une entreprise de travail temporaire**, il est tenu compte :

- des **salariés permanents** de cette entreprise ;
- des **salariés temporaires** qui ont été liés à cette entreprise par des contrats de mission pendant une durée totale d'au moins 3 mois au cours de la dernière année civile (art. L. 1251-54 C. trav.).

Pour l'application aux salariés temporaires, l'**ancienneté** s'apprécie en totalisant les périodes pendant lesquelles ils ont été liés à l'entreprise de travail temporaire par des **contrats de mission** (art. L. 1251-55 C. trav.).

APPLICATIONS

QCM

Choisissez, parmi les propositions suivantes, la ou les bonnes(s) réponse(s).

8.1. L'indemnité de fin de mission est égale :

- ○ **a.** à 10 % de la rémunération brute totale due au salarié.
- ○ **b.** à 6 % de la rémunération brute totale due au salarié.
- ○ **c.** à 20 % de la rémunération brute totale due au salarié.

8.2. Le contrat de mission est :

- ○ **a.** renouvelable une fois.
- ○ **b.** renouvelable 2 fois.
- ○ **c.** jamais renouvelable.

8.3. Le délai de carence entre CTT n'est pas applicable :

- ○ **a.** lorsque le contrat de mission est conclu en raison de travaux urgents.
- ○ **b.** lorsque le contrat de mission est conclu pour pourvoir à un emploi saisonnier ou d'usage
- ○ **c.** en cas de remplacement d'un chef d'entreprise ou personnes assimilées.
- ○ **d.** lorsque le salarié est à l'initiative de la rupture.
- ○ **e.** lorsque le salarié refuse le renouvellement de son contrat de mission.
- ○ **f.** lorsque l'employeur est à l'origine de la rupture.

8.4. Lorsque l'entreprise utilisatrice continue de faire travailler un salarié temporaire après la fin de sa mission :

- ○ **a.** il est réputé avoir conclu un nouveau contrat de mise à disposition.
- ○ **b.** il est réputé avoir conclu un CDI.
- ○ **c.** il est réputé avoir conclu un CDD.

8.5. La clause interdisant l'embauche par l'entreprise utilisatrice du salarié temporaire à l'issue de sa mission :

- ○ **a.** est autorisée.
- ○ **b.** est réputée non écrite.
- ○ **c.** est caduque.

8.6. Pour calculer les effectifs d'une entreprise de travail temporaire, il est tenu compte :

- ○ **a.** des salariés permanents de cette entreprise.
- ○ **b.** des salariés temporaires qui ont été liés à cette entreprise par des contrats de mission pendant une durée totale d'au moins 3 mois au cours de la dernière année civile.
- ○ **c.** des salariés des entreprises utilisatrices.

Exercice. Cas pratique

La société Belle & Bonne est une entreprise française de vente de produits cosmétiques bio à base de topinambours promettant à ses utilisatrices de paraître 10 ans plus jeune après seulement 6 semaines d'utilisation. Son siège social est situé à Paris, elle est dirigée par M. Guy Relande. Cette entreprise de 80 salariés en pleine expansion possède des boutiques dans les plus grandes villes de France. M. Simon Strueu, directeur des ressources humaines, a embauché au siège social Mlle Éva Zion, intérimaire, pour une mission d'hôtesse d'accueil en remplacement d'une salariée absente. Celle-ci vient de finir ses études de droit et cherche du travail dans son domaine d'activité. En attendant, elle a débuté sa mission le lundi 2 décembre 2013 et celle-ci s'est achevée le lundi 2 juin 2014. Mlle Éva Zion a travaillé à l'accueil du public à raison de 5 jours par semaine. À l'issue du contrat, très content d'elle, M. Simon Strueu envisage de renouveler son contrat pour 6 autres mois, la salariée absente que remplace Mlle Eva Zion n'étant toujours pas de retour.

1. M. Simon Strueu peut-il renouveler le CTT immédiatement après la fin de son premier contrat ?

2. Durant le même laps de temps, Mlle Éva Zion a trouvé un emploi en CDI correspondant à ses études de juriste spécialisée en droit fiscal. Peut-elle rompre le CTT ?

CORRIGÉS

QCM

8.1. ✓a. L'indemnité de fin de mission est égale à 10 % de la rémunération brute totale due au salarié.

8.2. ✓a. Le contrat de mission en matière de travail temporaire est renouvelable une fois.

8.3. ✓a. ✓b. ✓c. ✓d. ✓e. Le délai de carence entre contrat de travail temporaire n'est pas applicable lorsque le contrat de mission est conclu en raison de travaux urgents, pour pourvoir à un emploi saisonnier ou d'usage, en cas de remplacement d'un chef d'entreprise ou d'une personne assimilée, lorsque le salarié est à l'initiative de la rupture, lorsque le salarié refuse le renouvellement de son contrat de mission.

8.4. ✓b. Lorsque l'entreprise utilisatrice continue de faire travailler un salarié temporaire après la fin de sa mission, il est réputé avoir conclu un CDI.

8.5. ✓b. La clause interdisant l'embauche par l'entreprise utilisatrice du salarié temporaire à l'issue de sa mission est réputée non écrite. La réputation non écrite est une forme d'éradication des clauses. La caducité est la sanction d'un élément manquant nécessaire à la formation d'un acte.

8.6. ✓a. ✓b. Pour calculer les effectifs d'une entreprise de travail temporaire, il est tenu compte des salariés permanents de cette entreprise, ainsi que des salariés temporaires qui ont été liés à cette entreprise par des contrats de mission pendant une durée totale d'au moins 3 mois au cours de la dernière année civile.

Exercice. Cas pratique

1. Lorsqu'une mission prend fin, il n'est pas possible d'embaucher, sur le même poste de travail, à nouveau, sous CTT ou sous CDD, avant l'expiration d'une période égale au tiers de la durée totale du contrat précédent, renouvellement inclus, si ce contrat est d'au moins 14 jours ; à la moitié de la durée totale du contrat précédent, renouvellement inclus, si ce contrat est inférieur à 14 jours. Ce délai de carence se calcule en jours d'ouverture de l'entreprise. Mais cette règle d'attente entre deux contrats de travail temporaire ne s'applique pas, notamment, en cas de nouvelle absence du salarié remplacé. Le contrat de travail temporaire ne peut être renouvelé qu'une fois en cas de remplacement d'un salarié pour une durée maximum de 18 mois avec renouvellement.

En l'espèce, Mlle Éva Zion ayant travaillé 6 mois en intérim pour la société Belle & Bonne, M. Simon Strueu aurait dû attendre 2 mois avant de pouvoir lui faire conclure un nouveau contrat de travail temporaire. Cependant, s'agissant d'une nouvelle absence de la salariée remplacée, cette règle ne s'applique pas. Il peut donc conclure un nouveau contrat de mise à disposition avec l'entreprise de travail temporaire de Mlle Éva Zion pour une durée maximale de 12 mois, la salariée ayant déjà effectué 6 mois dans l'entreprise.

2. La rupture anticipée du contrat de mission qui intervient à l'initiative du salarié ouvre droit, pour l'entreprise de travail temporaire, à des dommages et intérêts, sauf si le salarié justifie de la conclusion d'un CDI. Sauf accord des parties, le salarié est tenu de respecter un préavis dont la durée est calculée à raison d'un jour par semaine compte tenu de la durée totale du contrat, renouvellement inclus, lorsque celui-ci comporte un terme précis. Cependant la durée totale du préavis ne peut être supérieure à 2 semaines.

En l'espèce, Mlle Éva Zion ne devra pas de dommages et intérêts à l'entreprise de travail temporaire car la rupture est due à la conclusion d'un CDI. La durée totale du contrat, renouvellement compris, est de 12 mois. Mlle Éva Zion devrait donc effectuer 48 jours de préavis, mais la durée totale du préavis ne pouvant être supérieure à 2 semaines, elle ne devra respecter que 2 semaines de préavis.

FICHE 9 Les clauses particulières du contrat de travail

1 Les clauses relatives au lieu de travail

A. Les conditions relatives à la clause de mobilité

Le salarié a déjà consenti contractuellement à la mobilité géographique, c'est pourquoi il s'agit d'un **simple changement des conditions de travail** ne pouvant être refusé par le salarié sous peine de **licenciement pour faute**.

> **Exemple :** « [...] *mais attendu qu'ayant exactement retenu que le changement d'affectation de la salariée, dans le même secteur géographique que son lieu de travail précédent, conformément aux stipulations de la clause de mobilité, sans modification de la durée mensuelle du travail, de la rémunération et de la durée d'amplitude journalière stipulée au contrat de travail, n'emportait pas modification de son contrat de travail, la cour d'appel a pu en déduire que le refus réitéré de la salariée d'accepter un changement de ses conditions de travail, dont il importait peu qu'elle procède d'une mutation disciplinaire, rendait impossible le maintien de la salariée dans l'entreprise ; que le moyen, nouveau, mélangé de fait et droit en sa première branche et partant irrecevable, n'est pas fondé pour le surplus ;* [...] » (Cass. soc. 5 décembre 2012, n° 11-21.365).

La mobilité sur le territoire métropolitain ou sur l'ensemble du territoire français exclut les DOM-TOM. Le terme « expatriation » doit apparaître si le collaborateur est muté à l'international. La clause est appréciée **au jour de la conclusion** du contrat et non au moment de la mobilité envisagée. En cas de **fusion et d'insertion d'une clause de mobilité** durant l'exécution du contrat, le salarié peut la **refuser**. Elle ne peut être utilisée comme **sanction disciplinaire** que si le RI le prévoit, avec des limites géographiques précises, que si la procédure disciplinaire respectée, enfin, la sanction doit être proportionnée à la faute (Cass. soc. 30 mars 2011, n° 09-71.542, Bull. civ., n° 8).

FICHE 9

Attention

Le refus d'exécuter une clause de mobilité « *ne caractérise pas à lui seul la faute grave* » (Cass. soc. 23 janvier 2008, n° 07-40.522, Bull. civ. V, n° 19). En outre, les clauses imposant au salarié de déménager avec sa famille sont interdites.

La Cour de cassation a néanmoins entendu favoriser les entreprises victimes de certains impératifs ou urgences en décidant que l'affectation occasionnelle d'un salarié **en dehors du secteur géographique où il travaille habituellement ou des limites prévues par une clause contractuelle de mobilité** géographique peut **ne pas constituer une modification de son contrat de travail** ; cependant, il n'en est ainsi que lorsque cette **affectation est motivée par l'intérêt de l'entreprise, qu'elle est justifiée par des circonstances exceptionnelles**, et que le salarié est **informé préalablement, dans un délai raisonnable, du caractère temporaire de l'affectation et de sa durée prévisible** (Cass. soc. 3 février 2010, n° 08-41.412, Bull. civ. V, n° 31). Le **refus du salarié** de respecter la clause de mobilité est constitutif d'une **faute légère, sérieuse ou grave**.

B. Les limites relatives à une clause de mobilité

Même si la clause est valable, il peut y avoir un abus de l'employeur, lorsqu'il provoque une modification indirecte du contrat de travail (du salaire) qui porte **atteinte au libre choix du domicile ou à une vie personnelle et familiale** (Cass. soc. 14 octobre 2008, n° 07-40.523, Bull. civ. V, n° 192). Il faut donc vérifier qu'une telle atteinte est justifiée par la tâche à accomplir et proportionnée au but recherché.

Lorsqu'une clause du contrat de travail est illégale, elle est inopposable aux parties et le salarié peut recevoir des dommages et intérêts en raison du préjudice subi. En outre, une clause de mobilité doit **définir sa zone géographique** d'application (il doit s'agir d'un vrai périmètre bien délimité) et elle **ne peut pas conférer à l'employeur le pouvoir d'en étendre unilatéralement la portée** (Cass. soc. 7 juin 2006, n° 04-45.846, Bull. civ. V, n° 209). Quand la clause n'est pas claire, les juges en limitent la portée.

Exemple : la clause par laquelle un salarié accepte par avance un changement de lieu de travail dans un autre établissement du groupe Go Sport en métropole ou dans un pays de l'UE ne concerne que les mutations dans un établissement existant au jour de la conclusion du contrat (Cass. soc. 12 mai 2004, n° 02-42.018).

C. Les clauses de mobilité prévues dans les conventions collectives

Une convention collective peut imposer une mobilité supplémentaire à un salarié, selon la jurisprudence, si elle respecte les conditions de validité imposées aux clauses contractuelles (Cass. soc. 24 janvier 2008, n° 06-45.088, Bull. civ. V, n° 23). Elle peut s'imposer au salarié à la double condition d'avoir été **stipulée avant l'embauche** de ce salarié et que la convention collective ait été **portée préalablement à sa connaissance** (Cass. soc. 27 juin 2002, n° 00-42.646, Bull. civ. V, n° 222).

Attention

> La clause de mobilité intra-groupe est interdite car il s'agit en fait de changer d'employeur et non de lieu de travail (Cass. soc. 23 septembre 2009, n° 07-44.200, Bull. civ. V, n° 191). En outre, il ne faut pas confondre la clause de mobilité avec la clause d'affectation qui signifie que le salarié sera amené à se déplacer souvent entre plusieurs sites, mais sans impliquer aucun transfert définitif.

2 Les clauses relatives à l'activité professionnelle du salarié

A. La clause de non-concurrence

La clause de non-concurrence peut être **stipulée dans le contrat de travail** ou **une convention collective** ; le seul renvoi à cette dernière suffit à imposer la non-concurrence à condition que la convention ait été remise au salarié lors de l'embauche. Certaines stipulations font naître l'obligation de non-concurrence **uniquement dans les cas où la rupture du contrat résulte d'une démission ou d'un licenciement pour faute ; d'autres interviennent quelle que soit la cause de la fin du contrat de travail**.

Attention

> Ne pas confondre :
> - la clause de non-concurrence, qui vise forcément l'après-contrat ;
> - l'obligation de non-concurrence, qui s'impose naturellement au salarié pendant l'exécution du contrat de travail.

1) Les conditions de licéité

La clause de non-concurrence est une restriction importante au principe de liberté du travail. Aussi, la jurisprudence a posé **5 conditions cumulatives** dans 3 arrêts du 10 juillet 2002 (Cass. soc. 10 juillet 2002, n° 99-43.334, n° 00-45.387, n° 00-45.135, Bull. civ. V, n° 239). C'est ainsi qu'une clause de non-concurrence n'est licite que si :
- elle est indispensable à la protection des intérêts légitimes de l'entreprise ;
- elle est limitée dans le temps (en pratique, rarement plus d'un ou 2 ans) ;

– elle est limitée dans l'espace ;
– elle tient compte des spécificités de l'emploi du salarié, c'est-à-dire qu'elle ne doit pas l'empêcher de retrouver du travail dans sa branche d'activité ;
– elle comporte l'obligation pour l'employeur de verser au salarié une contrepartie financière.

2) La sanction de l'irrégularité de la clause de non-concurrence

À défaut de remplir les conditions de validité exigées, la clause est nulle mais d'une **nullité relative** dont **seul le salarié** peut se prévaloir ; ainsi, la demande en nullité présentée par l'employeur sera déclarée irrecevable (Cass. soc. 17 juillet 1997, n° 95-40.869, Bull. civ. V, n° 280). Mais une clause nulle est inopposable au nouvel employeur du salarié (Cass. com. 29 janvier 2008, n° 06-18.654, Bull. civ. IV, n° 22).

Lorsque le salarié a respecté l'obligation de non-concurrence et qu'elle est par la suite annulée, il peut conserver la contrepartie financière (Cass. soc. 28 octobre 1997, n° 94-43.792, Bull. civ. V, n° 342). La nullité de la clause n'exonère pas le salarié de sa responsabilité pour des actes de concurrence déloyale illicite (Cass. soc. 14 décembre 2005, n° 04-40.561, Bull. civ. V, n° 363).

3) Les sanctions de la violation de la clause

Le salarié qui viole la clause de non-concurrence est condamné à payer des **dommages et intérêts** en réparation du préjudice subi par l'ancien employeur. C'est à l'employeur de rapporter la preuve de la violation par le salarié de la clause de non-concurrence. Bien souvent, une **clause pénale** fixe par avance les dommages et intérêts qui seront dus si le salarié viole son obligation. L'employeur peut aussi faire condamner le salarié **sous astreinte** à **résilier le contrat de travail conclu en violation** de la clause ou faire ordonner la fermeture du fonds de commerce concurrent (Cass. soc. 24 janvier 1979, n° 77-41.536, Bull. civ. V, n° 67). **Si le nouvel employeur avait connaissance de la clause** qui interdit au salarié de travailler pour son compte, il sera condamné à payer des **dommages et intérêts** au précédent employeur sur le fondement de la **responsabilité civile délictuelle**. L'ancien employeur peut également demander la condamnation du nouvel employeur à **cesser d'employer le salarié**.

B. Les clauses de clientèle ou de non-démarchage

Échaudés par les conditions prétoriennes relatives à la clause de non-concurrence, les employeurs usent de subterfuges en créant de nouvelles clauses, à l'instar de la **clause de respect de clientèle** qui **interdit au salarié de démarcher les clients de son ancien employeur** et d'entrer en relation directement ou indirectement avec la clientèle (Cass. soc. 2 mars 2011, n° 08-43.609).

Attention

> Les juges requalifient en clause de non-concurrence les clauses de clientèle qui portent une grave atteinte à la liberté du travail (Cass. soc. 19 mai 2009, n° 07-40.222).

Il n'y a pour l'instant **aucune condition prétorienne** particulière, mais la jurisprudence a précisé qu'est annulée la clause stipulant l'interdiction générale, illimitée dans le temps et dans l'espace, d'entrer en contact directement ou indirectement avec tous les clients de la société (Cass. soc. 3 février 2010, n° 08-41.668).

FICHE 9

C. La clause d'exclusivité

C'est la stipulation par laquelle le salarié s'oblige tout au long de l'exécution de son contrat à travailler exclusivement pour l'employeur. La validité de la clause d'exclusivité est subordonnée à la réunion de 3 conditions cumulatives. Elle doit être :

- **indispensable à la protection des intérêts légitimes de l'entreprise** ;
- **justifiée par la nature de la tâche à accomplir** ;
- **proportionnée au but recherché**.

Elle est **inopposable au salarié qui crée ou reprend une entreprise** (art. L. 1222-5 C. trav.). Cette inopposabilité est **limitée à 1 an** (2 ans si le salarié est en congé de création d'entreprise) et ne concerne pas les VRP.

> **Exemple :** « [...] *attendu, ensuite, que la cour d'appel,* [...] *qui a constaté que la salariée avait poursuivi une activité au profit de la société C2ED au mépris de la clause d'exclusivité stipulée au contrat, a pu décider que la salariée avait commis une faute grave rendant impossible son maintien dans l'entreprise ;* [...] » (Cass. soc. 23 octobre 2013, n° 12-15.893)

D. La clause de dédit-formation

Le financement de la formation relève de la négociation collective, mais une clause précise souvent qu'elle incombe à l'employeur ou bien qu'elle sera partagée avec le salarié, et qu'en contrepartie de ce financement, ce dernier s'engage à rester dans l'entreprise. S'il vient à **démissionner**, l'employeur pourra lui en réclamer le remboursement. Elle doit faire l'objet d'une **convention particulière conclue avant le début de la formation**. Elle n'est valable que si :

- elle est la **contrepartie d'un engagement pris par l'employeur d'assurer une formation entraînant des frais réels au-delà des dépenses imposées par la loi ou la convention collective** ;
- le **montant de l'indemnité de dédit est proportionné aux frais de formation** ;

- elle ne **prive pas le salarié de la faculté de démissionner** (Cass. soc. 21 mai 2002, n° 00-42.909, Bull. civ. V, n° 169) ;
- elle est limitée dans le temps (en pratique généralement 4 ans).

3 Les clauses relatives au pouvoir de l'employeur

A. Les clauses de variation

Le salarié a donné son accord anticipé à une variation de sa rémunération, de son horaire… Mais, cette variation **ne saurait entièrement dépendre de la volonté unilatérale de l'employeur**.

Exemple : « […] *la clause de l'article 5-4 du contrat de travail était nulle en ce qu'elle donnait à l'employeur la possibilité de modifier la rémunération prévue par le contrat en fonction d'éléments généraux, s'agissant notamment des remises consenties sur les droits d'entrée des produits souscrits, sans l'accord du salarié ; que le moyen n'est pas fondé ;* […] » (Cass. soc. 8 mars 2012, n° 10-18.004).

Ces clauses ne peuvent accroître le pouvoir de l'employeur que de manière limitée et doivent être mises en œuvre de **bonne foi**. Elles ne sont valables concernant la rémunération que si :
- elles sont fondées sur **des éléments objectifs indépendants de la volonté de l'employeur** ;
- elles ne font **pas porter le risque d'entreprise** sur le salarié ;
- elles n'ont pas pour effet de **réduire la rémunération en dessous des minima légaux et conventionnels** (Cass. soc. 4 mars 2003, n° 01-41.864).

B. Les clauses « guillotines »

Ces clauses prévoyaient une cessation automatique des relations contractuelles, le jour où le salarié atteignait un certain âge. Elles sont interdites depuis la loi n° 87-588 du 30 juillet 1987.

Les stipulations relatives au départ à la retraite des salariés prévues par une convention collective, un accord collectif de travail ou un contrat de travail sont applicables sous réserve qu'elles ne soient pas contraires aux dispositions légales.
Sont nulles toutes stipulations d'une convention ou d'un accord collectif de travail et d'un contrat de travail prévoyant une rupture de plein droit du contrat de travail d'un salarié en raison de son âge ou du fait qu'il serait en droit de bénéficier d'une pension de vieillesse. (art. L. 1237-4 C. trav.)

Seul le salarié peut invoquer cette nullité. Seules sont désormais licites les clauses « guillotines » insérées dans les statuts d'une **entreprise publique** (encore que le salarié pourra toujours invoquer la discrimination fondée sur l'âge en justice…) et les **clauses de convention collective qui améliorent la situation des salariés par rapport aux dispositions légales**.

Exemples : clause repoussant la date de mise à la retraite, clause prévoyant des indemnités plus élevées que les indemnités légales.

4 Les clauses relatives à un litige

A. L'interdiction des clauses de compétences territoriale ou d'attribution

Les compétences d'attribution et territoriale sont **d'ordre public**. Toute clause donnant compétence en matière prud'homale à un autre ordre de juridiction est nulle (art. L. 1221-5 et L. 1411-4 C. trav.).

B. Les conventions d'arbitrage

Un compromis d'arbitrage, s'il est postérieur à l'expiration d'un contrat de travail, dessaisit la juridiction prud'homale au profit de l'arbitre désigné.

APPLICATIONS

QCM

Choisissez, parmi les propositions suivantes, la ou les bonnes(s) réponse(s).

9.1. Le salarié qui a accepté une clause de mobilité dans son contrat de travail :

- ○ **a.** peut refuser sa mobilité sans problème.
- ○ **b.** peut être licencié pour faute s'il la refuse s'agissant d'un simple changement de ses conditions de travail.
- ○ **c.** ne peut être licencié en cas de refus s'agissant d'une modification essentielle de son contrat de travail.

9.2. Contre une clause de mobilité, le salarié peut cependant exciper devant les juges :

- ○ **a.** d'une atteinte à sa vie personnelle et familiale.
- ○ **b.** du fait qu'elle ait été utilisée comme sanction disciplinaire.
- ○ **c.** de sa qualité de clause abusive.

9.3. Les clauses de mobilité et de non-concurrence :

- ○ **a.** ne sont pas opposables aux salariés si elles n'ont pas été stipulées expressément dans leur contrat de travail.
- ○ **b.** sont opposables aux salariés si elles ont été prévues dans une convention collective ou dans leur contrat de travail.
- ○ **c.** sont opposables aux salariés, concernant la convention collective, s'ils en ont eu connaissance lors de leur embauche.

9.4. Une clause de concurrence n'est licite que si :

- ○ **a.** elle est indispensable à la protection des intérêts légitimes de l'entreprise.
- ○ **b.** elle est limitée dans l'espace et dans le temps.
- ○ **c.** elle tient compte des spécificités de l'emploi du salarié.
- ○ **d.** elle comporte une contrepartie financière pour le salarié.

9.5. La clause de clientèle ou de non-démarchage :

- ○ **a.** interdit au salarié de rentrer en relation, directement ou indirectement, avec la clientèle de son ancien employeur pour la démarcher.
- ○ **b.** ne doit pas porter atteinte à la liberté du travail, au risque d'être requalifiée en clause de non-concurrence.
- ○ **c.** obéit aux mêmes conditions que la clause de non-concurrence.
- ○ **d.** n'obéit pour le moment à aucune condition prétorienne.

9.6. La clause de dédit-formation :

- ○ **a.** doit faire l'objet d'une convention particulière conclue avant le début de la formation.
- ○ **b.** est valable si elle est la contrepartie d'un engagement de l'employeur d'assurer une formation entraînant des frais réels au-delà des dépenses imposées par la loi ou la convention collective.
- ○ **c.** est valable si le montant de l'indemnité de dédit est proportionné aux frais de formation.
- ○ **d.** est valable si elle prive le salarié de sa faculté de démissionner temporairement.

9.7. La clause qui prévoit dans une convention collective ou un contrat de travail que, arrivé à l'âge expressément stipulé, le contrat de travail d'un salarié sera automatiquement rompu :

- ○ **a.** est interdite depuis la loi n° 87-588 du 30 juillet 1987.
- ○ **b.** est licite.
- ○ **c.** a toujours été interdite.

Exercice. Cas pratique

Patemol est une SARL de 20 personnes créée il y 10 ans, qui fabrique des pâtes artisanales (mais de manière industrielle !), à Villetaneuse, en Seine Saint-Denis (93). Mme Sylvie Encor, cadre dans cette même SARL, a été engagée en 2007. Ingénieur agroalimentaire, elle était chargée, dans le département production, de la fabrication des ravioles fourrées au hareng. En 2013, elle a en outre créé le pôle recherche et développement de l'entreprise et participé à la création de nouveaux produits (la pizza déshydratée, les pâtes fourrées au jambon à cuir sans eau…). Son contrat de travail comporte une clause de non-concurrence stipulant *qu'il lui est interdit dans le département 93 et, ce pendant trois ans, de travailler pour une entreprise concurrente ou de monter sa propre entreprise dans le domaine des pâtes alimentaires*. Bien évidemment, elle rêve désormais de créer sa propre entreprise de pâtes alimentaires sous vide dont la dénomination sociale serait Pastavita dans le 93. Elle vous demande de l'aider…

1. La clause de non-concurrence de Mme Sylvie Encor est-elle valable ?

CORRIGÉS

QCM

9.1. ✓b. Le salarié qui a accepté une clause de mobilité dans son contrat de travail peut être licencié pour faute s'il la refuse s'agissant d'un simple changement de ses conditions de travail.

9.2. ✓a. Contre une clause de mobilité, le salarié peut cependant exciper devant les juges d'une atteinte à sa vie personnelle et familiale. Une telle clause peut cependant être utilisée à titre disciplinaire.

9.3. ✓b. ✓c. Les clauses de mobilité et de non-concurrence sont opposables aux salariés si elles sont prévues dans une convention collective ou dans leur contrat de travail. Elles sont opposables aux salariés, concernant de telles stipulations prévues dans la convention collective, uniquement s'ils ont eu connaissance de la convention collective contenant lesdites clauses lors de leur embauche.

9.4. ✓a. ✓b. ✓c. ✓d. Une clause de concurrence n'est licite que si elle est indispensable à la protection des intérêts légitimes de l'entreprise, est limitée dans l'espace et dans le temps, tient compte des spécificités de l'emploi du salarié et comporte une contrepartie financière pour le salarié.

9.5. ✓a. ✓b. ✓d. La clause de clientèle ou de non-démarchage interdit au salarié de rentrer en relation, directement ou indirectement, avec la clientèle de son employeur pour la démarcher. Elle ne doit pas porter atteinte à la liberté du travail au risque d'être requalifiée en clause de non-concurrence. Elle n'obéit pour le moment à aucune condition prétorienne.

9.6. ✓a. ✓b. ✓c. La clause de dédit-formation doit faire l'objet d'une convention particulière conclue avant le début de la formation. Elle est valable si elle est la contrepartie d'un engagement de l'employeur d'assurer une formation entraînant des frais réels au-delà des dépenses imposées par la loi ou la convention collective et si le montant de l'indemnité de dédit est proportionné aux frais de formation. Par contre, elle ne doit pas priver le salarié de sa faculté de démissionner temporairement.

9.7. ✅ **a.** La clause qui prévoit dans une convention collective ou un contrat de travail que, arrivé à l'âge expressément stipulé, le contrat de travail d'un salarié sera automatiquement rompu est interdite depuis la loi n° 87-588 du 30 juillet 1987.

Exercice. Cas pratique

1. Une clause de non-concurrence interdit au salarié, après rupture de son contrat de travail, pour quelque cause que ce soit, d'exercer des activités professionnelles susceptibles de concurrencer son employeur en créant sa propre entreprise ou en se mettant au service d'un concurrent. Pour être valide, la clause doit respecter 5 conditions. Elle doit être limitée dans le temps, dans l'espace, tenir compte des spécificités de l'emploi du salarié, être indispensable à la protection des intérêts légitimes de l'entreprise et être assortie d'une compensation financière pour le salarié. À défaut, la clause est nulle.

En l'espèce, la clause stipulée dans le contrat de Mme Sylvie Encor, ingénieur agroalimentaire, qui a créé le pôle recherche de la SARL Patemol, respecte les 4 premières conditions, mais ne prévoit pas de contrepartie financière. Elle est donc nulle.

FICHE 10

Le départ voulu par l'employeur : le licenciement pour motif personnel

Tout licenciement pour motif personnel est motivé dans les conditions définies par le présent chapitre. Il est justifié par une cause réelle et sérieuse. (art. L. 1232-1 C. trav.)

1 La procédure obligatoire

A. La convocation à l'entretien préalable

Le salarié doit recevoir une **LRAR**, ou la recevoir en **main propre** contre décharge, qui lui indique qu'un licenciement est envisagé (le terme doit apparaître) et qui fixe le jour, l'heure et le lieu de l'entretien, qui ne peut avoir lieu **moins de 5 jours** ouvrables après la présentation de la lettre. Si l'entretien intervient en dehors du temps de travail, il devra être rémunéré. Il n'est pas obligatoire de préciser les faits justifiant l'éventualité du licenciement dans la lettre (art. L. 1232-2 C. trav.).

Lors de son audition, le salarié peut se faire assister par une personne de son choix appartenant au personnel de l'entreprise.

Lorsqu'il n'y a pas d'institutions représentatives du personnel dans l'entreprise, le salarié peut se faire assister soit par une personne de son choix appartenant au personnel de l'entreprise, soit par un conseiller du salarié choisi sur une liste dressée par l'autorité administrative.

La lettre de convocation à l'entretien préalable adressée au salarié mentionne la possibilité de recourir à un conseiller du salarié et précise l'adresse des services dans lesquels la liste de ces conseillers est tenue à sa disposition. (art. L. 1232-4 C. trav)

B. L'entretien

Au cours de l'entretien préalable, l'employeur indique les motifs de la décision envisagée et recueille les explications du salarié. (art. L. 1232-3 C. trav.)

L'employeur ou son représentant (par exemple, le DRH) **ne peut se faire assister d'un tiers à l'entreprise** même s'agissant d'un huissier de justice censé dissuader des violences physiques (Cass. soc. 30 mars 2011, n° 09-71.412, Bull. civ. V, n° 83). Il peut cependant faire intervenir des tiers, mais pendant un temps limité, juste pour confirmer des faits ou témoigner. Il peut se faire assister seulement si le salarié l'est aussi.

Attention

Si le salarié ne se rend pas à l'entretien préalable, son absence n'est pas constitutive d'une faute, mais la procédure se poursuivra et l'employeur n'a aucune obligation légale à procéder à une nouvelle convocation. Le salarié peut en demander le report mais l'employeur n'est pas obligé de l'accepter.

Pour les très petites entreprises de moins de 11 salariés et les petites et moyennes entreprises sans DP, CE, DS, le législateur a prévu la possibilité pour le salarié de se faire assister par un **conseiller du salarié** extérieur à l'entreprise, inscrit sur une liste dressée par le préfet après avis des organisations syndicales (art. L. 1232-7 C. trav.). En cas de **méconnaissance des dispositions relatives à l'assistance du salarié par le conseiller, les dispositions relatives aux irrégularités de procédure** s'appliquent, même s'agissant du licenciement d'un salarié ayant moins de 2 ans d'ancienneté et du licenciement opéré dans une entreprise employant moins de 11 salariés. Le conseiller du salarié est protégé à l'instar des DS et doit se voir appliquer le licenciement propre aux RP.

C. La notification motivée du licenciement

L'employeur **ne peut notifier immédiatement le licenciement à l'issue de l'entretien**. En effet, la loi lui impose de ne pas envoyer de lettre de notification avant un délai de **2 jours ouvrables**. La notification se fait par LRAR et la **date de rupture** est la **date de l'envoi** (Cass. soc. 11 mai 2005, n° 03-40.650 et n° 03-40.651, Bull. civ. V, n° 159). Elle doit énoncer impérativement les **motifs** de licenciement et lie l'employeur en délimitant le contentieux ; à défaut, le licenciement est sans cause réelle et sérieuse (art. L. 1232-6 C. trav.). Elle doit également contenir des informations sur les **droits à formation** du salarié (le manquement à cette obligation cause nécessairement un préjudice au salarié, Cass. soc. 17 février 2010, n° 08-45.382) et l'indication d'une éventuelle **dispense du préavis**.

En cas d'irrégularité dans la procédure, lors de la conciliation, l'employeur et le salarié peuvent convenir ou le bureau de conciliation proposer d'y mettre un terme par accord qui prévoit le versement par l'employeur au salarié d'une indemnité forfaitaire dont le montant est déterminé, sans préjudice des indemnités légales, conventionnelles ou contractuelles, en référence à un barème fixé par décret en fonction de l'ancienneté du salarié. (art. L. 1235-1 C. trav.)

Si la **procédure est irrégulière**, l'employeur doit théoriquement **recommencer** la procédure et le salarié a droit à une **indemnité** qui ne peut être supérieure à **1 mois de salaire**, mais qui est augmentée par les juges en cas d'abus de droit (art. L. 1235-2 C. trav.).

2 La cause réelle et sérieuse

Le législateur n'a pas donné de définition de la cause réelle et sérieuse et la jurisprudence se montre exigeante. Le motif est réel s'il repose sur des **faits objectifs, vérifiables**. Le motif est sérieux s'il est **suffisamment grave pour rendre inéluctable le licenciement**.

Attention

À défaut d'énonciation du **motif de licenciement** dans la lettre, le licenciement est **sans cause réelle et sérieuse** (Cass. soc. 29 novembre 1990, n° 88-44.308, Bull. civ. n° 598) et l'indication du motif de licenciement dans la **lettre de convocation à l'entretien** ne peut remplacer la mention du motif dans la **lettre de licenciement** (Ass. plén. 27 novembre 1998, n° 96-44.358, Bull. civ. A.P., n° 7).

La **fixation d'objectifs** unilatéralement ou contractuellement ne peut constituer une cause réelle et sérieuse de licenciement (Cass. soc. 14 novembre 2000, n° 98-42.371, Bull. civ. V, n° 367) et l'insuffisance de résultat ne peut constituer en soi une cause de licenciement.

A. Le *crescendo* des fautes

Tableau 10.1. La gradation des fautes

Type de fautes	Définition de la faute	Indemnités versées	Particularités
Réitération de fautes légères	Seule la réitération de fautes légères est visée.	De préavis (si dispense). De licenciement. De congés payés.	Sanctionnée par la mise à pied dans le RI à titre liminaire. Il peut exister une procédure conventionnelle. Le doute profite au salarié.
Faute constituant une cause réelle et sérieuse de licenciement	Faits objectifs et vérifiables. Le motif est sérieux s'il est suffisamment grave pour rendre le licenciement inéluctable.	De congés payés. De préavis (si dispense). De licenciement.	Procédure conventionnelle le cas échéant. Le doute profite au salarié.
Faute grave	Fait ou ensemble de faits imputables au salarié, qui rend impossible son maintien dans l'entreprise et qui est indépendant de l'existence ou non d'un préjudice.	Uniquement de congés payés.	Perte de l'indemnité conventionnelle de licenciement sauf stipulation contraire dans l'accord collectif.

Type de fautes	Définition de la faute	Indemnités versées	Particularités
Faute lourde	Elle démontre la volonté du salarié de nuire à l'employeur.	Aucune indemnité. Le salarié conserve ses droits à participation ou intéressement, les primes ou le 13e mois.	Mise à pied conservatoire conseillée. Procédure conventionnelle éventuellement.

Dans tous les cas, le juge tient compte du **niveau hiérarchique** du salarié, de son **ancienneté** dans l'entreprise et de son **âge.**

B. La charge de la preuve

Tenant compte du fait que le salarié aura certainement du mal à faire témoigner ses collègues en poste et contrairement au droit commun de la preuve, la loi a reconnu au juge le pouvoir d'user des **mesures d'instruction** (art. L. 1235-1 C. trav.). En outre, le **doute profite au salarié** en matière de licenciement comme en matière disciplinaire (art. L. 1235-1 al. 5 C. trav.).

C. La sanction en l'absence de cause réelle et sérieuse

Tableau 10.2. L'indemnisation d'un licenciement irrégulier et sans cause réelle et sérieuse

	Réintégration	Indemnisation
Entreprise de **plus de 11 salariés** sur les 6 derniers mois ou salarié ayant **plus de 2 ans d'ancienneté** à la date de la lettre de licenciement (art. L. 1235-3 et L. 1235-5 C. trav.)	Proposée mais **rare** (difficile en pratique) ; le **salarié comme l'employeur peuvent la refuser**.	Fréquente. Indemnité qui **ne peut être inférieure aux 6 derniers mois** de salaires, primes et avantages en nature compris (art. L. 1235-3 C. trav.). Si le salarié prouve un **préjudice** supérieur, il n'y a **pas de plafond**. **Remboursement automatique des allocations chômage** par l'employeur dans la limite de 6 mois maximum (art. L. 1235-4 C. trav.). Par exception, l'article L. 1235-3 du Code du travail s'applique si le salarié n'a pas 2 ans d'ancienneté ou si l'entreprise a moins de 11 salariés, quand l'employeur a **omis d'informer le salarié qu'il pouvait se faire assister par un conseiller extérieur** à l'entreprise, en l'absence de RP. Si les deux seuils sont atteints (11 salariés au moins et 2 ans d'ancienneté au moins), les **indemnités ne se cumulent pas** avec celle prévue pour **irrégularité de la procédure**.

	Réintégration	Indemnisation
Entreprise de **moins de 11 salariés** sur les 6 derniers mois ou salarié ayant **moins de 2 ans d'ancienneté** à la date de la lettre de licenciement (art. L. 1235-3 et L. 1235-5 C. trav.)	Non.	Retour au droit commun : versement de **dommages et intérêts en fonction du préjudice**, sans plancher, ni plafond. Le salarié peut néanmoins prétendre à une indemnité calculée en fonction du préjudice subi en cas de licenciement **abusif** (car en violation des règles de procédure sur la base de l'article L. 1235-5 C. trav.). Toutefois, **l'irrégularité de la procédure ET l'absence de cause réelle et sérieuse** entraîne un **cumul des deux indemnisations** (art. L. 1235-5 *in fine* C. trav.).

FICHE 10

3 Le calcul de l'indemnité de licenciement

L'indemnité de licenciement est versée à tout salarié qui compte **au moins 2 ans d'ancienneté, sauf en cas de faute grave ou lourde**. Elle est de :

- **1/5e de mois de salaire par année d'ancienneté** (le salaire pris en compte est le salaire brut moyen).
- **1/10e de mois de salaire à partir de 10 ans d'ancienneté, plus 2/15e de mois par année d'ancienneté au-delà de 10 ans** (art. R. 1234-1 C. trav.).

Le salaire à prendre en considération pour le calcul de l'indemnité de licenciement est, selon la formule, la plus avantageuse pour le salarié :

- soit le **12e de la rémunération des 12 derniers mois précédant** le licenciement.
- soit le **1/3 des 3 derniers mois**. Dans ce cas, toute prime ou gratification de caractère annuel ou exceptionnel, versée au salarié pendant cette période, n'est prise en compte que dans la limite d'un plafond calculée à due proportion (art. R. 1234-4 C. trav.).

4 Le préavis ou délai-congé

La lettre de licenciement marque le point de départ du préavis :

- **1 mois de préavis** pour un salarié dont l'ancienneté est de plus de **6 mois**.
- **2 mois de préavis** pour un salarié dont l'ancienneté est de plus de **2 ans**.

Le salarié a le droit de prendre **2 heures rémunérées par jour** pour rechercher un nouvel emploi. Elles peuvent être cumulées en fin de préavis.

L'indemnité de préavis est égale **au montant du salaire** dû durant le délai de préavis. Elle peut être **supprimée en cas de faute grave ou lourde**.

FICHE 10

5 Les licenciements injustes

A. Le licenciement abusif

Le licenciement pourra également être qualifié d'**abusif** s'il provoque un préjudice, notamment moral. Le salarié a alors droit à une **indemnité de rupture abusive** (art. L. 1235-5, al. 2 C. trav.).

Exemple : le salarié est insulté en public et sommé de prendre ses affaires et de rentrer chez lui.

B. Le licenciement nul

Le licenciement pour motif personnel est déclaré **nul** en cas de licenciement **discriminatoire** et s'il est prononcé sans respecter les droits relatifs aux **salariés protégés**. Le salarié peut demander sa **réintégration** dans son emploi ou un emploi jugé équivalent sauf si elle est impossible. L'employeur ne peut s'y opposer.

Attention

La **nullité** d'un licenciement ne peut être prononcée **que si un texte le prévoit** expressément (femme enceinte, accidenté du travail, harcèlement moral...) ou en cas de **violation d'une liberté fondamentale** (Cass. soc. 29 octobre 2013, n° 12-22.447, s'agissant d'une atteinte à la liberté fondamentale de témoigner, le licenciement ayant été prononcé sur la base d'une fausse attestation rédigé par le salarié en opposition avec la direction).

Attention

Un licenciement ne peut pas être à la fois nul et dénué de cause réelle et sérieuse.

6 Le licenciement pour inaptitude

Le salarié inapte à la suite d'une **maladie ou d'un accident professionnel** et dont le reclassement a été tenté a droit à une **indemnité spéciale de licenciement** égale **au double de l'indemnité légale** de licenciement (art. L. 1226-14 C. trav.). Il a également droit à une **indemnité compensatrice d'un montant égal à l'indemnité compensatrice de préavis** sauf refus abusif des postes proposés en reclassement. Lorsque le licenciement est prononcé **sans l'obligation de reclassement**, le salarié aura droit à une indemnité qui **ne peut être inférieure à 12 mois de salaires**.

Si l'inaptitude est **d'origine non professionnelle**, le salarié n'a pas droit à une indemnité compensatrice de préavis, mais à une **indemnité légale ou conventionnelle de licenciement** sauf faute grave. Le préavis non exécuté est pris en compte pour le calcul de l'indemnité légale de licenciement. Il pourra également obtenir une indemnité de licenciement sans cause réelle et sérieuse si l'employeur n'a pas exécuté son obligation de reclassement.

Attention

Il est interdit de licencier une personne protégée (DP, DS, membres du CE, conseillers prud'homaux…) sans autorisation administrative.

APPLICATIONS

QCM

Choisissez, parmi les propositions suivantes, la ou les bonnes(s) réponse(s).

10.1. La faute lourde permet un licenciement :

- ○ **a.** immédiat et sans procédure.
- ○ **b.** avec procédure pour que le salarié puisse s'expliquer, puisqu'il risque d'être privé de toutes ses indemnités.
- ○ **c.** en moins de 2 jours.

10.2. En cas de licenciement pour faute lourde, le salarié :

- ○ **a.** n'a pas droit aux allocations chômage.
- ○ **b.** n'a droit à aucune indemnité.
- ○ **c.** a forcément un casier judiciaire comme il a agi avec l'intention de nuire.

10.3. La convocation à l'entretien préalable doit indiquer :

- ○ **a.** les droits à la formation du salarié le cas échéant.
- ○ **b.** la possibilité pour le salarié de se faire assister par une personne de son choix (membre du personnel de l'entreprise ou, en l'absence de RP, conseiller du salarié).
- ○ **c.** la possibilité pour le salarié de se faire assister par un conseiller. Le défaut de cette indication est sanctionné par le versement au salarié d'une indemnité au plus égale à 1 mois de salaire.

10.4. Concernant le contenu de la lettre de licenciement :

- ○ **a.** la seule référence à la gravité des faits reprochés, à une perte de confiance ou à une insuffisance professionnelle ne constitue pas une raison suffisamment précise.
- ○ **b.** les raisons invoquées lient l'employeur, c'est-à-dire qu'en cas de litige, il ne pourra plus avancer d'autres motifs.
- ○ **c.** elle doit contenir, s'il y a lieu, les droits du salarié en matière de DIF.

10.5. Sauf faute grave ou lourde, le préavis :

- ○ **a.** est égal à 1 mois, si l'ancienneté du salarié est comprise entre 6 mois et 2 ans.
- ○ **b.** est égal à 2 mois, pour une ancienneté de 2 années ou plus.
- ○ **c.** débute le jour de la première présentation de la lettre de notification, que le salarié en accuse réception ou non.
- ○ **d.** débute le jour de l'envoi de la lettre de notification, que le salarié en accuse réception ou non.

Exercice. Cas pratique

Gérard Menvu
4 Impasse des souhaits
75020 Paris

Société HO
5 passage Dieu
75020 Paris
Paris, le 7 février 2014

Lettre recommandée avec accusé de réception

Monsieur,

Je reprends attache auprès de vous après notre entretien préalable du 6 février 2014 et je suis au regret de vous confirmer votre licenciement à la suite de la grossière erreur que vous avez commise le mois dernier et de toutes celles que vous avez faites depuis votre embauche le 8 juillet 2013. En effet, vos justifications et explications lors de votre entretien ne m'ont en rien convaincu.

Concernant votre préavis de trois mois qui débutera à compter de l'envoi de cette lettre, je vous dispense de toute activité durant ce laps de temps. Vous percevrez néanmoins votre rémunération mensuelle aux échéances habituelles durant ce préavis. À l'issue de cette période de préavis non exécutée, votre solde de tout compte et vos documents sociaux vous seront remis.

Je vous prie d'agréer, Monsieur, l'expression de mes sentiments distingués.

Mme Alice Toir
Directrice des ressources humaines

1. Quelles sont les erreurs contenues dans cette lettre de licenciement ? Il vous est précisé que la convention collective ne contient pas de dispositions plus favorables.

CORRIGÉS

QCM

10.1. ✓**b.** La faute lourde permet un licenciement avec procédure pour que le salarié puisse s'expliquer, puisqu'il risque d'être privé de toutes ses indemnités.

10.2. ✓**b.** En cas de licenciement pour faute lourde, le salarié a droit aux allocations chômage mais par contre n'a droit à aucune autre indemnité.

10.3. ✓**a.** ✓**b.** ✓**c.** La convocation à l'entretien préalable doit indiquer les droits à la formation du salarié le cas échéant, ainsi que la possibilité pour le salarié de se faire assister par une personne de son choix (membre du personnel de l'entreprise ou, en l'absence de représentant du personnel, conseiller du salarié). En outre, le défaut d'indication dans la lettre de convocation de la possibilité de se faire assister par un conseiller du salarié est sanctionné par le versement au salarié d'une indemnité au plus égale à un mois de salaire.

10.4. ✓**a.** ✓**b.** ✓**c.** Concernant le contenu de la lettre de licenciement, la seule référence à la gravité des faits reprochés, à une perte de confiance ou à une insuffisance professionnelle ne constitue pas une raison suffisamment précise. Les raisons invoquées lient l'employeur, c'est-à-dire qu'en cas de litige, il ne pourra plus avancer d'autres motifs. Enfin, elle doit contenir, s'il y a lieu, les droits du salarié en matière de DIF.

10.5. ✓**a.** ✓**b.** ✓**c.** Sauf faute grave ou lourde, le préavis est égal à 1 mois, si l'ancienneté du salarié est comprise entre 6 mois et 2 ans. Il est égal à 2 mois, pour une ancienneté de 2 années ou plus. Il débute le jour de la première présentation de la lettre de notification (et non de son envoi), que le salarié en accuse réception ou non (« *si la rupture du contrat de travail se situe à la date d'envoi de la LRAR notifiant le licenciement, le préavis ne court qu'à compter de la date de présentation de cette lettre* » Cass. soc. 7 novembre 2006, n° 05-42.323, Bull. civ. V, n° 327).

Exercice. Cas pratique

1. Après l'entretien, l'employeur doit attendre au moins 2 jours ouvrables pour envoyer en LRAR la lettre de licenciement. Dans cette dernière, il doit faire état du ou des motifs précis de licenciement : la nature des faits reprochés doit apparaître clairement. À défaut, le licenciement est considéré comme sans cause réelle et sérieuse. En outre, les raisons invoquées lient l'employeur et, en cas de litige, il ne peut plus en changer. Dans la lettre de licenciement, l'employeur doit informer le salarié, le cas échéant, de ses droits en matière de DIF. Enfin, sauf faute grave ou lourde, un préavis doit être observé d'une durée au moins égale à 1 mois si l'ancienneté du salarié est comprise entre 6 mois et 2 ans et à 2 mois pour une ancienneté de 2 ans ou plus. Mais la convention collective peut prévoir des dispositions plus avantageuses. L'employeur peut dispenser le salarié d'exécuter totalement ou partiellement le préavis par écrit.

En l'espèce, Mme Alice Toir n'a pas respecté le délai de 2 jours ouvrables entre l'entretien et la notification du licenciement, la lettre étant datée du 7 février 2014 et faisant état d'un entretien ayant eu lieu le 6 février 2014. En outre, elle ne fait pas état du ou des motifs précis de licenciement, mais d'erreurs grossières. Le licenciement de M. Gérard Menvu sera donc dépourvu de cause réelle et sérieuse. De plus, elle n'informe pas le salarié de ses DIF. M. Gérard Menvu, engagé depuis 6 mois (6 juillet/février 2014) devrait respecter un préavis d'1 mois et non de 3. Enfin, ce préavis court à compter de la première présentation de la lettre, et non de son envoi, que le salarié en accuse réception ou non.

FICHE 11

Les mesures de prévention légale du licenciement économique

*Constitue un licenciement pour motif économique le licenciement effectué par un employeur pour un ou plusieurs **motifs non inhérents à la personne** du salarié résultant d'une **suppression ou transformation d'emploi ou d'une modification, refusée par le salarié, d'un élément essentiel du contrat de travail**, consécutives notamment à des **difficultés économiques** ou à des **mutations technologiques**.*
(art. L. 1233-3, al. 1er C. trav.)

Pour éviter de tels licenciements, le législateur a mis en place des mesures préventives à l'instar de la GPEC ou de la formation des salariés.

1 La gestion prévisionnelle des emplois et des compétences (GPEC)

La GPEC existait avant la loi n° 2013-504 du 14 juin 2013 mais celle-ci a été modifiée par cette dernière.

A. La gestion prévisionnelle des emplois et des compétences depuis la loi n° 2013-504 du 14 juin 2013

*Dans les entreprises et les groupes d'entreprises [...] **d'au moins 300 salariés**, ainsi que dans les entreprises et groupes d'entreprises de **dimension communautaire** [...] comportant au moins un établissement ou une entreprise **de 150 salariés en France**, l'employeur **engage tous les 3 ans**, notamment sur le fondement des orientations stratégiques de l'entreprise et de leurs conséquences [...], une négociation portant sur :*

*1° La mise en place d'un dispositif de GPEC, sur laquelle le CE est informé, ainsi que sur les mesures d'accompagnement susceptibles de lui être associées, en particulier en matière de **formation**, de **validation des acquis de l'expérience**, de **bilan de compétences** ainsi que d'accompagnement de la mobilité professionnelle et géographique des salariés autres que celles prévues dans le cadre des articles L. 2242-21 et L. 2242-22.*

*2° Le cas échéant, les conditions de la **mobilité professionnelle ou géographique interne** à l'entreprise [...], qui doivent, en cas d'accord, faire l'objet d'un chapitre spécifique.*

*3° Les grandes orientations à trois ans de la **formation professionnelle** dans l'entreprise et les objectifs du plan de formation, en particulier les catégories de salariés et d'emplois auxquels ce dernier est consacré en priorité et les compétences et qualifications à acquérir pour les trois années de validité de l'accord.*

*4° Les perspectives de recours par l'employeur **aux différents contrats de travail, au travail à temps partiel et aux stages**, ainsi que les moyens mis en œuvre pour **diminuer le recours aux emplois précaires** dans l'entreprise au profit des contrats à durée indéterminée.*

*5° Les conditions dans lesquelles les **entreprises sous-traitantes sont informées** des orientations stratégiques de l'entreprise ayant un effet sur leurs métiers, l'emploi et les compétences.*

*Un **bilan** est réalisé à l'échéance de l'accord.* (art. L. 2242-15 C. trav.).

FICHE 11

L'employeur doit consulter le **CE** et les **syndicats** qui ont, en France, le monopole de la négociation collective. Dans les entreprises ou groupes d'entreprises d'au moins 300 salariés, l'employeur doit engager tous les **3 ans une négociation** sur les orientations stratégiques examinées par le CE.

B. L'accord de mobilité

L'employeur peut engager une négociation portant sur les **conditions de la mobilité professionnelle ou géographique interne à l'entreprise** dans le cadre de **mesures collectives d'organisation courantes sans projet de réduction d'effectifs**. Dans les entreprises et les groupes d'entreprises d'au moins 300 salariés ou de dimension communautaire comportant au moins un établissement ou une entreprise de 150 salariés en France, les modalités de cette mobilité interne à l'entreprise s'inscrivent dans le cadre de la **négociation triennale** (GPEC, mobilité, etc. art. L. 2242-15 C. trav.). Dans les autres entreprises et groupes d'entreprises, la négociation prévue à l'article L. 2242-21 du Code du travail porte également sur les **évolutions prévisionnelles des emplois et des compétences** et sur les mesures susceptibles de les accompagner.

L'accord issu de la négociation prévue à l'article L. 2242-21 comporte notamment :

*1° Les **limites imposées à cette mobilité au-delà de la zone géographique** d'emploi du salarié, elle-même précisée par l'accord, dans le **respect de la vie personnelle et familiale** du salarié* [...].

*2° Les mesures visant à **concilier la vie professionnelle et la vie personnelle et familiale** et à prendre en compte les situations liées aux contraintes de **handicap et de santé**.*

*3° Les mesures d'accompagnement à la mobilité, en particulier les **actions de formation** ainsi que les **aides à la mobilité géographique**, qui comprennent notamment la participation de l'employeur à la compensation d'une éventuelle perte de pouvoir d'achat et aux frais de transport.*

Les stipulations de l'accord collectif [...] ***ne peuvent avoir pour effet d'entraîner une diminution du niveau de la rémunération ou de la classification personnelle** du salarié et **doivent garantir le maintien ou l'amélioration de sa qualification professionnelle**.* (art. L. 2242-22 C. trav.)

2 La formation du salarié

L'employeur assure ***l'adaptation des salariés*** *à leur poste de travail.*

Il veille au ***maintien de leur capacité*** *à occuper un emploi, au regard notamment de* ***l'évolution des emplois, des technologies et des organisations.***

Dans les entreprises et les groupes d'entreprises [...] employant au moins 50 salariés, il organise pour chacun de ses salariés dans l'année qui suit leur ***45e anniversaire un entretien professionnel*** *au cours duquel il informe le salarié notamment sur ses droits en matière d'accès à* ***un bilan d'étape professionnel, à un bilan de compétences ou à une action de professionnalisation****.*

Il peut proposer des formations qui participent au développement des compétences, ainsi qu'à la lutte contre l'illettrisme.

Les actions de formation mises en œuvre à ces fins sont prévues, le cas échéant, par le plan de formation [...]. (art. L. 6321-1 C. trav.)

Le salarié doit pouvoir évoluer dans son poste et faire carrière dans l'entreprise (fiche 9). La formation est un droit et le salarié **peut reprocher à l'employeur**, le cas échéant, de ne pas en avoir bénéficié en cas de **licenciement fondé sur des mutations technologiques**. Le salarié a **l'obligation de s'adapter aux changements technologiques** et pourra être licencié en cas de refus. L'employeur doit aussi **reclasser** ceux qui n'auront pas su s'adapter en définitive et seule la preuve de cette impossibilité permettra leur licenciement. Le reclassement doit se faire au sein du **groupe**, le cas échéant, et **à l'international**. En ce cas, l'employeur doit demander au salarié s'il accepte de recevoir des propositions de travail à l'étranger et, dans l'affirmative, à quelles conditions. L'absence de réponse du salarié dans un **délai de 6 jours** est considérée comme un **refus**.

A. Le congé individuel de formation (CIF)

Attention

Une réforme de la formation professionnelle est en cours de préparation.

Le CIF a pour objet de permettre à tout salarié, au cours de sa vie professionnelle, de suivre à son initiative et à titre individuel des actions de formation, indépendamment de sa participation aux stages compris dans le plan de formation de son entreprise. Ces actions doivent lui permettre **d'accéder à un niveau supérieur de qualification, de changer d'activité ou de profession, de s'ouvrir à la culture, la vie sociale et à l'exercice de responsabilités bénévoles** (art. L. 6322-1 C. trav.). Il peut aussi servir pour **préparer un examen** (art. L. 6322-3 C. trav.) ou prendre la forme d'un **congé pour bilan de compétence** (art. L. 6322-42 C. trav.), d'un **congé d'enseignement ou de recherche** (art. L. 6322-53 C. trav.) et d'un **congé de qualification professionnelle des jeunes** (art. L. 6322-59 C. trav.).

L'ancienneté doit être :

– d'au moins **24 mois consécutifs ou non, dont 12 dans l'entreprise** ;

– de **36 mois dans les entreprises artisanales de moins de 10 salariés**.

La condition d'ancienneté est supprimée pour les salariés ayant changé d'emploi à la suite d'un licenciement pour motif économique.

Attention

Il existe des modalités particulières pour les salariés travaillant en CDD après le terme du contrat (art. L. 6322-25 C. trav.) ou en CTT.

Un délai de franchise (art. R. 6322-10 C. trav.) doit être respecté, c'est-à-dire qu'un salarié déjà bénéficiaire d'un CIF ne peut prétendre à un autre dans la même entreprise avant un certain délai.

Le salarié **choisit librement** la formation. Le CIF est d'une durée d'**1 an** lorsqu'il s'agit d'un **stage continu à temps plein ou 1 200 heures s'il s'agit de stages constituant un cycle pédagogique** comportant des enseignements discontinus ou à temps partiel. Des accords ou conventions collectifs peuvent stipuler des durées plus longues (art. L. 6322-12 C. trav.)

Dans les établissements de **200 salariés et plus**, au-delà d'un certain seuil d'absences simultanées au titre d'un CIF, l'employeur est en droit de **différer la demande** afin que le pourcentage ne dépasse **pas 2 % du nombre total des travailleurs** de l'établissement (art. L. 6322-7 C. trav.). Il en est de même dans les établissements de **moins de 200 salariés** si le nombre d'heures de congé dépasse **2 % du nombre total des heures de travail** effectuées dans l'année. L'employeur peut aussi **reporter** une demande de congé pour **raison de service** (art. L. 6322-8 C. trav.) après consultation du CE et, éventuellement, une conciliation avec l'inspecteur du travail.

Dans les entreprises de **moins de 10 salariés**, l'autorisation accordée à la demande peut être **différée** lorsqu'elle aboutit à l'absence simultanée, au titre du CIF, d'au **moins 2 salariés** de l'entreprise (art. L. 6322-9 C. trav.).

Un ANI ou une convention de branche ou un accord professionnel détermine les **règles de prise en charge des dépenses** afférentes au CIF par les organismes collectifs paritaires agréés (OCP), ainsi que le montant de la rémunération due au salarié pendant la durée du CIF et les modalités de versement de cette rémunération (art. L. 6322-14 C. trav.). La **rémunération due au salarié est versée par l'employeur**, qui est **remboursé par l'OCP** (art. L. 6322-20 C. trav.). À défaut, le salarié doit s'adresser au fonds de gestion des CIF (FONGECIF).

La demande de congé doit être formulée par le travailleur dans les délais prévus (**120 jours** si l'interruption de travail demandée est d'au moins **6 mois**, ou **60 jours** si elle concerne l'enseignement, la recherche, un examen) et comporter des précisions détaillées concernant les dates, l'organisme ou l'examen concerné.

L'employeur peut estimer, après avis du CE ou des DP, que l'absence du salarié pourrait avoir des **conséquences préjudiciables à la production et à la marche de l'entreprise**. En cas de différend, l'inspecteur du travail peut être saisi par l'une des parties et peut être pris pour arbitre (art. L. 6322-6 C. trav.).

Dans les **30 jours**, l'employeur fera connaître sa réponse et, **si elle est négative, les motifs** de son rejet ou report (art. R. 6322-5 C. trav.). **S'il ne répond pas, le congé est considéré comme accordé**.

B. Le droit individuel à la formation (DIF)

Il concerne les salariés en **CDI** (sauf apprentissage ou contrat de professionnalisation) avec au moins **1 an d'ancienneté** dans l'entreprise (art. L. 6323-1 C. Trav.) ou en **CDD comptant au moins 4 mois de présence, consécutifs ou non, au cours des 12 derniers mois** (art. L. 6323-3 C. trav.).

Le DIF prend la forme d'un **crédit d'heures de formation de 20 heures par an** (au *prorata* de la durée de travail des salariés à temps partiel et en CDD). **L'initiative vient du salarié**, mais **le choix de l'action de formation s'effectue par accord écrit avec l'employeur** (promotion, acquisition, entretien, perfectionnement, obtention de diplôme ou d'un titre professionnel).

Les priorités définies par convention ou accord collectif de branche ou d'entreprise ne s'imposent pas au salarié. Les droits acquis annuellement au titre du DIF peuvent être **cumulés** sur une durée de **6 ans**. À défaut d'utilisation, les heures sont plafonnées à **120** (art. L. 6323-5 C. trav.).

En cas de refus, l'employeur doit le notifier dans le mois sinon **son silence vaut acceptation.** En cas de refus durant **2 ans consécutifs**, le salarié peut obtenir un **financement prioritaire de la formation choisie de la part de l'OPC agréé** dont relève l'entreprise et l'employeur devra verser à l'OPC agréé une allocation de formation correspondant au crédit d'heures acquis par le salarié. En cas de **désaccord** avec l'employeur pendant **2 ans**, l'OPC agréé peut prendre en charge l'action de formation dans le cadre d'un **CIF**.

Attention

Le salarié qui change d'entreprise emporte la valeur monétaire des droits acquis.

Le DIF peut être mis en œuvre **pendant le préavis** (si le salarié n'est pas licencié pour faute lourde et s'il en fait la demande avant la fin du préavis, son solde d'heures acquises et non utilisées étant multiplié par un montant forfaitaire légal) ou **postérieurement** à la cessation de la relation de travail (en l'absence de faute lourde, la formation est **prise en charge par l'assurance chômage**, la somme peut être utilisée chez un nouvel employeur pendant 2 ans ou au cours de la période de chômage).

3 Les accords de maintien de l'emploi issus de la loi n° 2013-504 du 14 juin 2013

Autre moyen d'éviter les licenciements pour motif économique, l'accord de maintien de l'emploi prévu à l'article L. 5125-1 du Code de travail, issu de l'ANI du 11 janvier 2013 et transposé par la loi du 14 juin 2013, repose sur un échange : **la flexibilité des avantages acquis contre la pérennisation des emplois**. En pratique, le **salarié abandonne pour 2 ans ses avantages acquis concernant la durée, les modalités d'organisation et de répartition du travail, ainsi que sa rémunération contre la sauvegarde de son emploi**.

L'accord de maintien dans l'emploi n'est possible qu'en cas de graves difficultés économiques, conjoncturelles dans l'entreprise, et sert à passer une période délicate de deux ans. Il est valable s'il est signé par **une ou plusieurs organisations syndicales** ayant recueilli **au moins 50 %** des suffrages exprimés (art. L. 5125-4, al. 1 C. trav.). L'employeur ne pourra alors procéder à **aucune rupture** pour **motif économique** durant **2 ans** au plus.

En contrepartie, l'employeur pourra prendre des mesures, à l'instar de l'augmentation du temps de travail, sans que le salaire ne suive. L'accord ne peut cependant avoir pour effet de **diminuer la rémunération des salariés** lorsque le taux horaire de celle-ci est **égal ou inférieur au taux horaire du SMIC majoré de 20 %**, ni de ramener la rémunération des autres salariés en dessous de ce seuil. La durée légale du travail d'ordre publique doit être respectée.

Cet accord peut être **étendu aux dirigeants salariés**, aux **mandataires sociaux** et **actionnaires**. En l'absence de précisions dans l'accord, une LRAR informe le salarié qu'il dispose du délai d'1 mois pour faire connaître sa réponse. À défaut de réponse dans ce délai, il est **réputé avoir accepté** la modification (art. L. 1222-6 C. trav.).

Pour les salariés qui l'**acceptent**, les stipulations de l'accord sont applicables au contrat de travail et les **clauses contraires** sont **suspendues** pendant la durée d'application de l'accord. Lorsqu'un ou plusieurs salariés **refusent**, leur **licenciement individuel** repose sur un **motif économique** et ouvre droit aux mesures d'accompagnement que doit prévoir l'accord. À l'issue de l'accord, les clauses contraires ne sont plus suspendues et la **situation antérieure à l'accord redevient la norme**.

4 Le reclassement

Le licenciement pour motif économique d'un salarié ne peut intervenir que lorsque tous les ***efforts de formation et d'adaptation*** *ont été réalisés et que le reclassement de l'intéressé ne peut être opéré dans l'entreprise ou dans les entreprises du groupe auquel l'entreprise appartient.*

Le reclassement du salarié s'effectue sur un emploi relevant de la ***même catégorie*** *que celui qu'il occupe ou sur un* ***emploi équivalent*** *assorti d'une rémunération équivalente. À défaut, et sous réserve de l'accord exprès du salarié, le reclassement s'effectue sur un emploi d'une* ***catégorie inférieure****.*

Les offres de reclassement proposées au salarié sont écrites et précises. (art. L. 1233-4 C. trav.)

Cet article a **officialisé l'obligation jurisprudentielle** de reclassement née en 1992 en cas de risque de licenciement économique collectif ou individuel. Le **PSE** ne peut déroger à l'obligation d'effort de formation, d'adaptation et de reclassement incombant à l'employeur (art. L. 1233-24-3 C. trav.). Les offres de reclassement doivent être **personnalisées, précises et écrites** (Cass. soc. 13 juillet 2010, n° 09-42.835).

FICHE 11

Attention

Ni la procédure de questionnaire préalable, ni celle de l'article L. 1233-362 du Code du travail (c'est-à-dire proposition par LRAR et acceptation présumée tacitement au bout d'1 mois sans réponse) n'est applicable en ce cas alors qu'elle l'est paradoxalement pour le même poste dans le cadre d'une GPEC.

Le terme de « reclassement » *lato sensu* est utilisé aussi bien pour désigner les **effets d'un accord de GPEC** que la **mobilité d'un salarié aux prises avec un licenciement économique**, le **reclassement interne** (le contrat subsiste) ou **externe** (sauf départs volontaires, il est subsidiaire). En outre, en cas de problèmes économiques, coexistent l'obligation de **reclassement individuelle**, examinée par le conseil de prud'hommes en cas de contestation de cause réelle et sérieuse d'un licenciement, et **l'obligation collective** lorsque plus de **6 salariés** sont visés et que le plan de reclassement doit être intégré à chaque PSE. Son absence ou son insuffisance pourra conduire, depuis la loi Sapin, à un **refus d'homologation** du PSE et à **la nullité des licenciements** prononcés.

Le salarié à reclasser a **priorité sur les candidats à la mobilité interne ou extérieurs**. Elle ne s'impose **qu'à l'employeur** et non aux sociétés relevant du même groupe (Cass. soc. 13 janvier 2010, n° 08-15.776, Bull. civ. V, n° 5). En cas de groupes ou d'entreprises à établissements multiples, l'employeur doit **rechercher les postes vacants dans l'ensemble des établissements de l'entreprise, même à l'étranger** (Cass. soc. 5 avril 1995, n° 93-42.690, Bull. civ. V, n° 123).

APPLICATIONS

QCM

Choisissez, parmi les propositions suivantes, la ou les bonnes(s) réponse(s).

11.1. La GPEC est :

○ **a.** le nom d'une réunion annuelle relative au droit du travail où se réunissent les ministres du Travail de l'UE.

○ **b.** une obligation de négocier tous les 3 ans, dans les entreprises et les groupes d'au moins 300 salariés ainsi que dans les groupes de dimension européenne implantés en France, sur l'avenir des emplois, la mobilité professionnelle ou géographique interne à l'entreprise, la formation professionnelle, les perspectives de recours aux contrats atypiques, l'information des entreprises sous-traitantes.

○ **c.** l'occasion de réaliser un bilan à l'échéance de l'accord.

11.2. L'accord de mobilité est :

○ **a.** une obligation pour l'employeur de négocier tous les 2 ans sur les conditions de la mobilité professionnelle ou géographique interne à l'entreprise.

○ **b.** une obligation de négocier sur les conditions de la mobilité professionnelle ou géographique interne à l'entreprise dans le cadre de mesures collectives d'organisation courantes sans projet de réduction d'effectifs pour l'employeur d'entreprises et de groupes d'entreprises de moins de 300 salariés.

○ **c.** une possibilité de négocier sur la mobilité en dehors de la GPEC pour les entreprises ou groupes d'entreprises de moins de 300 salariés.

11.3. Le CIF :

○ **a.** permet au salarié de choisir librement sa formation.

○ **b.** est soumis à une condition d'ancienneté, sauf pour les salariés ayant changé d'emploi à la suite d'un licenciement pour motif économique.

○ **c.** est réitérable si le salarié respecte un délai de franchise.

○ **d.** est un congé sabbatique de formation bénévole dans un pays en voie de développement.

11.4. L'employeur est en droit :

○ **a.** de différer la demande du CIF dans les établissements de 200 salariés et plus au-delà d'un certain seuil d'absences simultanées afin que le pourcentage ne dépasse pas 2 % du nombre total des travailleurs de l'établissement.

○ **b.** de différer la demande de CIF dans les établissements de moins de 200 salariés si le nombre d'heures de congé dépasse 2 % du nombre total des heures de travail effectuées dans l'année.

○ **c.** de reporter une demande de CIF pour raison de service après consultation du CE et, éventuellement, une conciliation avec l'inspecteur du travail.

○ **d.** de refuser purement et simplement un CIF de par son pouvoir de direction.

11.5. Pour pouvoir bénéficier d'un DIF :

- ○ **a.** le salarié doit être obligatoirement engagé en CDI.
- ○ **b.** le salarié ne doit pas être en contrat d'apprentissage ou de professionnalisation.
- ○ **c.** le salarié peut être en CDD s'il a au moins 4 mois de présence dans l'entreprise consécutifs ou non au cours des 12 derniers mois.
- ○ **d.** le salarié ne doit pas avoir été soumis à une mesure disciplinaire.

11.6. Un accord de maintien de l'emploi est :

- ○ **a.** un accord entre employeur et syndicat pour limiter les mouvements de grève.
- ○ **b.** l'abandon pour 2 ans par les salariés de leurs avantages acquis (concernant la durée, l'organisation, la répartition du travail et la rémunération) contre la sauvegarde de leur emploi.
- ○ **c.** une diminution de la rémunération du salarié mensuelle de 50 % dès la date de conclusion de cet accord dans le but de sauver des emplois.

CORRIGÉS

QCM

11.1. ✓b. ✓c. La GPEC est une obligation de négocier tous les 3 ans, dans les entreprises et les groupes d'au moins 300 salariés ainsi que dans les groupes de dimension européenne implantés en France, sur l'avenir des emplois, la mobilité professionnelle ou géographique interne à l'entreprise, la formation professionnelle, les perspectives de recours aux contrats atypiques, l'information des entreprises sous-traitantes. C'est également l'occasion de réaliser un bilan à l'échéance de l'accord.

11.2. ✓c. L'accord de mobilité est une possibilité de négocier sur la mobilité en dehors de la gestion prévisionnelle des compétences et des emplois pour les entreprises ou groupes d'entreprises de moins de 300 salariés.

11.3. ✓a. ✓b. ✓c. Le CIF permet au salarié de choisir librement sa formation. Il est soumis à une condition d'ancienneté, sauf pour les salariés ayant changé d'emploi à la suite d'un licenciement pour motif économique. Il est réitérable si le salarié respecte un délai de franchise.

11.4. ✓a. ✓b. ✓c. L'employeur est en droit de différer la demande du CIF dans les établissements de 200 salariés et plus au-delà d'un certain seuil d'absences simultanées afin que le pourcentage ne dépasse pas 2 % du nombre total des travailleurs de l'établissement. Il peut également différer la demande de CIF dans les établissements de moins de 200 salariés si le nombre d'heures de congé dépasse 2 % du nombre total des heures de travail effectuées dans l'année. Enfin, il peut aussi reporter une demande de CIF pour raison de service après consultation du CE et, éventuellement, une conciliation avec l'inspecteur du travail.

11.5. ✓b. ✓c. Pour pouvoir bénéficier d'un DIF, le salarié ne doit pas être en contrat d'apprentissage ou de professionnalisation, et peut être en CDI ou en CDD s'il a au moins 4 mois de présence dans l'entreprise consécutifs ou non au cours des 12 derniers mois.

11.6. ✓ b. Un accord de maintien de l'emploi est l'abandon pour 2 ans par les salariés de leurs avantages acquis (concernant la durée, l'organisation, la répartition du travail et leur rémunération) contre la sauvegarde de leur emploi.

FICHE 12

Le départ voulu par l'employeur : le licenciement pour motif économique

1 Les procédures légales de licenciement économique après la loi Sapin n° 2013-504 du 14 juin 2013

Constitue un licenciement pour motif économique le licenciement effectué par un employeur pour un ou plusieurs ***motifs non inhérents à la personne*** *du salarié résultant d'une* ***suppression ou transformation d'emploi ou d'une modification, refusée par le salarié****, d'un élément essentiel du contrat de travail, consécutives notamment à des* ***difficultés économiques*** *ou à des* ***mutations technologiques****.* (art. L. 1233-3, al. 1er C. trav.)

Figure 12.1. Les différents types de licenciement

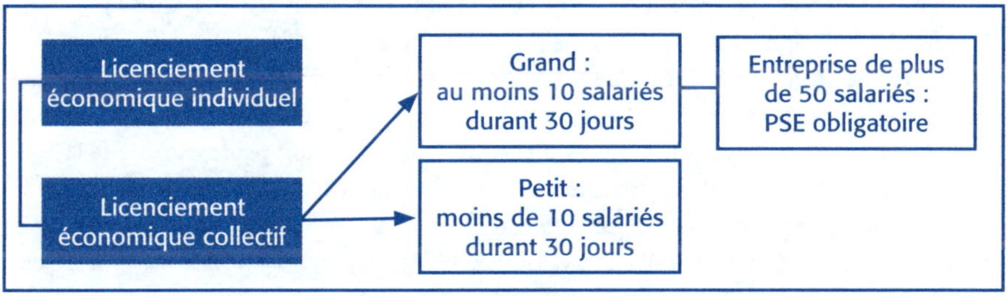

A. Le licenciement individuel pour motif économique

Le licenciement individuel connaît un **renouveau** depuis la loi Sapin n° 2013-504 du 14 juin 2013 concernant les **récalcitrants aux accords de mobilité ou de maintien de l'emploi** (fiche 11). La procédure est assez similaire à celle du licenciement pour motif personnel :

- **convocation** à l'entretien préalable avec une assistance ;

- **entretien préalable** où les modalités de la rupture prennent le pas sur une éventuelle conciliation en raison de la nature même du licenciement. L'employeur va proposer au salarié de bénéficier du nouveau **CSP**, d'un **congé reclassement** ou d'un **congé de mobilité** ;
- **notification motivée** du licenciement après **7 jours** ouvrables (**15** pour un cadre) à la suite de l'entretien préalable. La lettre doit indiquer les raisons économiques et leur incidence sur le contrat de travail du salarié (art. L. 1233-14 C. trav.). Elle doit indiquer la **priorité de réembauchage** (art. L. 1233-45 C. trav.) durant un **délai d'1 an** à compter de la date de la rupture du contrat, et le délai maximal de **12 mois** dont il dispose pour **contester** son licenciement ;
- une fois le licenciement prononcé, l'employeur doit en **informer la DIRECCTE** pour ses statistiques dans les **8 jours** (art. L. 1223-19 C. trav.).

Attention

Créé par un ANI unanime du 31 mai 2011 entériné par la loi n° 2011-893 du 28 juillet 2011, le **contrat de sécurisation professionnelle (CSP)** concerne tous les salariés victimes d'une procédure de licenciement économique dans les entreprises de **moins de 1 000 salariés** et ayant au moins **1 an** d'ancienneté ou une ancienneté suffisante pour bénéficier d'une période de chômage indemnisé. La proposition est faite lors de l'entretien préalable ou à l'issue de la dernière réunion des RP. Chaque salarié est informé individuellement et par écrit. À compter de la remise des documents, le salarié a un délai de réflexion de **21 jours** pour l'accepter ou le refuser. L'absence de réponse est assimilée à un refus. S'il l'accepte, le contrat de travail est **réputé rompu d'un commun accord** (plus d'obligation de reclassement, pas d'indemnités légales ou conventionnelles de préavis… mais la cause réelle et sérieuse est contrôlée, et la priorité de réembauchage subsiste). Demeure la possibilité pour le salarié de contester le motif économique, l'ordre des licenciements ou la violation par l'employeur de ses obligations de reclassement. Pendant le CSP, le salarié a le statut de stagiaire de formation professionnelle. Pour les salariés qui ont **1 an d'ancienneté** ou plus, le CSP leur permet de bénéficier immédiatement et pendant douze mois au maximum d'une **allocation de sécurisation professionnelle (ASP) égale à 80 % du salaire brut antérieur** (plus que l'allocation chômage) et d'un **accompagnement renforcé**. À la fin du CSP, le salarié peut s'inscrire à Pôle emploi et bénéficier de l'indemnisation chômage (ARE) s'il y a droit, dont la durée sera écourtée en fonction du CSP (art. L. 1233-65 et s. C. trav.).

B. Le petit licenciement économique : moins de dix salariés durant trente jours

Il nécessite la **consultation des organes de RP** (art. L. 1233-8 C. trav.). Le CHSCT, le CE ou les DP sont consultés sur le projet. Leur avis **ne lie pas** le chef d'entreprise, mais sera transmis à la DIRRECTE ou à l'inspecteur du travail. En effet, la DIRECCTE est informée de tous les licenciements économiques collectifs, mais son rôle est différent s'agissant d'un grand ou d'un petit licenciement économique et selon qu'un PSE est ou non adopté. Les **entretiens individuels** ont ensuite lieu, durant lesquels **l'adhésion au CSP** est proposée. Le licenciement est ensuite **notifié** dans les conditions indiquées pour le licenciement économique individuel. Lorsque l'autorité administrative relève une irrégularité de procédure, elle en avise l'employeur et envoie copie de ses observations au CE ou aux DP (art. L. 1233-56 C. trav.). Les licenciements collectifs (petits ou grands) s'effectuent selon un ordre précis.

1) L'ordre des licenciements (quelle que soit la taille du licenciement collectif)

> *Lorsque l'employeur procède à un licenciement collectif pour motif économique et en* ***l'absence de convention ou accord collectif*** *de travail applicable, il* ***définit les critères retenus pour fixer l'ordre des licenciements****, après consultation du comité d'entreprise ou, à défaut, des délégués du personnel.*
>
> *Ces critères prennent notamment en compte :*
>
> *1° Les* ***charges de famille****, en particulier celles des parents isolés ;*
>
> *2° L'****ancienneté de service*** *dans l'établissement ou l'entreprise ;*
>
> *3° La* ***situation des salariés*** *qui présentent des caractéristiques sociales rendant leur réinsertion professionnelle particulièrement difficile, notamment celle des personnes handicapées et des salariés âgés ;*
>
> *4° Les* ***qualités professionnelles*** *appréciées par catégorie.*
>
> *L'employeur peut* ***privilégier un de ces critères****, à condition de tenir compte de l'ensemble des autres critères prévus au présent article.* (art. L. 1233-5 C. trav.)

L'employeur n'est pas limité par cette liste.

2) L'avis des représentants du personnel

Un petit licenciement collectif doit être soumis **pour avis au CE ou aux DP**. S'il n'y en a pas et qu'aucun procès-verbal de carence n'a été établi après l'organisation d'élections, les licenciements économiques prononcés sont **irréguliers** mais pas nuls. Le salarié aura droit à **une indemnité** qui ne peut être inférieure à **1 mois de salaire** brut (art. L. 1235-15 C. trav.). La DIRECCTE est informée *a posteriori* dans les **8 jours après** l'envoi des lettres de licenciement.

C. Le grand licenciement économique et le plan de sauvegarde de l'emploi après la loi du 14 juin 2013

Le licenciement de salariés qui **refusent la modification de leur contrat de travail** (géographique, salaire…) au titre d'une restructuration de l'entreprise est un **licenciement collectif** et non une succession de licenciements individuels. L'employeur peut être tenté de licencier sur plusieurs années pour ne pas passer le seuil fatidique des 10 licenciements sur 30 jours et éluder le PSE. Pour l'éviter, le législateur a prévu deux calculs de contrôle :

- si, **pendant 3 mois, plus de 10 licenciements ont été réalisés**, tout licenciement envisagé au cours des **3 mois suivants** doit suivre la procédure du grand licenciement économique (art. L. 1233-26 C. trav.) ;
- si, au cours **d'une année civile** (du 1er janvier au 31 décembre), plus de **18 licenciements** ont été réalisés, tout licenciement envisagé au cours des **3 mois suivants** (entre le 1er janvier et le 31 mars de l'année suivante) doit suivre la procédure du grand licenciement économique (art. L. 1233-27 C. trav.).

Attention

> Les premiers salariés licenciés qui servent au décompte n'ont hélas **pas droit aux mêmes traitements que les suivants**... En outre, sans la procédure du grand licenciement, l'employeur peut tout de même licencier **jusqu'à 18 salariés tous les ans**... Au surplus, les licenciements **postérieurs** à un grand licenciement **ne comptent pas** pour savoir si une nouvelle procédure de grand licenciement doit être enclenchée. Le salarié licencié de manière solitaire après coup n'aura pas non plus les mêmes droits que ceux qui l'ont précédé...

Seuls les grands licenciements collectifs de plus de 10 personnes dans une même période de 30 jours sont **dispensés d'organiser un entretien préalable** à la condition qu'il existe des RP dans l'entreprise (art. L. 1233-38 C. trav.). La notification du licenciement ne peut être effectuée avant l'expiration d'un délai qui varie entre **30 et 60 jours** selon le nombre des licenciements :
- 30 jours lorsque le nombre de salariés licenciés est inférieur à 100 ;
- 45 jours lorsque le nombre de salariés licenciés est au moins égal à 100 et inférieur à 250 ;
- 60 jours lorsqu'il est au moins égal à 250 (art. L. 1233-29 C. trav.).

Ce délai court à compter de la notification du projet de licenciement à l'administration. Elle peut le **réduire** lorsqu'un accord collectif encadre le licenciement qui lui a été notifié (art. L. 1233-41 C. trav.).

1) L'avis des représentants du personnel

Dans les entreprises **de moins de 50 salariés**, l'employeur doit réunir les DP qui tiennent 2 réunions, séparées par un délai qui ne peut être supérieur à **14 jours** (art. L. 1233-29 C. trav.).

Dans les entreprises employant **au moins 50 salariés**, l'employeur doit consulter le CE sur le projet de licenciement collectif et lui adresser un PSE. Ce qui suppose au moins 2 réunions espacées d'un délai minimum de **15 jours** (art. L. 1233-30 I C. trav.) et d'un délai maximum de **2 mois** lorsque le nombre de licenciements est inférieur à 100, de **3 mois** lorsque ce nombre est compris entre **100 et 250 licenciements** et de **4 mois** au-delà (art. L. 1233-30 II C. trav.). À l'issue de ce délai maximum, le CE est réputé avoir été régulièrement convoqué. Le CE peut se faire assister d'un expert-comptable payé par l'employeur.

Attention

Il est possible de négocier les modalités de cette procédure de consultation et de revenir à celle des petits licenciements par des accords de méthode issus de la loi n° 2003-6 du 3 janvier 2003 et des accords spéciaux issus de la loi du 14 juin 2013.

Dans les entreprises de **moins de 50 salariés**, l'employeur doit adresser l'ensemble des informations qu'il transmet aux RP, les PV des réunions du CE ou des DP, le rapport éventuel de l'expert-comptable, à la DIRECCTE. Puis il doit notifier à la DIRECCTE son projet de licenciement. À compter de cette date, l'administration dispose de **21 jours pour vérifier la légalité de la procédure**. Cette date est également le **point de départ du délai de 30 jours à l'expiration** duquel l'employeur peut **adresser les lettres de licenciement**.

2) Le plan de sauvegarde de l'emploi (PSE)

Toute entreprise de **plus de 50 salariés** ayant un CE et envisageant de rompre les contrats de **plus de 10 salariés** sur une période de **30 jours doit** élaborer un **PSE** (art. L. 1233-25 C. trav.).

Le PSE intègre un **plan de reclassement** (interne, externe, formation, VAE, etc.).

Après la consultation du CHSCT, le CE doit être informé et émettre un avis lors d'une première phase, puis une seconde phase de consultation s'ouvre sur les licenciements économiques (art. L. 1233-31 C. trav.). Un **expert-comptable** peut être nommé par vote majoritaire au sein du CE pour l'examen des comptes annuels et du PSE (art. L. 1233-34 C. trav.). À compter de la date de sa première réunion, le CE doit rendre ses **deux avis** dans un délai qui ne peut être supérieur à 2 mois lorsque le projet vise 10 à 99 salariés, à 3 mois de 100 à 249 salariés, à 4 mois au-delà. Mais un accord collectif peut prévoir des délais différents.

Dans les entreprises d'au moins 50 salariés, lorsque le projet de licenciement concerne au moins 10 salariés dans une même période de 30 jours, le licenciement intervenu ***en l'absence de toute décision relative à la validation ou à l'homologation*** *ou alors qu'une décision négative a été rendue est* ***nul.***

En cas ***d'annulation d'une décision de validation*** *[...] ou d'****homologation*** *[...] en raison d'une absence ou d'une insuffisance du PSE, la procédure de licenciement est* ***nulle.***

Les deux premiers alinéas ne sont pas applicables aux entreprises en redressement ou liquidation judiciaire. (art. L. 1235-10 C. trav.)

Le contrôle du PSE relève désormais des **tribunaux administratifs** et les autres questions, à l'instar de la justification des licenciements, du **juge judiciaire**.

La DIRECCTE est informée de la mise en place d'un PSE négocié ou non. Elle procède par suggestions puis :

– s'il est édicté **unilatéralement** par l'employeur, elle l'**homologue** ou non ;

– s'il est prévu **par une convention collective**, elle le **valide** ou non.

Si la DIRECCTE refuse d'homologuer ou de valider, la procédure de licenciement est bloquée. En cas d'annulation d'une décision de validation ou d'homologation due à une absence ou une insuffisance de PSE, la procédure de licenciement est **nulle**, ainsi que les licenciements prononcés (du moins pour les salariés licenciés avec 2 ans d'ancienneté dans des entreprises de plus de 10 salariés, cf. art. L. 1235-14 C. trav.). Le salarié peut demander sa **réintégration** ou une **indemnité** qui ne peut être inférieure aux salaires des **12 derniers mois** (art. L. 1235-11 C. trav.). L'annulation de la décision de l'administration pour un motif autre que celui précité donne lieu à la réintégration du salarié si les parties sont d'accord. À défaut, le salarié a droit à une indemnité **d'au moins 6 mois** de salaire en plus de son indemnité de licenciement.

Le PSE peut provenir d'un accord collectif ou du seul employeur.

Le PSE issu d'un accord collectif majoritaire

> *Dans les entreprises de 50 salariés et plus, un* ***accord collectif*** *peut* ***déterminer le contenu du PSE*** *[...], ainsi que les* ***modalités de consultation du CE*** *et de* ***mise en œuvre des licenciements****. Cet accord est* ***signé par une ou plusieurs organisations syndicales représentatives*** *ayant recueilli au moins 50 % des suffrages exprimés en faveur d'organisations reconnues représentatives au premier tour des dernières élections des titulaires au CE ou de la DUP ou, à défaut, des DP, quel que soit le nombre de votants. L'administration est informée sans délai de l'ouverture d'une négociation en vue de l'accord précité.* (art. L. 1233-24-1 C. trav.)

L'autorité administrative valide l'accord collectif dès lors qu'elle s'est assurée de sa conformité aux règles de la négociation collective (syndicats négociateurs à plus de 10 % de suffrages exprimés, seuil des signataires à plus de 50 %), de la régularité de la procédure d'information et de consultation du CE et du CHSCT, de la présence de mesures destinées à éviter les licenciements, ou à en limiter le nombre, du plan de reclassement, ainsi que de l'existence des modalités de suivi de la mise en œuvre effective des mesures contenues dans le plan de reclassement. La DIRECCTE a **15 jours pour se décider** ; à défaut, **son silence vaut acceptation tacite**.

Le PSE unilatéral

> *À défaut d'accord [...], un document élaboré par l'employeur après la dernière réunion du CE fixe le contenu du PSE* [...]. (art. L. 1233-24-4 C. trav.)

L'employeur va élaborer son PSE sans dérogation, mais avec la certitude que le **contrôle administratif sera plus fort**.

Attention

Le rôle de la DIRRECTE a été renforcé depuis la loi Sapin. Le décret n° 2013-554 du 27 juin 2013 prévoit qu'elle peut être **saisie par les élus du CE, les DP** ou, en cas d'accord collectif, les **syndicats**, estimant insuffisantes les informations données avant la transmission de la demande d'homologation ou de validation. Elle doit alors statuer dans les 5 jours.

La DIRRECTE n'a pas à se prononcer sur le motif économique lui-même et son caractère réel et sérieux. Elle peut faire toute observation ou proposition à l'employeur à tout moment au cours de la procédure (art. L. 1233-57-6 C. trav.). La DIRRECTE **homologue** le document élaboré par l'employeur après avoir vérifié la conformité de son contenu aux dispositions légales. Elle a **21 jours** pour prendre position. En cas d'homologation, l'envoi de la LRAR de licenciement est effectué. En cas de décision de **refus d'homologation**, l'employeur peut reprendre le projet et présenter une **nouvelle demande** après y avoir apporté les modifications nécessaires et consulté le CE (art. L. 1233-57-7 C. trav.). Si l'employeur licencie quand même, ces derniers licenciements seront nuls (art. L. 1233-39 C. trav.).

FICHE 12

D. Le contrôle de la cause réelle et sérieuse de licenciement économique

La tentation est forte pour le magistrat de juger la gestion de l'employeur.

Exemple : il a été jugé qu'une réorganisation qui répondait, non pas à une nécessité économique mais à une volonté de l'employeur de privilégier le niveau de rentabilité de l'entreprise au détriment de la stabilité de l'emploi, et qui était décidée non pas pour sauvegarder la rentabilité de l'entreprise, mais dans l'unique but de supprimer des emplois permanents, ne constituait pas un motif économique justifiant le licenciement (Cass. soc. 1er décembre 1999, n° 98-42.746, Bull. civ. V, n° 466).

Si la réalité de la suppression ou transformation d'emploi ou de la modification substantielle du contrat est examinée au niveau de l'entreprise, les difficultés économiques doivent être appréciées **au regard du secteur d'activité du groupe auquel appartient l'entreprise** concernée. Une réorganisation, non liée à des difficultés économiques ou technologiques, ne peut constituer un motif économique que si elle est effectuée pour **sauvegarder la compétitivité** du secteur d'activité (Cass. soc. 5 avril 1995, n° 93-42.690, Bull. civ. V, n° 123).

2 Les plans de départs volontaires (PDV) après la loi Sapin n° 2013-504 du 14 juin 2013

Ils permettent d'éluder la question du reclassement et de la cause réelle et sérieuse du groupe devant les juges. Ils peuvent exister **seuls, sans licenciements**, ou être **intégrés dans un PSE**. Cependant, la DIRRECTE a précisé que le **montant des indemnités de rupture ne doit pas peser exagérément au détriment des mesures actives de reclassement** (instruction DGEFP n° 2013-10 du 26 juin 2013). Le PDV doit être, en principe, **inclus dans la seconde partie du PSE** et, si ce dernier est **homologué ou validé par la DIRECCTE**, l'entreprise sera à l'abri de toute contestation judiciaire. L'accord doit cibler les services visés tout en conservant le choix de refuser certains départs.

L'article L. 1233-2 al. 2 du Code du travail précis que le PDV ne permet pas d'éviter le montage d'un PSE **si plus de 10 salariés doivent partir sur 1 mois**. Si le PDV est financièrement avantageux, le contentieux sera peu important, mais l'égalité de traitement entre salariés n'est pas toujours possible à respecter en pratique (Cass. soc. 12 juillet 2010, n° 09-15.182, Bull. civ. V, n° 166).

Attention

La procédure de licenciement est nulle tant que le plan de reclassement des salariés s'intégrant au PSE n'est pas présenté par l'employeur aux RP (Cass. soc. 15 mai 2013, n° 11-26.414, publication en cours).

APPLICATIONS

QCM

Choisissez, parmi les propositions suivantes, la ou les bonnes(s) réponse(s).

12.1. Le licenciement individuel économique :

○ **a.** est de nouveau utilisé en raison de son emploi en cas de refus des salariés aux accords de mobilité ou de maintien de l'emploi issus de la loi Sapin du 14 juin 2013.

○ **b.** est un de ceux où, lors de l'entretien, le bénéfice du nouveau CSP, un congé reclassement ou un congé mobilité est proposé aux salariés.

○ **c.** doit être motivé et notifié 7 jours ouvrables, ou 15 pour les cadres, après l'entretien préalable.

○ **d.** va disparaître en raison de la multiplication des licenciements collectifs.

12.2. Un petit licenciement collectif :

- ○ **a.** doit être soumis pour avis au CE ou aux DP.
- ○ **b.** à défaut d'avis des RP, n'est pas nul mais irrégulier.
- ○ **c.** donne le droit au salarié à une indemnité qui ne peut être inférieure à 1 mois de salaire brut.

12.3. Un grand licenciement économique est :

- ○ **a.** le licenciement de salariés qui refusent la modification de leur contrat de travail au titre d'une restructuration de l'entreprise.
- ○ **b.** le licenciement de salariés qui refusent un accord de mobilité ou un accord de maintien de l'emploi.
- ○ **c.** le licenciement de plus de 10 salariés durant une même période de 30 jours.

12.4. Concernant les grands licenciements collectifs :

- ○ **a.** ils sont dispensés d'organiser un entretien préalable à la condition qu'il existe une représentation du personnel dans l'entreprise.
- ○ **b.** la notification du licenciement ne peut être réalisée avant l'expiration d'un délai qui varie entre 30 et 60 jours selon le nombre de licenciements.
- ○ **c.** ils sont soumis à l'autorisation du juge judiciaire, tout comme les licenciements dits « boursiers ».

12.5. Le PSE :

- ○ **a.** est obligatoire pour toute entreprise de plus de 50 salariés ayant un CE et envisageant de rompre le contrat de plus de 10 salariés sur une période de 30 jours.
- ○ **b.** intègre un plan de reclassement pour les salariés dont le licenciement ne pourra pas être évité.
- ○ **c.** contient des actions en vue du reclassement interne, des créations d'activités nouvelles ou la reprise d'activités existantes par les salariés, des actions de formation, de validation des acquis de l'expérience ou de reconversion, des mesures de réductions ou d'aménagement du temps de travail.
- ○ **d.** est facultatif pour toute entreprise de plus de 50 salariés ayant des DP.

CORRIGÉS

QCM

12.1. ✓a. ✓b. ✓c. Le licenciement individuel économique est de nouveau utilisé en cas de refus des salariés aux accords de mobilité ou de maintien de l'emploi issus de la loi Sapin du 14 juin 2013. Il est un de ceux où, lors de l'entretien, le bénéfice du CSP, un congé reclassement ou un congé mobilité est proposé aux salariés. Il doit être motivé et notifié 7 jours ouvrables, ou 15 pour les cadres, après l'entretien préalable.

12.2. ✓ **a.** ✓ **b.** ✓ **c.** Un petit licenciement collectif doit être soumis pour avis au CE ou aux DP ; à défaut d'avis des RP, il n'est pas nul mais irrégulier. Le salarié aura droit à une indemnité qui ne peut être inférieure à 1 mois de salaire brut.

12.3. ✓ **a.** ✓ **c.** Un grand licenciement économique est le licenciement de salariés qui refusent la modification de leur contrat de travail au titre d'une restructuration de l'entreprise, ainsi que le licenciement de plus de 10 salariés durant une même période de 30 jours. Au contraire, le licenciement de salariés qui refusent un accord de mobilité ou un accord de maintien de l'emploi est un licenciement individuel pour motif économique.

12.4. ✓ **a.** ✓ **b.** Concernant les grands licenciements collectifs, ils sont dispensés d'entretien préalable à la condition qu'il existe une représentation du personnel dans l'entreprise. La notification du licenciement ne peut être réalisée avant l'expiration d'un délai qui varie entre 30 et 60 jours selon le nombre de licenciements.

12.5. ✓ **a.** ✓ **b.** ✓ **c.** Le PSE est obligatoire pour toute entreprise de plus de 50 salariés ayant un CE et envisageant de rompre le contrat de plus de 10 salariés sur une période de 30 jours. Ce plan intègre un plan de reclassement pour les salariés dont le licenciement ne pourra pas être évité. Il contient des actions en vue du reclassement interne, des créations d'activités nouvelles ou la reprise d'activités existantes par les salariés, des actions de formation, de validation des acquis de l'expérience ou de reconversion, des mesures de réductions ou d'aménagement du temps de travail.

FICHE 13 Le départ voulu par le salarié : la prise d'acte et la rupture conventionnelle

1 La prise d'acte aux torts de l'employeur

La prise d'acte est une **création jurisprudentielle** propre au contrat à durée indéterminée (Cass. soc. 25 juin 2003, n° 01-42.335, n° 01-42.679, n° 01-42.578, Bull. civ. V, n° 209). Lorsqu'un **salarié prend acte** de la rupture de son contrat de travail en raison de faits qu'il reproche à son employeur, cette rupture produit les effets **soit d'un licenciement** sans cause réelle et sérieuse si les faits invoqués la justifiaient, **soit d'une démission** (Cass. soc. 25 juin 2003, préc.).

Exemple : *l'employeur qui prend l'initiative de rompre le contrat de travail ou qui le considère comme rompu du fait du salarié doit mettre en œuvre la procédure de licenciement ;* [...] à défaut, la rupture s'analyse en un licenciement sans cause réelle et sérieuse ; [...] (Cass. soc. 25 juin 2003, n° 01-41.150, Bull. civ. V, n° 208).

Le salarié doit donc exciper de **manquements suffisamment graves** pour justifier cette rupture (discrimination, harcèlement, non-paiement du salaire, violences commises contre le salarié sur le lieu de travail...).

Exemples : le non-paiement d'une prime à la suite de la dénonciation irrégulière d'un usage est un manquement suffisamment grave pour fonder la prise d'acte du salarié (Cass. soc. 3 mai 2012, n° 10-20.738). Il en est de même de la clause de mobilité imposée au salarié ne comportant aucune précision sur sa zone géographique d'application, alors que l'employeur n'avait pas justifié de ce que la nouvelle affectation était occasionnelle, motivée par l'intérêt de l'entreprise et justifiée par des circonstances exceptionnelles, et que le salarié n'avait pas été informé préalablement dans un délai raisonnable de son caractère temporaire et de sa durée prévisible (Cass. soc. 3 mai 2012, n° 11-10.143). *A contrario*, la création d'un niveau hiérarchique intermédiaire n'emporte pas en soi une modification du contrat de travail ni une rétrogradation du salarié dès lors que ni sa qualification, ni ses fonctions, ni ses responsabilités ne sont modifiées. Il n'y a là aucun manque à ses obligations contractuelles par l'employeur et aucune possibilité d'en prendre acte pour le salarié (Cass. soc. 3 juillet 2013, n° 12-18.111).

La prise d'acte n'est **pas autorisée** durant la **période d'essai**. Elle n'est soumise à **aucun formalisme** particulier, mais il est plus prudent de la formaliser par un écrit (Cass. soc. 4 avril 2007, n° 05-42.847), voire de la faire présenter à l'employeur par un avocat (Cass. soc. 16 mai 2012, n° 10-15.238, Bull. civ. V, n° 154). Le droit commun de la preuve s'applique : c'est au demandeur de prouver (art. 1315 C. civ.). Les **RP** peuvent également « prendre acte » mais **ne peuvent être réintégrés** (Cass. soc. 29 mai 2013, n° 12-15.974, publication en cours). La prise d'acte peut également intervenir au cours d'une **période de suspension** du contrat de travail et produit les **effets d'un licenciement nul**.

FICHE 13

Exemple : « [...] *ayant estimé que l'employeur d'un salarié avait commis des manquements suffisamment graves, une cour d'appel en a exactement déduit que la prise d'acte de la rupture de son contrat de travail par ce salarié, intervenue au cours d'une période de suspension consécutive à un accident du travail, produisait les effets d'un licenciement nul ;* [...] » (Cass. soc. 12 décembre 2012, n° 10-26.324 , Bull. civ. V, n° 334).

La prise d'acte entraîne la **cessation immédiate du contrat** de travail et il ne peut plus y avoir par la suite de démission, de licenciement ou de résiliation conventionnelle. Le salarié n'est **pas tenu d'exécuter un préavis**. Le salarié ne pourra bénéficier des indemnités chômages qu'à l'issue de la procédure judiciaire si le juge trouve sa prise d'acte justifiée et lui confère les effets d'un licenciement sans cause réelle et sérieuse.

Attention

Lorsque la prise d'acte produit les effets d'une démission, le salarié peut être condamné à indemniser l'employeur pour non-respect du préavis (Cass. soc. 3 juillet 2013, n° 12-17.888). Il en est de même en cas de clause de dédit-formation (Cass. soc. 11 janvier 2012, n° 10-15.481, Bull. civ. V, n° 14, *a contrario*).

2 La rupture conventionnelle

Elle est issue de la loi du n° 2008-596 du 25 juin 2008.

*L'employeur et le salarié peuvent **convenir en commun** des conditions de la rupture du contrat de travail qui les lie.*

*La rupture conventionnelle, exclusive du licenciement ou de la démission, **ne peut être imposée** par l'une ou l'autre des parties.*

*Elle résulte d'une convention signée par les parties au contrat. Elle est soumise aux dispositions de la présente section destinées à **garantir la liberté du consentement** des parties.* (art. L. 1237-11 C. trav.)

Il ne faut pas la confondre avec la **résiliation judiciaire** qui permet à tout salarié qui reproche à son employeur des manquements à des obligations contractuelles de demander la résiliation judiciaire de son contrat de travail au conseil de prud'hommes. Si elle est prononcée, elle produit les effets d'un licenciement sans cause réelle et sérieuse ou d'un licenciement nul si le salarié est protégé.

De même, il ne faut pas la confondre avec la **rupture du contrat de travail pour force majeure**. C'est le cas lorsqu'un événement irrésistible, imprévisible et extérieur, rend impossible la poursuite de l'exécution du contrat de travail. Le contrat de travail est rompu immédiatement, sans procédure, ni préavis. Le salarié perçoit l'indemnité compensatrice de congés payés. L'indemnité de licenciement et l'indemnité compensatrice de préavis ne sont pas dues, sauf dispositions conventionnelles plus favorables. Toutefois, une **indemnité compensatrice** (égale à l'indemnité de licenciement et à l'indemnité compensatrice de préavis), à la charge de l'employeur, est versée au salarié si la rupture d'un contrat est la conséquence d'un sinistre.

FICHE 13

Si la liberté de consentir librement à la rupture conventionnelle est mise en doute, par exemple en cas de harcèlement moral, elle sera annulée par le juge et produira les effets d'un licenciement sans cause réelle et sérieuse (Cass. soc. 30 janvier 2013, n° 11-22.332, Bull. civ. V, n° 24).

En sont **exclus** les salariés bénéficiant d'une **protection d'ordre public** (congé maternité, arrêt lié à un accident du travail…). Aux termes de l'article L. 1237-16 du Code du travail, il est impossible de prévoir des ruptures conventionnelles dans le cadre d'un accord collectif de GPEC (art. L. 2242-15 C. trav.) ou d'un PSE (art. L. 1233-61 C. trav.).

La rupture conventionnelle peut être utilisée par les **salariés protégés** (fiche 10), mais elle est soumise à **l'autorisation**, et non l'homologation (art. L. 1237-15 C. trav.), de l'inspecteur du travail (Cerfa n° 14599*01).

A. L'entretien

Les parties au contrat ***conviennent du principe d'une rupture conventionnelle*** *lors d'un ou plusieurs* ***entretiens*** *au cours desquels le* ***salarié peut se faire assister*** *:*

1° Soit par une personne de son choix appartenant au personnel de l'entreprise, qu'il s'agisse d'un salarié titulaire d'un mandat syndical ou d'un salarié membre d'une institution représentative du personnel ou tout autre salarié ;

2° Soit, en l'absence d'institution représentative du personnel dans l'entreprise, par un conseiller du salarié choisi sur une liste dressée par l'autorité administrative.

Lors du ou des entretiens, ***l'employeur a la faculté de se faire assister*** *quand le salarié en fait lui-même usage. Le salarié en informe l'employeur auparavant ; si l'employeur souhaite également se faire assister, il en informe à son tour le salarié.*

L'employeur peut se faire assister par une personne de son choix appartenant au personnel de l'entreprise ou, dans les entreprises de moins de cinquante salariés, par une personne appartenant à son organisation syndicale d'employeurs ou par un autre employeur relevant de la même branche. (art. L. 1237-12 C. trav.)

FICHE 13

B. La rédaction de la convention de rupture

La convention de rupture définit :
- le **montant de l'indemnité** spécifique ;
- la **date de rupture** du contrat de travail, qui ne peut intervenir **avant le lendemain du jour de l'homologation** de la convention par l'autorité administrative.

Un exemplaire de la convention doit être remis **à chacune des parties** sous peine de nullité (Cass. soc. 6 février 2013, n° 11-27.000, publication en cours).

Un **modèle Cerfa 14598*01** doit être utilisé, sinon la DIRECCTE refusera d'homologuer et le salarié n'aura pas droit aux allocations chômages.

Attention

Sauf accord exprès des parties, le contrat de travail continue de s'exécuter normalement durant la procédure et jusqu'à la date de rupture.

C. L'indemnité spécifique

La convention de rupture définit les conditions de celle-ci, notamment le ***montant de l'indemnité spécifique de rupture conventionnelle*** *qui* ***ne peut pas être inférieur à celui de l'indemnité*** [de licenciement] *prévue à l'article L. 1234-9.*

Elle ***fixe la date de rupture*** *du contrat de travail, qui* ***ne peut intervenir avant le lendemain du jour de l'homologation.***

À compter de la date de sa signature par les deux parties, chacune d'entre elles dispose d'un délai de ***quinze jours calendaires*** *pour exercer son* ***droit de rétractation****. Ce droit est exercé sous la forme d'une lettre adressée par tout moyen attestant de sa date de réception par l'autre partie.* (art. L. 1237-13 C. trav.)

L'indemnité spécifique ne peut être **inférieure** au montant de **l'indemnité légale de licenciement**. La base de calcul prend en compte la **moyenne la plus favorable des 3 ou 12 derniers mois versés** avant la date de la signature (c'est le salaire de référence). Tout élément de rémunération exceptionnel doit être intégré *au prorata*. Le montant de l'indemnité spécifique est égal à **1/5ᵉ de mois par année** de présence auquel s'ajoute **2/15ᵉ de mois** par année **au-delà de 10 ans** d'ancienneté (art. R. 1234-2 C. trav.).

Depuis le 28 novembre 2009, mais sans rétroactivité, il est prévu pour les employeurs du secteur privé (en dehors des professions libérales, du secteur associatif, des employeurs de salariés agricoles) que l'indemnité spécifique de rupture soit au moins égale à **l'indemnité conventionnelle de licenciement** si cette dernière est **plus favorable** que l'indemnité légale.

Attention

La fraction de l'indemnité spécifique n'est pas soumise à l'IR lorsque le salarié n'est pas en droit de bénéficier d'une pension de retraite d'un régime légalement obligatoire qui n'excède pas :

- soit 2 fois le montant de la rémunération annuelle brute perçue par le salarié au cours de l'année civile précédant la rupture de son contrat de travail, ou 50 % du montant de l'indemnité si ce seuil est supérieur, dans la limite de 6 fois le plafond de calcul des cotisations de sécurité sociale en vigueur à la date de versement des indemnités ;
- soit le montant de l'indemnité de licenciement prévue par la convention collective de branche, par l'accord professionnel ou interprofessionnel ou, à défaut, par la loi.

En outre, depuis le 1er janvier 2013, l'indemnité spécifique est assujettie au forfait social de 20 %.

FICHE 13

La convention doit fixer la **date de prise d'effet de la rupture** qui doit être assez lointaine pour tenir compte du **délai de rétractation** et, surtout, de l'**homologation** (pour les RP, jusqu'à 2 mois). En effet, à compter de la date de la signature par l'employeur et le salarié, l'un et l'autre disposent d'un **délai de 15 jours calendaires** (c'est-à-dire que tous les jours de la semaine sont comptabilisés) pour exercer ce **droit de rétractation** par LRAR ou remise en main propre contre décharge.

Les droits des salariés sont calculés **en fonction de la date prévue** au contrat et non celle de la demande d'homologation.

D. L'homologation par l'autorité administrative

*À l'issue du délai de rétractation, la partie la plus diligente adresse une **demande d'homologation** à l'autorité administrative, avec un **exemplaire de la convention** de rupture. Un arrêté du ministre chargé du travail fixe le modèle de cette demande.*

*L'autorité administrative dispose d'un délai d'instruction de **quinze jours** ouvrables, à compter de la réception de la demande, pour s'assurer du respect des conditions prévues à la présente section et de la liberté de consentement des parties. À défaut de notification dans ce délai, l'homologation **est réputée acquise et l'autorité administrative est dessaisie.***

*La **validité de la convention est subordonnée à son homologation**.*

L'homologation ne peut faire l'objet d'un litige distinct de celui relatif à la convention. Tout litige concernant la convention, l'homologation ou le refus d'homologation relève de la compétence du conseil des prud'hommes, à l'exclusion de tout autre recours contentieux ou administratif. Le recours juridictionnel doit être formé, à peine d'irrecevabilité, avant l'expiration d'un délai de douze mois à compter de la date d'homologation de la convention. (art. L. 1237-14 C. trav.)

L'autorité administrative dispose d'un **délai d'instruction de 15 jours ouvrables** (c'est-à-dire que sont exclus les dimanches et les jours fériés). Il démarre le lendemain de la réception de la demande par la DIRECCTE. Si le délai expire un samedi, un dimanche ou un jour férié ou chômé, il est prorogé jusqu'au premier jour ouvrable suivant. **À défaut de notification** dans ce délai, l'homologation est **réputée acquise**. Si l'homologation est refusée par l'autorité administrative dans le délai de 15 jours, une ou les parties peuvent former **un recours**.

Bien entendu, le salarié a droit à une indemnité compensatrice de congés payés le cas échéant. L'employeur doit remettre au salarié un certificat de travail et un exemplaire de l'attestation Pôle emploi. Il doit établir un solde de tout compte. Comme il ouvre droit aux indemnités chômage, ce mode de rupture concurrence la démission.

APPLICATIONS

QCM

Choisissez, parmi les propositions suivantes, la ou les bonnes(s) réponse(s).

13.1. La prise d'acte est :

- ○ **a.** une création jurisprudentielle.
- ○ **b.** un cas de rupture du contrat de travail prévu par la loi.
- ○ **c.** un contrat consignant le principe de la rupture négociée du contrat de travail.

13.2. La prise d'acte peut produire :

- ○ **a.** les effets d'un licenciement sans cause réelle et sérieuse.
- ○ **b.** les effets d'une démission.
- ○ **c.** un effet analogue à celle de la disparition rétroactive du contrat de travail.

13.3. Pour pouvoir bénéficier de la prise d'acte, le salarié doit exciper :

- ○ **a.** d'une faute lourde.
- ○ **b.** de manquements suffisamment graves.
- ○ **c.** d'une faute intentionnelle.

13.4. Lors du ou des entretiens relatifs à une rupture conventionnelle, l'employeur peut :

- ○ **a.** se faire assister d'un avocat.
- ○ **b.** se faire assister d'un huissier de justice qui dresse un procès-verbal de constat.
- ○ **c.** se faire assister si le salarié fait de même.
- ○ **d.** se faire assister par une personne appartenant au personnel de l'entreprise ou, dans les entreprises de moins de 50 salariés, par une personne appartenant à son organisation syndicale d'employeurs ou par un autre employeur relevant de la même branche.

13.5. L'indemnité spécifique :

- ○ **a.** ne peut être inférieure au montant de l'indemnité légale de licenciement.
- ○ **b.** peut être inférieure au montant de l'indemnité légale de licenciement.
- ○ **c.** ne peut être inférieure au montant de l'indemnité conventionnelle de licenciement si elle existe et est supérieure à l'indemnisation légale.

13.6. À compter de la signature de la rupture conventionnelle :

- ○ **a.** seul le salarié dispose d'un délai de 15 jours calendaires pour exercer son droit de rétractation.
- ○ **b.** chacune des deux parties dispose d'un délai de 15 jours calendaires pour exercer son droit de rétractation.
- ○ **c.** seul l'employeur dispose d'un délai de 15 jours calendaires pour exercer son droit de rétractation.
- ○ **d.** chacune des deux parties dispose d'un délai de 15 jours lunaires pour exercer son droit de préemption.

13.7. La convention de rupture négociée est :

- ○ **a.** un accord amiable qui ne nécessite pas d'homologation.
- ○ **b.** homologuée par l'autorité administrative.
- ○ **c.** certifiée par le juge.

13.8. La prise d'acte peut avoir lieu :

- ○ **a.** même durant la période d'essai.
- ○ **b.** à tout moment, sauf durant la période d'essai.
- ○ **c.** au cours d'une période de suspension, mais elle produira les effets d'un licenciement nul.

Exercice. Cas pratique

La société LAHT est une entreprise spécialisée dans la production de tracteurs. M. Jean Pest, DRH de la société LAHT, vient d'imposer à M. Sacha Touil une clause de mobilité ne comportant aucune précision sur sa zone géographique et n'en a nullement prévenu à l'avance le salarié qui se trouve devant le fait accompli. Ce dernier est donc furieux. En outre, M. Jean Pest lui a précisé froidement par mail qu'il « doit accepter cette clause ou qu'il perdra son emploi et que les gens de son espèce, les homosexuels, n'ont que ce qu'ils méritent ». D'autre part, Mme Anne Orak, adjointe de M. Jean Pest, souhaite désormais quitter la société en raison d'une incompatibilité d'humeur manifeste avec son supérieur. Elle ne le supporte plus et le trouve, en outre, très mauvais en droit du travail.

1. Que peut faire M. Sacha Touil pour préserver ses droits ?

2. Que peut proposer Mme Anne Orak au DRH en chef de l'entreprise pour pouvoir quitter la société en bons termes ?

CORRIGÉS

QCM

13.1. ✓a. La prise d'acte est une création jurisprudentielle issue de quatre arrêts de la Chambre sociale de la Cour de cassation du 25 juin 2003 (Cass. soc. 25 juin 2003, n° 01-42.335, n° 01-42.679, n° 01-42.578, Bull. civ. V, n° 209).

13.2. ✓a. ✓b. La prise d'acte peut produire les effets d'un licenciement sans cause réelle et sérieuse ou d'une démission ; tout dépend de la nature des faits invoqués par le salarié pour justifier la rupture de son contrat de travail.

13.3. ✓b. Pour pouvoir bénéficier de la prise d'acte, le salarié doit exciper de manquements suffisamment graves de la part de l'employeur.

13.4. ✓c. ✓d. Lors du ou des entretiens relatifs à une rupture conventionnelle, l'employeur peut se faire assister, à la condition *sine qua non* que le salarié fasse de même, par une personne appartenant au personnel de l'entreprise ou, dans les entreprises de moins de 50 salariés, par une personne appartenant à son organisation syndicale d'employeurs ou par un autre employeur relevant de la même branche.

13.5. ✓a. ✓c. L'indemnité spécifique ne peut être inférieure au montant de l'indemnité légale de licenciement ou au montant de l'indemnité conventionnelle si elle existe et est supérieure à l'indemnisation légale.

13.6. ✓b. À compter de la signature de la rupture conventionnelle, chacune des deux parties, employeur ou salarié, dispose d'un délai de 15 jours calendaires pour exercer son droit de rétractation.

13.7. ✓b. La convention de rupture négociée est homologuée par l'autorité administrative (la DIRECCTE).

13.8. ✓b. La prise d'acte peut avoir lieu à tout moment sauf durant la période d'essai.

Exercice. Cas pratique

1. La jurisprudence autorise le salarié à prendre acte des manquements de l'employeur justifiant la rupture du contrat de travail à ses torts. Le salarié peut exciper de manquements suffisamment graves pour justifier la rupture du contrat de travail (par exemple : discrimination, clause de mobilité imposée…). Il n'est prévu aucun formalisme pour la prise d'acte, mais il est plus prudent de rédiger un écrit. Les juges décideront si cette rupture produit les effets soit d'un licenciement sans cause réelle et sérieuse, soit d'une démission.

En l'espèce, M. Sacha Touil doit donc rédiger un écrit par lequel il précise quitter la société en raison de la discrimination dont il est victime relativement à son orientation sexuelle, ainsi qu'en raison de la clause de mobilité qui lui est imposée sous la menace de la perte de son emploi. Il pourra prouver ces éléments aisément grâce au mail de M. Jean Pest.

2. L'employeur et le salarié peuvent convenir en commun des conditions de la rupture du contrat de travail qui les lie par le biais d'une rupture conventionnelle depuis la loi n° 2008-596 du 25 juin 2008. Cette procédure donne lieu à un ou plusieurs entretiens au cours desquels le salarié et l'employeur, éventuellement assistés (l'employeur seulement si le salarié l'est), rédigent la convention de rupture en se mettant d'accord sur le montant de l'indemnité spécifique (qui ne peut être inférieure à celui de l'indemnité légale de licenciement) et la date de rupture du contrat de travail suivant un modèle Cerfa 14598*01 qui sera homologué par la DIRECCTE. Le salarié aura alors droit aux allocations chômages.

En l'espèce, Mme Anne Orak peut proposer une rupture conventionnelle au DRH pour le quitter en bons termes malgré leur incompatibilité d'humeur.

FICHE 14

Le départ voulu par le salarié : la démission

1 L'absence de procédure

En cas de démission, l'existence et la durée du préavis sont fixées par la loi, ou par convention ou accord collectif de travail.

En l'absence de dispositions légales, de convention ou accord collectif de travail relatifs au préavis, son existence et sa durée résultent des usages pratiqués dans la localité et dans la profession.

(art. L. 1237-1 al. 1 et 2, C. trav.)

La démission n'est guère plus utilisée que par les salariés désireux de **quitter leur CDI** pour trouver un meilleur emploi.

Attention

La rupture du CDD par le salarié est une rupture anticipée du contrat qui obéit à un régime juridique qui n'est pas celui de la démission. Cette dernière n'est envisageable que comme mode de rupture d'un CDI.

Aucune procédure n'est prévue, si ce n'est l'envoi d'une lettre, si la convention collective le prévoit, pour fixer la date de la rupture. La notification écrite est cependant plus prudente qu'une démission orale en cas de contentieux. Il faut consulter le contrat de travail ou la convention collective sur le sujet. L'employeur ne peut pas s'y opposer et doit verser **l'indemnité de congés payés** acquise par le salarié au fil des mois.

Attention

La rétractation d'une démission ne pourra avoir lieu qu'avec l'accord exprès de l'employeur.

Le salarié doit un **préavis** à l'employeur et n'a **droit à aucune indemnité**, **ni à l'assurance chômage** car il s'est volontairement privé d'emploi. Il lui est cependant possible de tenter de démontrer à la commission paritaire de l'Assedic un motif légitime de démission à l'instar de la mutation du conjoint.

La convention collective peut prévoir des temps d'absence destinés à la recherche d'un emploi pendant la durée du préavis. À défaut, l'usage local ou professionnel peut également en prévoir.

L'employeur remet au salarié, à la fin du contrat, les documents suivants : un certificat de travail, l'attestation destinée à Pôle emploi, le reçu pour solde de tout compte.

A. Le respect d'un préavis de démission (ancien « délai congé »)

Hors le cas des journalistes, des assistantes maternelles et des VRP, la loi ne fixe **aucune durée légale** concernant le préavis de démission. Il faut se reporter à la **convention collective ou au droit local** (en Alsace-Moselle). Il est généralement d'**une semaine** pour les **ouvriers**, d'**un mois** pour les **employés**, de **3 mois** pour les **cadres**. Le contrat de travail ne peut pas prévoir de **dispositions moins favorables que celles de la convention collective applicable.** Il s'agit de la même durée pour le salarié à temps complet ou à temps partiel. Le préavis commence à courir à compter de la notification à l'employeur de la démission.

Exemple : un salarié démissionnaire n'a pas pu imposer à son employeur un préavis de 9 mois au lieu de 3 dans le but que l'employeur l'en dispense en le payant intégralement (Cass. soc. 1er juillet 2008, n° 07-40.109, Bull. civ. V, n° 143).

B. L'exécution du préavis

Normalement, il **doit être exécuté** sauf pour les femmes enceintes ou pour élever un enfant, à l'issue d'un congé pour création d'entreprise, durant une période de **suspension** du contrat (arrêt maladie professionnelle, congé maternité…), pour les salariés bénéficiant d'une **mobilité volontaire sécurisée** (création de la loi n° 2013-504 dite loi Sapin du 14 juin 2013). Cependant, la maladie ou l'accident non professionnel n'en suspend pas l'exécution et, lorsque le salarié a démissionné pendant ses congés, il ne court qu'à compter de la date de son retour.

1. Le salarié peut **demander** à ne pas exécuter son préavis, mais l'employeur n'est pas obligé d'accepter. La **dispense de préavis** à la demande du salarié ne donne lieu à **aucune indemnisation**.

2. Si l'employeur **dispense de lui-même** le salarié d'exécuter son préavis, sa décision s'impose au salarié, mais **n'avance pas la date** à laquelle le contrat prend fin. En ce cas, le salarié dispensé de préavis par l'employeur **bénéficie du salaire et des avantages** qu'il aurait perçus s'il avait accompli son travail jusqu'à l'expiration du préavis. Il a droit à une **indemnité compensatrice de préavis**.

Un salarié peut certes démissionner pendant son préavis de licenciement, mais il devra continuer de travailler pendant une période plus courte relative à la nouvelle rupture.

Attention

L'employeur peut demander réparation au salarié s'il quitte immédiatement et soudainement l'entreprise sans respecter le préavis, sauf si le cas était prévu au contrat de travail ou dans la convention collective.

2 La démission abusive

La **démission abusive** ouvre droit à des **dommages et intérêts** au profit de l'employeur (art. L. 1237-2 al. 1er C. trav.). L'employeur peut obtenir une indemnité équivalente aux salaires restant dus si cela est prévu par la convention collective ou le contrat. Mais le salarié n'a **aucun motif** à donner et la démission pour exercer une activité concurrente n'est pas abusive en elle-même.

Exemples : « [...] *tel est le cas du mannequin qui rompt brutalement son contrat de travail au cours de la journée de présentation à la clientèle de la collection qui comprenait des modèles créés sur ses propres mesures ;* [...] » (Cass. soc. 19 juin 1959, D.1959, jurispr., p. 513) « [...] *attendu qu'ayant constaté que rien ne démontrait que le salarié ait voulu tromper son employeur et lui dissimuler son embauche par une société concurrente alors qu'il n'était plus lié avec la société X par un contrat de travail, et qu'il n'était justifié d'aucune collusion entre le salarié et la société Y, la cour d'appel a pu, par ce seul motif, décider que la démission n'était pas abusive et que la juridiction prud'homale était incompétente pour statuer sur la demande à l'encontre de cette dernière société ; que le moyen n'est pas fondé ;* [...] » (Cass. soc. 21 novembre 2012, n° 11-20.598)

Cependant, le salarié se doit de respecter une éventuelle **clause de non-concurrence** ou de rembourser les frais relatifs à une **clause de dédit formation**. En outre, le nouvel employeur peut être considéré comme **solidairement responsable** (art. L. 1237-3 C. trav.) du dommage causé en cas de **débauchage**.

3 Une volonté claire et non équivoque de démissionner

La volonté **claire et non équivoque** de démissionner du salarié doit être démontrée par l'employeur qui l'invoque. Les **circonstances de la démission** montrent d'elles-mêmes la volonté sérieuse ou non de démissionner.

FICHE 14

Exemples : la lettre de démission écrite par une salariée qui ne savait ni lire ni écrire : « […] *qu'une telle démission dont on ignorait, en outre, les conditions de la remise, apparaissait dans ces circonstances, suspecte ; qu'elle était donc privée d'effets, impuissante à exprimer une volonté claire, sérieuse et non équivoque de démissionner, de la part de la salariée, une telle volonté ne se présumant pas, comme le prescrit l'article L. 1237-1 du Code du travail ;* […] » (Cass. soc. 23 octobre 2013, n° 12-15.961)

La lettre de démission établie sous la dictée : « […] *qu'en statuant ainsi, alors qu'elle avait constaté que la lettre de démission n'indiquait ni la date de sa prise d'effet, ni la durée de préavis, et que la relation de travail s'était poursuivie, ce dont il résultait que la démission était équivoque, la cour d'appel a violé le texte susvisé* […] *;* » (Cass. soc. 28 novembre 2012, n° 11-16.638)

Le salarié, arguant que sa démission était due au fait que l'employeur avait modifié ses fonctions sans son accord et sans respecter la procédure prévue à l'article 8 de la convention collective nationale des bureaux d'études, a obtenu gain de cause (Cass. soc. 19 septembre 2013, n° 12-15.606).

La salariée cumulant deux contrats de travail excédant les limites légales du temps de travail et ne se rendant plus sur son premier lieu de travail ; n'étant plus à la disposition de son employeur, elle caractérise ainsi sa volonté claire et non équivoque de démissionner (Cass. soc. 4 décembre 2013, n° 12-19.942).

La lettre de démission du salarié postée en LRAR depuis son domicile témoigne certainement de sa volonté non équivoque. Mais le mail de démission laisse planer un doute quant à l'identité réelle du rédacteur.

Attention

Un départ précité hors de l'entreprise, **sous le coup de la colère**, n'est pas constitutif d'une démission orale, encore moins quand le salarié prend la précaution d'envoyer un certificat médical postérieurement pour justifier son coup d'éclat. Cependant, un départ impromptu de l'entreprise peut constituer une absence fautive, cause de licenciement pour motif personnel, ou une faute grave, s'il y a eu insubordination en présence de tiers.

Un salarié qui ne revient pas de maladie ou de congés payés n'est jamais considéré comme démissionnaire, mais risque cependant d'être licencié pour faute grave.

A. Les vices du consentement

L'employeur ne doit pas **vicier le consentement du salarié** pour obtenir sa démission.

> **Exemples :** pour une salariée dont la démission a été établie sur son lieu de travail, sous la pression d'une procédure disciplinaire, et suivie le même jour d'une rétractation connue de l'employeur : « [...] *qu'en statuant ainsi, alors que la démission entachée d'un vice du consentement est nulle et que l'employeur qui prend l'initiative de rompre le contrat de travail, ou qui le considère comme rompu du fait du salarié, doit mettre en œuvre la procédure de licenciement, qu'à défaut la rupture s'analyse en un licenciement sans cause réelle et sérieuse, la cour d'appel a violé les textes susvisés ;* [...] » (Cass. soc. 18 décembre 2013, n° 12-28.788).

FICHE 14

Le salarié ne peut invoquer **à la fois** un **vice du consentement** pour demander l'annulation de sa démission et que celle-ci soit analysée en une **prise d'acte** (Cass. soc. 7 mars 2012, n° 09-73.050, Bull. civ. V, n° 88).

Attention

> Si la **prise d'acte** permet la **requalification de la démission en licenciement** et l'obtention de diverses indemnités (de préavis, de licenciement, pour cause réelle et sérieuse manquante en l'absence de toute lettre de licenciement motivée, soit 6 mois minimum de salaire brut), *a contrario* **l'annulation** du licenciement permet au salarié de demander sa réintégration.

En outre, le salarié doit contester sa démission rapidement.

B. La requalification possible de la démission en prise d'acte

Dans quatre arrêts du 9 mai 2007, la Chambre sociale de la Cour de cassation a précisé que « *lorsque le salarié* [...] *remet en cause* [sa démission] *en raison des faits ou de manquements imputables à son employeur et lorsqu'il résulte de circonstances antérieures ou contemporaines de la démission qu'à la date à laquelle elle a été donnée celle-ci était* ***équivoque****, le juge doit l'analyser en une* ***prise d'acte de la rupture qui produit les effets d'un licenciement sans cause réelle et sérieuse*** *si les faits invoqués la justifiaient, ou dans le cas contraire, d'une* ***démission*** » (Cass. soc. 9 mai 2007, n° 05-40.518, n° 05-40.315, n° 05-42.301, n° 05-41.325, en dernier lieu Cass. soc. 18 septembre 2013, n° 12-18.010, Bull. civ. V, n° 70). Il est ainsi possible pour le salarié de faire requalifier sa démission en prise d'acte.

4 Les démissions *sui generis*

Le salarié qui a bénéficié d'une **mobilité volontaire sécurisée** dans les entreprises ou groupes d'entreprises d'au moins 300 salariés (art. L. 1222-15 C. trav.) peut choisir de ne pas réintégrer son entreprise d'origine, le contrat de travail qui le lie à son employeur étant rompu. Cette rupture constitue une démission.

Enfin, **pour élever son enfant**, le salarié peut, sous réserve d'en informer son employeur au moins 15 jours à l'avance par LRAR (art. R. 1225-18 C. trav.), rompre son contrat de travail à l'issue du congé de maternité ou d'adoption ou, le cas échéant, 2 mois après la naissance ou l'arrivée au foyer de l'enfant, sans être tenu de respecter le délai de préavis, ni de devoir de ce fait d'indemnité de rupture (art. L. 1225-34 et L. 1225-66 C. trav.). Dans l'année suivant la rupture de son contrat, le salarié peut solliciter sa réembauche (art. L. 1225-67, al. 1er C. trav.).

APPLICATIONS

QCM

Choisissez, parmi les propositions suivantes, la ou les bonnes(s) réponse(s).

14.1. Un salarié en CDI peut toujours :

- ○ **a.** rétracter sa démission.
- ○ **b.** renoncer à démissionner.
- ○ **c.** démissionner.

14.2. Le salarié peut arguer :

- ○ **a.** uniquement d'un vice du consentement ou demander la requalification de sa démission en prise d'acte.
- ○ **b.** d'une lésion pour demander la rescision de sa démission.
- ○ **c.** à la fois d'un vice du consentement pour demander la nullité de sa démission et de la requalification en prise d'acte de sa démission.

14.3. La démission d'un salarié peut :

- ○ **a.** être requalifiée en rupture conventionnelle sous conditions.
- ○ **b.** être requalifiée en prise d'acte selon la jurisprudence en raison de faits ou de manquements imputables à son employeur, si les circonstances antérieures ou contemporaines de la démission la rendent équivoque.
- ○ **c.** être requalifiée en licenciement pour motif économique en période de crise.

14.4. Un ou une salarié(e) peut démissionner :

- ○ **a.** pour élever son enfant.
- ○ **b.** pour élever son enfant et, dans l'année suivant la rupture, solliciter sa réembauche.
- ○ **c.** pour s'occuper des membres de sa famille malades ou en fin de vie et solliciter sa réembauche quand elle le souhaite.

14.5. La démission est soumise :

- ○ **a.** à une procédure extrêmement précise (lettre, entretiens, jour de réflexion obligatoire et délai de rétractation).
- ○ **b.** à aucun formalisme.
- ○ **c.** au contrôle automatique de l'inspecteur du travail.

14.6. Le salarié démissionnaire :

- ○ **a.** doit forcément respecter un préavis.
- ○ **b.** peut être dispensé de l'exécution de ce préavis en recevant toujours une indemnisation.
- ○ **c.** peut être dispensé de l'exécution de ce préavis sans indemnisation.

14.7. Le salarié qui a bénéficié d'une mobilité volontaire sécurisée :

- ○ **a.** doit impérativement réintégrer son entreprise et ne peut démissionner.
- ○ **b.** peut choisir de ne pas réintégrer son entreprise et de démissionner pour intégrer l'entreprise où il était en mobilité volontaire sécurisée.
- ○ **c.** peut quitter son entreprise pour celle de la mobilité volontaire sans démissionner.

14.8. La démission d'un salarié :

- ○ **a.** n'est jamais abusive.
- ○ **b.** est forcément abusive si le salarié se fait embaucher par une entreprise concurrente.
- ○ **c.** peut être abusive.

Exercice. Cas pratique

Au sein de la SA LAHT1KEUM@, société spécialisée, selon leur slogan, dans « les rencontres numériques de haute qualité », l'ambiance est délétère. Il se trouve que Mme Mélusine Enfaillite, directrice de la communication, n'est pas revenue de ses trois semaines de congés payés en Indonésie et n'a donné aucune nouvelle depuis cinq jours. Elle demeure étrangement injoignable. En outre, M. Jean Peuplu a claqué violemment la porte de l'entreprise, à la suite d'un différend avec son supérieur, M. Robin Alor, en hurlant que « *c'était une maison de fous qui n'avait plus besoin de ses services* ». Ce dernier veut en effet lui imposer de nouveaux horaires de travail, nocturnes, car dit-il « *c'est à compter de 19 h que le site enregistre le maximum de connexions* ». Enfin, Mme Lou Fok a remis, en pleurs, une lettre de démission qu'elle a écrite dans son bureau, au DRH, M. Gérard Menvu, et tout le personnel de la société l'a fort bien entendu hurler que c'était pour mettre fin au harcèlement moral dont elle s'estime victime. M. Jean Bal, le PDG de cette société en plein essor, très inquiet de la tournure de ces événements, vous consulte.

1. M. Jean Bal considère, contrairement au DRH M. Gérard Menvu, que Mme Mélusine Enfaillite a implicitement démissionné de son poste en ne revenant pas de congés payés et envisage de le confier à une autre salariée. A-t-il raison de le penser ?

2. M. Jean Bal pense que le comportement de M. Jean Peuplu est intolérable et qu'il a démissionné oralement. Cela est-il vrai ? Que peut faire M. Jean Peuplu ?

3. Que peut faire Mme Lou Fok lorsqu'elle se sera remise de ses émotions et si elle est juridiquement bien conseillée ?

CORRIGÉS

QCM

14.1. ✓c. Un salarié en CDI peut toujours démissionner. Mais cette démission ne peut être rétractée qu'avec l'accord exprès de l'employeur.

14.2. ✓a. Le salarié peut arguer uniquement d'un vice du consentement ou bien demander la requalification de sa démission en prise d'acte. Il ne peut cumuler ces demandes aux conséquences différentes.

14.3. ✓b. La démission d'un salarié peut être requalifiée en prise d'acte selon la jurisprudence, en raison de faits ou de manquements imputables à son employeur, si les circonstances antérieures ou contemporaines de la démission la rendent équivoque.

14.4. ✓a. ✓b. Une salariée ou un salarié peut démissionner pour élever son enfant et, dans l'année suivant la rupture, peut solliciter sa réembauche.

14.5. ✓b. La démission n'est soumise à aucun formalisme.

14.6. ✓c. Le salarié démissionnaire peut être dispensé de l'exécution de ce préavis sans indemnisation. En effet, si l'employeur lui accorde la dispense du préavis demandé, il n'y a aucune indemnisation. C'est uniquement si l'employeur lui impose cette dispense qu'il reçoit une indemnisation.

14.7. ✓b. Le salarié qui a bénéficié d'une mobilité volontaire sécurisée peut choisir de ne pas réintégrer son entreprise et de démissionner pour l'entreprise où il effectuait sa mobilité volontaire sans préavis.

14.8. ✓c. La démission d'un salarié peut être abusive, mais ne l'est pas forcément si le salarié se fait embaucher par une entreprise concurrente.

Exercice. Cas pratique

1. Les circonstances de la démission doivent montrer d'elles-mêmes la volonté sérieuse et non équivoque de démissionner du salarié. Tel n'est pas le cas d'un salarié qui ne revient pas de congés payés ; cependant, il peut être licencié pour faute grave. Avant cela, l'entreprise doit s'inquiéter par LRAR de l'absence du salarié.

En l'espèce, il a pu arriver n'importe quoi à Mme Mélusine Enfaillite (du vol du sac à main avec le précieux téléphone portable et la carte bleue, en passant par l'horrible accident d'avion dans une zone reculée). Le DRH, M. Gérard Menvu, a donc raison de penser qu'il est impossible de considérer Mme Mélusine Enfaillite comme démissionnaire. Il faut lui envoyer une LRAR lui enjoignant de reprendre son poste et de s'expliquer sur son absence.

2. Les circonstances de la démission doivent démontrer d'elles-mêmes la volonté sérieuse et non équivoque de démissionner. Un départ violent, précipité, hors des locaux de l'entreprise, sous le coup de la colère, ne reflète pas du tout une telle volonté de démissionner. Ce coup d'éclat peut cependant constituer une absence fautive, cause de licenciement pour motif personnel, ou une faute grave s'il y a eu insubordination en présence de tiers. Le salarié a donc tout intérêt à faire justifier rapidement sa disparition des locaux de l'entreprise par un certificat médical. Il peut aussi envisager de prendre acte de la rupture de son contrat de travail en raison de la décision de l'employeur de modifier d'office ses horaires de travail. Il pourra faire valoir que cette rupture produit les effets d'un licenciement sans cause réelle et sérieuse.

En l'espèce, M. Jean Peuplu a certes démissionné oralement, mais n'en avait pas la volonté sérieuse et non équivoque. Il a agi sous le coup de la colère et a tout intérêt à envoyer avec vélocité un certificat médical à son employeur justifiant son absence et éventuellement, s'il désire quitter l'entreprise, à faire valoir la prise d'acte de la rupture de son contrat de travail en raison des nouveaux horaires imposés par la direction.

3. La démission écrite dans les locaux de l'entreprise, accompagnée de pleurs, est de nature à jeter la suspicion sur la volonté sérieuse et non équivoque du salarié de démissionner. Le salarié peut également exciper du vice de son consentement, celui-ci ayant été forcé (pression, chantage...). En outre, depuis quatre arrêts du 9 mai 2007, la Chambre sociale de la Cour de cassation autorise les juges à analyser la démission en une prise d'acte de la rupture qui peut produire les effets d'un licenciement sans cause réelle et sérieuse si les faits invoqués la justifient. En effet, le salarié peut remettre en cause sa démission en raison des faits ou de manquements imputables à son employeur relativement à des circonstances antérieures ou contemporaines de la démission.

En l'espèce, Mme Lou Fok pourra exciper du harcèlement moral dont elle se prétend victime pour demander la requalification de sa démission en prise d'acte produisant les effets d'un licenciement sans cause réelle et sérieuse ou d'un vice du consentement. Elle peut, en outre, attaquer le DRH M. Gérard Menvu pour harcèlement moral.

FICHE 15 Le départ voulu par le salarié : la transaction

1 Des concessions réciproques de l'employeur et du salarié

La transaction est prévue par les articles 2044 et suivants du Code civil et largement utilisée en droit, tant par les administrations (douanes, fisc...) que par les salariés et les employeurs.

A. L'objet de la transaction

*La transaction est un **contrat** par lequel les parties **terminent une contestation née**, ou **préviennent une contestation à naître.***
*Ce contrat doit être rédigé **par écrit**.* (art. 2044 C. civ.)

La transaction est un mécanisme en totale opposition à la rupture conventionnelle créée par la loi du 25 juin 2008 (fiche 13). Elle peut se révéler défavorable au salarié et doit donc être utilisée avec prudence. Les parties doivent **transiger**, c'est-à-dire opérer des **transactions réciproques d'égales importances**. C'est à l'occasion d'une rupture du contrat de travail qu'elle est la plus utilisée. Paradoxalement, elle génère des contentieux devant les conseils de prud'hommes alors que son but premier est de les éviter.

1) Le cas fréquent : la rupture du contrat de travail

Elle ne peut être conclue **qu'après réception** par le salarié de sa **lettre de licenciement** (Cass. soc. 25 septembre 2013, n° 12-21.577). En effet, le salarié n'est alors **plus subordonné** et retrouve sa liberté de négocier sur un pied d'égalité avec son ex-employeur. En outre, comme la lettre de licenciement énonce le motif de la rupture, le juge peut aisément vérifier l'équivalence des concessions réciproques.

Exemple : « [...] *Et attendu qu'appréciant souverainement les éléments de faits et de preuve qui lui étaient soumis, la cour d'appel, qui a relevé que ni la lettre de licenciement, ni l'attestation Assedic ne mentionnaient la faute grave, que les faits de dénigrement et d'insubordination allégués au fondement du licenciement ne constituaient pas une telle faute, que la cadre ayant plus de* *deux ans d'ancienneté, elle pouvait prétendre à une indemnité compensatrice de préavis correspondant à trois mois de salaire, ce qui était supérieur à l'indemnité transactionnelle qui lui avait été allouée, a pu en déduire que la société n'avait pas fait de concession appréciable ; [...]* » (Cass. soc. 18 janvier 2012, n° 10-11.742)

2) Autres cas : régler un litige né ou éviter une contestation à naître

Plus généralement, transiger a pour but de régler un litige déjà né ou d'éviter un litige à venir.

Un litige né peut consister, par exemple, dans le montant de l'indemnité de licenciement, une prime ou le calcul des congés payés, mais également sur une contestation à naître, par exemple un éventuel procès sur la cause réelle et sérieuse du licenciement.

FICHE 15

B. Conditions de la transaction

1) La capacité de disposer des objets compris dans la transaction

Aux termes de l'article 2045 alinéa 1er du Code civil, pour transiger, il faut avoir la **capacité de disposer** des objets compris dans la transaction. Il est **impossible de transiger dans des matières d'ordre public** (c'est-à-dire impératives) dont on n'a pas la libre disposition (par exemple, divorce, état civil...).

> **Exemple :** la transaction réalisée avant la notification du licenciement des représentants du personnel est atteinte d'une nullité absolue, d'ordre public, si elle a lieu avant l'obtention de l'autorisation administrative de les licencier (Cass. soc. 15 mars 2012, n° 10-27.065).

Il est possible de transiger sur **l'intérêt civil** (c'est-à-dire les dommages et intérêts) qui résulte d'un **délit**, mais la transaction n'empêche en rien la poursuite du ministère public (art. 20146 C. civ.). Il est également possible de prévoir une **peine** (un forfait) à l'encontre celui qui ne l'exécutera pas (art. 2047 C. civ.).

En outre, les transactions « se renferment dans leur objet », c'est-à-dire que **la renonciation** qui y est faite à tous droits, actions et prétentions, ne s'entend **que relativement au différend** qui y a donné lieu (art. 2048 C. civ.).

> **Exemple :** la transaction ayant pour seul objet de fixer le montant du préjudice subi par le salarié résultant de la rupture de son contrat de travail ne rend pas irrecevable une demande du salarié portant sur un complément d'indemnité conventionnelle de licenciement (Cass. soc. 2 décembre 2009, n° 08-41.665 Bull. civ. V, n° 274).

2) Les concessions réciproques

Le salarié peut renoncer à exercer une action en justice concernant, par exemple, le montant de l'indemnité de préavis ou la cause réelle et sérieuse de son licenciement, l'employeur renonçant pour sa part à lui appliquer la clause de dédit-formation. Tout est imaginable en la matière. Cependant, le juge **contrôle la proportionnalité des concessions réciproques** et **annule** la transaction si elle n'est pas respectée le cas échéant.

> **Exemple :** « [...] *Mais attendu qu'ayant constaté que le montant de l'indemnité compensatrice de congés payés, qui était due dès lors que la rupture du contrat de travail n'avait pas été provoquée par une faute lourde du salarié, était d'un montant supérieur à celui de l'indemnité forfaitaire transactionnelle, la cour d'appel a pu en déduire, sans trancher le litige, que les concessions faites par l'employeur présentaient un caractère dérisoire ;* que le moyen n'est pas fondé [...] ; » (Cass. soc. 19 juin 2013, n° 12-12.941)

FICHE 15

Cependant, il faut signaler que le **déséquilibre** manifeste des concessions **cache parfois un départ négocié** en raison d'une faute volontairement camouflée et difficilement avouable du fait de sa nature, afin de protéger le salarié fautif et de laisser sa famille dans l'ignorance des faits reprochés (par exemple, dans le cas d'un harcèlement sexuel).

2 Un effet similaire à une décision de justice rendue en dernier ressort

A. Les effets de la transaction

La transaction a, entre les parties, **l'autorité de la chose jugée**. C'est-à-dire qu'elle acquiert la même valeur qu'une décision de justice. Les parties n'ont donc **aucun recours** sur **les points déjà réglés** par la transaction à la condition qu'elle ait été **totalement et correctement** exécutée.

Elle a un **effet relatif** puisque les transactions ne règlent que les différends qui s'y trouvent compris (art. 2049 C. civ.). Bien évidemment, celui qui a transigé et qui acquiert ensuite un droit semblable d'une autre personne n'est pas lié par la transaction antérieure relativement au droit nouvellement acquis (art. 2050 C. civ.). Au surplus, la transaction faite par l'un des intéressés ne lie point les autres et ne peut être opposée par eux (art. 2051 C. civ.).

Exemple : les juges ont refusé d'accorder au demandeur la prime d'intéressement qu'il réclamait car, aux termes d'une transaction forfaitaire définitive, il avait renoncé à toutes réclamations de quelques natures qu'elles soient à l'encontre de l'employeur, relatives tant à l'exécution qu'à la rupture de son contrat de travail (Ass. Plén., 4 juillet 1997, n° 93-43.375, Bull. civ. A.P., n° 10).

FICHE 15

B. L'absence de recours

Les transactions ont, entre les parties, l'autorité de la chose jugée en dernier ressort. Elles ne peuvent être attaquées pour cause d'erreur de droit, ni pour cause de lésion. (art. 2052 C. civ.)

Les parties n'ont donc **aucun recours** sur les **points réglés** par cet accord, mais le salarié pourra agir sur les éléments juridiques dont il n'a pas été question dans la transaction. *A contrario*, si la transaction **n'est pas exécutée intégralement**, le non-versement des sommes dues permet au salarié de demander au juge **la résolution de la transaction**.

C. La rescision pour vice du consentement

Néanmoins, une transaction peut être rescindée, lorsqu'il y a erreur dans la personne ou sur l'objet de la contestation. Elle peut l'être en cas de dol ou de violence. (art. 2053 C. civ.)

La rescision désigne ici toute **annulation** pour cause de **nullité relative** et le salarié a **3 ans** pour en exciper à compter de la découverte du vice, tout en sachant qu'il devra commencer par restituer les sommes versées… Ces dernières bénéficient d'un régime social et fiscal avantageux puisqu'elles ont, dans certaines limites, la **nature de dommages et intérêts**. Il faut donc faire la distinction entre éléments de salaire (congés payés, préavis…) et autres (indemnités de licenciement, pour défaut de cause réelle et sérieuse…).

La rescision peut être demandée pour **erreur dans la personne** (de l'employeur ou du salarié), sur **l'objet de la contestation**, en cas de **dol** (erreur provoquée par des manœuvres dolosives, c'est-à-dire un agissement fautif, ou réticence dolosive, c'est-à-dire que l'erreur est provoquée par le silence gardé sur certains éléments) ou de **violence** (physique ou morale).

Une action en rescision contre une transaction peut également avoir lieu, lorsqu'elle a été faite en exécution d'un **titre nul**, à moins que les parties n'aient expressément envisagé et traité de la nullité (art. 2054 C. civ.).

En outre, la transaction faite sur des pièces qui, depuis, ont été reconnues **fausses** est entièrement nulle (art. 2055 C. civ.). Au surplus, la transaction sur un procès terminé par un jugement passé en force de chose jugée dont les parties ou l'une d'elles n'avaient pas connaissance est nulle. Par contre, si le jugement ignoré des parties était susceptible d'appel, la transaction sera valable (art. 2056 C. civ.). Lorsque les parties ont transigé généralement sur toutes les affaires qu'elles pouvaient avoir ensemble, les actes juridiques (« titres » selon l'article) inconnus et postérieurement découverts, ne sont pas une cause de rescision, à moins qu'ils n'aient été **cachés** par l'une des parties. Mais la transaction est nulle si, n'ayant qu'un objet, il est découvert par l'apparition de nouveaux actes juridiques que l'une des parties n'avait aucun droit (art. 2057 C. civ.).

Enfin, **l'erreur de calcul** dans la transaction doit être réparée (art. 2058 C. civ.).

APPLICATIONS

QCM

Choisissez, parmi les propositions suivantes, la ou les bonnes(s) réponse(s).

15.1. La transaction est un mode de rupture du contrat de travail :

- ○ **a.** éminemment favorable au salarié.
- ○ **b.** qui doit être utilisé avec précaution car il peut être défavorable au salarié.
- ○ **c.** qui a pour but d'éviter un litige en justice.

15.2. Dans le cadre d'une transaction, chaque partie doit réaliser :

- ○ **a.** des concessions de même importance.
- ○ **b.** des concessions d'inégale importance.
- ○ **c.** des transactions importantes.

15.3. La transaction qui est relative à la rupture du contrat de travail :

- ○ **a.** peut être conclue avant même le départ du salarié.
- ○ **b.** ne peut être conclue qu'après réception par le salarié de sa lettre de licenciement.
- ○ **c.** peut être conclue concomitamment au départ du salarié.

15.4. Pour transiger, il faut « avoir la capacité de disposer des objets compris dans la transaction », ce qui signifie que :

- ○ **a.** les parties ont la libre disponibilité de tous leurs droits et peuvent tous les soumettre sans limite ni réserve à une transaction.
- ○ **b.** les parties ne peuvent transiger dans certaines matières (divorce, état civil…) qui relèvent obligatoirement de l'ordre public.
- ○ **c.** les parties ne peuvent transiger qu'avec l'accord préalable du juge sur l'objet de la transaction.

15.5. Le juge :

- ○ **a.** contrôle uniquement l'existence des concessions réciproques et non leur teneur.
- ○ **b.** contrôle uniquement l'objet de la transaction.
- ○ **c.** contrôle la proportionnalité des concessions réciproques et annule la transaction si elle n'est pas respectée le cas échéant.

15.6. Une transaction a :

- ○ **a.** un effet relatif aux parties et au différend sur lequel il a été transigé.
- ○ **b.** l'autorité de la chose jugée.
- ○ **c.** un effet optionnel pour les parties qui l'ont contracté.

15.7. Les parties n'ont aucun recours sur les points réglés par la transaction :

- ○ **a.** mais le salarié pourra agir sur les éléments juridiques non traités dans la transaction.
- ○ **b.** mais, si la transaction n'est pas exécutée intégralement, le non-versement des sommes prévues permet au salarié de demander au juge la résolution de la transaction.
- ○ **c.** mais l'une des parties pourra exciper de la rescision pour erreur dans la personne, dol ou violence.

15.8. La rescision désigne en matière de transaction :

- ○ **a.** l'annulation d'un acte pour cause de lésion.
- ○ **b.** toute annulation pour cause de nullité relative.
- ○ **c.** une forme de caducité.

15.9. L'erreur de calcul au sein d'une transaction :

- ○ **a.** est une erreur réparable.
- ○ **b.** est une erreur inexcusable.
- ○ **c.** est forcément un dol.

Exercice. Analyse d'arrêt

Cass. soc. 27 mars 2013, n° 11-28.502 (extrait)

« Sur le moyen unique :

Attendu, selon l'arrêt attaqué (Bordeaux, 16 décembre 2010), que Mme X. a été engagée le 21 janvier 1985 par la société Cofidep devenue la société Sigmaklon Euridep, puis la société PPG AC France en qualité de secrétaire ; qu'après que son employeur eut accédé à sa demande de stage de formation du 4 février au 20 décembre 2002, la salariée a demandé en vain sa prolongation jusqu'en juin 2003, son employeur l'invitant à reprendre son poste au terme initial ; que devant son absence persistante, l'employeur lui a notifié en janvier 2003 deux mises en demeure de reprendre son poste ; que devant son refus persistant, l'employeur a prononcé son licenciement pour faute grave le 17 février 2003 suivi d'une transaction le 25 février 2003 ; que le 25 septembre 2006, la salariée a saisi la juridiction prud'homale ;

Attendu que la salariée fait grief à l'arrêt de la débouter de sa demande tendant à voir prononcer la nullité de la transaction conclue avec son employeur et, en conséquence, de la débouter de sa demande de dommages-intérêts alors, selon le moyen, que la validité d'une transaction qui a pour objet de clore le litige portant sur le bien-fondé d'un licenciement est subordonnée à l'existence de concessions réciproques ; que pour déterminer le caractère réel ou non des concessions contenues dans la transaction le juge peut, sans heurter l'autorité de la chose jugée attachée à la transaction, restituer aux faits énoncés dans la lettre de licenciement leur véritable qualification ; que la faute grave résulte d'un fait fautif ou d'un ensemble de faits fautifs imputables au salarié qui constitue une violation des obligations s'attachant à son emploi d'une importance telle qu'elle rend impossible le maintien du salarié dans l'entreprise pendant la durée du préavis ; que Mme X... soutenait que ne peut constituer une faute grave le fait pour une salariée ayant dix-huit ans d'ancienneté, sans antécédent disciplinaire, qui avait justifié son absence par la nécessité de poursuivre pour six mois, au-delà du 20 décembre 2002 soit jusqu'au 27 juin 2003, la formation professionnelle entreprise avec l'accord de l'employeur, qui avait dès le début de ladite formation assuré son remplacement ; qu'en décidant néanmoins le contraire, sans examiner le contexte des faits reprochés, et particulièrement ces éléments, la cour d'appel a entaché sa décision d'un manque de base légale au regard des articles 2044 du Code civil et L. 1234-1, L. 1234-5, L. 1234-9 du Code du travail ;

Mais attendu qu'ayant constaté, par motifs propres et adoptés, que la salariée avait été licenciée en raison de son refus, réitéré après deux mises en demeure, de réintégrer son emploi à l'issue d'une période de formation professionnelle dont l'employeur n'avait pas accepté la prolongation, la cour d'appel, qui n'avait pas à se livrer à un examen des éléments de fait et de preuve pour apprécier le degré de gravité de la faute invoquée par l'employeur, et qui a retenu à bon droit que les motifs de la lettre de licenciement, énoncés conformément aux exigences légales, étaient susceptibles de recevoir la qualification de faute grave, n'encourt pas les griefs du moyen ;

Par ces motifs :

Rejette le pourvoi ; »

1. Faire la fiche d'arrêt (*i.e.* faits, procédure, question de droit, solution de la Cour de cassation).
2. À quoi voit-on qu'il s'agit d'un arrêt de rejet ?
3. Que signifie l'expression « *par motifs propres et adoptés* » ?

CORRIGÉS

QCM

15.1. ✓b. ✓c. La transaction est un mode de rupture du contrat de travail qui doit être manié avec précaution car il peut être défavorable au salarié ; elle a pour but d'éviter un litige en justice.

15.2. ✓a. Dans le cadre d'une transaction, chaque partie doit réaliser des concessions de même importance, équivalentes, proportionnelles à celles de l'autre partie.

15.3. ✓b. La transaction qui est relative à la rupture du contrat de travail ne peut être conclue qu'après réception par le salarié de sa lettre de licenciement.

15.4. ✓b. Pour transiger, il faut « avoir la capacité de disposer des objets compris dans la transaction », ce qui signifie que les parties ne peuvent transiger dans certaines matières (divorce, état civil…) qui relèvent obligatoirement de l'ordre public.

15.5. ✓c. Le juge contrôle la proportionnalité des concessions réciproques et annule la transaction si elle n'est pas respectée le cas échéant.

15.6. ✓a. ✓b. Une transaction a un effet relatif aux parties et au différend sur lequel il a été transigé. La transaction a l'autorité de la chose jugée.

15.7. ✓a. ✓b. ✓c. Les parties n'ont aucun recours sur les points réglés par la transaction, mais le salarié pourra agir sur les éléments juridiques non traités dans la transaction. En outre, si la transaction n'est pas exécutée intégralement, le non-versement des sommes prévues permet au salarié de demander au juge la résolution de la transaction. Enfin, l'une des parties pourra exciper de la rescision pour erreur dans la personne, dol ou violence.

15.8. ✓b. La rescision désigne, d'une manière générale et en matière de transaction, toute annulation pour cause de nullité relative. D'une manière spéciale, la rescision est la sanction de la lésion, un déséquilibre entre les prestations contractuelles prévues dans certains cas (notamment au profit du vendeur d'immeuble s'il est lésé de plus des 7/12e dans le prix de vente ou du 1/4 en matière de partage s'agissant des copartageants). La caducité sanctionne l'absence d'une condition nécessaire à la formation de l'acte.

15.9. ✓a. L'erreur de calcul au sein d'une transaction est une erreur matérielle, donc réparable. C'est l'erreur sur la valeur qui est considérée comme inexcusable en matière de droit commun des contrats.

Exercice. Analyse d'arrêt

1. Faits : Mme X. a été engagée le 21 janvier 1985 par une société en qualité de secrétaire. Après que son employeur eut accédé à sa demande de stage de formation du 4 février au 20 décembre 2002, la salariée a demandé en vain sa prolongation jusqu'en juin 2003. Son employeur l'invitant à reprendre son poste au terme initialement prévu et devant son absence persistante, il lui a notifié en janvier 2003 deux mises en demeure de reprendre son poste. Devant son refus, l'employeur a prononcé son licenciement pour faute grave le 17 février 2003, suivi d'une transaction le 25 février 2003. Le 25 septembre 2006, la salariée a saisi la juridiction prud'homale.

Procédure : Mme X. est demanderesse devant le conseil de prud'hommes. La société PPGAC est défenderesse. Il est impossible de connaître la teneur du jugement de première instance ni qui a interjeté appel. Mme X. a perdu en cause d'appel et formé un pourvoi en cassation. Ce pourvoi est composé d'un moyen unique (c'est-à-dire une seule critique contre l'arrêt d'appel). Elle est donc demanderesse au pourvoi et la société PPGAC est défenderesse au pourvoi.

Pour trouver la question de droit, on confronte les arguments du pourvoi (de Mme X.) :

La salariée demandait la nullité de la transaction conclue avec son employeur au moment de son licenciement au motif que la validité d'une transaction qui a pour objet de clore le litige portant sur le bien-fondé d'un licenciement est subordonnée à l'existence de concessions réciproques et que, pour déterminer le caractère réel ou non des concessions contenues dans la transaction, le juge peut, sans heurter l'autorité de la chose jugée attachée à la transaction, restituer aux faits énoncés dans la lettre de licenciement leur véritable qualification. La faute grave est définie comme un fait fautif ou un ensemble de faits fautifs imputables au salarié qui constitue une violation des obligations s'attachant à son emploi d'une importance telle qu'elle rend impossible le maintien du salarié dans l'entreprise pendant la durée du préavis. Selon Mme X., la faute grave ne pouvait être constituée car, ayant dix-huit ans d'ancienneté, sans antécédent disciplinaire, elle avait justifié son absence par la nécessité de poursuivre pour six mois sa formation professionnelle entreprise avec l'accord de l'employeur, qui avait dès le début de ladite formation assuré son remplacement.

... Avec la solution de la cour d'appel (qui est celle retenue par la Cour de cassation s'agissant d'un arrêt de rejet) :

La salariée avait été licenciée en raison de son refus, réitéré après deux mises en demeure, de réintégrer son emploi à l'issue d'une période de formation professionnelle dont l'employeur n'avait pas accepté la prolongation. Les juges du fond n'avaient pas à se livrer à un examen des éléments de fait et de preuve pour apprécier le degré de gravité de la faute invoquée par l'employeur, et ont retenu à bon droit que les motifs de la lettre de licenciement, énoncés conformément aux exigences légales, étaient susceptibles de recevoir la qualification de faute grave.

Question de droit : un salarié peut-il remettre en cause le bien-fondé d'une transaction conclue avec son employeur en arguant d'une mauvaise qualification originelle de la faute dans sa lettre de licenciement ?

Solution de la Cour de cassation : la Haute Juridiction affirme en l'espèce qu'il n'est pas possible de remettre en cause indirectement une transaction en contestant la qualification de la faute qui a justifié le licenciement, qui lui-même a donné lieu à la transaction. Elle rappelle implicitement qu'il a l'autorité de la chose jugée en premier et dernier ressort et que les parties ne peuvent plus revenir sur les points réglés par la transaction.

2. Il s'agit visiblement d'un arrêt de rejet car le pourvoi est intégralement reproduit. En effet, il commence toujours de la même manière dans les arrêts de rejet : « *Attendu qu'il est fait grief* [critique] *à l'arrêt* [de la cour d'appel]... ».

3. L'expression de « *motifs propres* » correspond à la motivation nouvelle (c'est-à-dire les justifications, explications juridiques) des juges de la cour d'appel, et celle des « *motifs adoptés* » correspond à la motivation reprise dans le jugement de première instance par les juges de la cour d'appel.

FICHE 16 Les conflits individuels : le harcèlement moral et le harcèlement sexuel

1 Le harcèlement moral

Il s'agit d'une création de la loi n° 2002-73 du 17 janvier 2002 qui vise à protéger la santé physique et mentale des salariés.

> *Aucun salarié ne doit subir les agissements répétés de harcèlement moral qui ont pour objet ou pour effet une dégradation de ses conditions de travail susceptible de porter atteinte à ses droits et à sa dignité, d'altérer sa santé physique ou mentale ou de compromettre son avenir professionnel. (art. L. 1152-1 C. trav.)*

Les agissements doivent être répétés, mais ils peuvent cependant se dérouler durant une **brève période**. Aucun salarié, aucune personne en formation ou en stage ne peut être sanctionné, licencié ou faire l'objet d'une **mesure discriminatoire**, directe ou indirecte, notamment en matière de rémunération, de formation, de reclassement, d'affectation, de qualification, de classification, de promotion professionnelle, de mutation ou de renouvellement de contrat, pour avoir **subi ou refusé de subir des agissements répétés de harcèlement moral** ou pour avoir **témoigné de tels agissements ou les avoir relatés** (art. L. 1152-2 C. trav.). **Tout salarié** ayant procédé à des agissements de harcèlement moral est passible **d'une sanction disciplinaire** (art. L. 1152-5 C. trav.). Le harcèlement moral n'est donc **pas nécessairement le fait d'un supérieur hiérarchique** et **l'intention de nuire** n'est pas nécessaire.

Exemple : l'employeur de 11 salariés qui usait de manière habituelle à l'égard de ceux-ci de méthodes de gestion pouvant constituer un harcèlement moral. Il en a été ainsi par exemple de l'envoi d'une « lettre de rappel à l'ordre » injustifiée et revêtant un caractère vexatoire, ainsi que de la suppression d'une prime de Noël (Cass. soc. 19 juin 2013, n° 12-18.850).

2 Le harcèlement sexuel

À la suite de la censure du texte de loi originel jugé trop flou par le Conseil constitutionnel, le harcèlement sexuel a fait l'objet d'une nouvelle définition par la loi n° 2012-954 du 6 août 2012. La définition est désormais la **même dans le Code du travail** (art. L. 1153-1 C. trav.) et le **Code pénal** (art. 222-33 C. pén.).

Aucun salarié ne doit subir des faits :

1° Soit de harcèlement sexuel, constitué par des ***propos ou comportements*** *à* ***connotation sexuelle répétés*** *qui soit* ***portent atteinte à sa dignité en raison de leur caractère dégradant ou humiliant****, soit créent à son encontre une* ***situation intimidante, hostile ou offensante*** *;*

2° Soit assimilés au harcèlement sexuel, consistant en ***toute forme de pression grave, même non répétée****, exercée dans le* ***but réel ou apparent*** *d'obtenir un* ***acte de nature sexuelle****, que celui-ci soit recherché au profit de* ***l'auteur des faits*** *ou au profit d'****un tiers****.* (art. L. 1153-1 C. trav.)

FICHE 16

3 La preuve du harcèlement sexuel ou du harcèlement moral

Le candidat à un emploi, à un stage ou à une période de formation en entreprise ou le salarié **établit des faits** qui permettent de présumer l'existence d'un harcèlement. Au vu de ces éléments, il **incombe à la partie défenderesse** de prouver que ces agissements ne sont pas constitutifs d'un tel harcèlement et que sa décision est justifiée par des éléments objectifs étrangers à tout harcèlement. Le juge forme sa conviction après avoir ordonné, en cas de besoin, toutes les mesures d'instruction qu'il estime utiles (art. L. 1154-1 C. trav.). Malgré **l'obligation de sécurité de résultat** dont est tenu l'employeur, le législateur lui impose de prendre les dispositions nécessaires en vue de prévenir les agissements de harcèlement moral (art. L. 1152-4 C. trav.) ou sexuel (art. L. 1153-5 C. trav.). **L'absence de faute de l'employeur ne peut l'exonérer de sa responsabilité**. Il répond en outre des agissements des personnes qui exercent une autorité sur les salariés. Le harcèlement est une faute grave et peut être caractérisé par des agissements ayant eu lieu **en dehors du temps et du lieu de travail**.

La Cour de cassation a décidé que les obligations résultant des articles L. 1152-4 (obligation de prévention du harcèlement moral) et L. 1152-1 (interdiction du harcèlement moral) du Code du travail sont distinctes et que la méconnaissance de chacune d'elle, lorsqu'elle entraîne des préjudices **différents**, peut ouvrir droit à des **réparations spécifiques** (Cass. soc. 6 juin 2012, n° 10-27.694).

Au plan pénal, les faits de harcèlement moral ou sexuel sont punis des mêmes peines, soit 2 ans d'emprisonnement et 30 000 € en cas de circonstances aggravantes. Sont également pénalement sanctionnés les faits commis à la suite d'un harcèlement moral ou sexuel (art. L. 1155-2 C. trav.).

FICHE 17

Les délégués du personnel (DP)

1 Les conditions de mise en place des DP

Le personnel élit des délégués dans tous les établissements d'au moins 11 salariés.
(art. L. 231-12-1 C. trav.)

Issus de la pratique, ce sont les seuls interlocuteurs de l'employeur dans les établissements de 11 à 50 salariés. La mise en place des DP n'est obligatoire que si l'effectif **d'au moins 11 salariés** est atteint **pendant 12 mois, consécutifs ou non**, au cours **des 3 années précédentes** (art. L. 2312-2 C. trav.). À l'expiration du mandat des DP, l'institution n'est pas renouvelée si les effectifs de l'établissement sont restés en dessous de 11 salariés pendant au moins 12 mois (art. L. 2312-3 C. trav.).

A. Le décompte de l'effectif au sein de l'entreprise

Sont pris en compte dans le calcul des effectifs de l'entreprise :

- les salariés en CDI à temps plein et les travailleurs à domicile ;
- les salariés titulaires d'un CDD, d'un contrat de travail intermittent, ceux mis à disposition par une entreprise extérieure qui y travaillent depuis au moins 1 an et les salariés temporaires, à due proportion de leur temps de présence au cours des 12 mois précédents, ainsi que les salariés à temps partiel.

Sont **exclus** : les salariés en CDD, les salariés mis à disposition par une entreprise extérieure et les salariés temporaires, lorsqu'ils **remplacent un salarié absent ou dont le contrat de travail est suspendu** (art. L. 1111-2 C. trav.).

B. Les établissements sur un même site

Dans les établissements employant habituellement **moins de 11 salariés** et dont l'activité s'exerce sur un **même site** où sont employés durablement **au moins 50 salariés**, l'autorité administrative **peut**, de sa propre initiative ou à la demande des organisations syndicales de salariés, **imposer l'**élection de **DP** lorsque **la nature et l'importance des problèmes communs** aux entreprises du site le justifient.

Attention

Il peut exister des **clauses plus favorables** résultant de conventions ou d'accords et relatives à la désignation et aux attributions des DP (art. L. 2312-6 C. trav.). En outre, aucune limitation ne peut être apportée aux dispositions relatives à la désignation et à l'exercice des fonctions de DP par note de service ou décision unilatérale de la direction (art. L. 2312-8 C. trav.).

2 Les attributions des DP

A. Les réclamations individuelles ou collectives

Les DP ont pour mission de **présenter aux employeurs** toutes les **réclamations individuelles ou collectives** relatives aux salaires, à l'application du Code du travail et des autres dispositions légales concernant la protection sociale, la santé et la sécurité, ainsi que des conventions et accords applicables dans l'entreprise.

Attention

Concernant les revendications, elles sont du seul ressort des DS. Mais, en pratique, le DP est aussi souvent le DS.

Lorsqu'il existe un CE, les DP ont qualité pour lui communiquer les suggestions et observations du personnel sur toutes les questions entrant dans la compétence du comité. Il en est de même quand un CHSCT existe (art. L. 2313-9 C. trav.). Cependant, les salariés conservent le droit de présenter eux-mêmes leurs observations à l'employeur ou à ses représentants (art. L. 2313-10 C. trav.).

B. La saisie de l'inspection du travail

Les DP ont également pour mission de **saisir l'inspecteur du travail** de toutes les plaintes et observations relatives à l'application des dispositions légales (art. L. 2313-1 C. trav.).

C. Les atteintes aux droits des personnes, à leur santé ou aux libertés individuelles

Si un DP constate, notamment par l'intermédiaire d'un salarié, qu'il existe une **atteinte aux droits des personnes, à leur santé physique et mentale** (harcèlement moral ou sexuel, mesure discriminatoire...) **ou aux libertés individuelles** dans l'entreprise qui ne serait **pas justifiée par la nature de la tâche à accomplir, ni proportionnée au but recherché**, il en saisit immédiatement l'employeur.

D. Le licenciement collectif pour motif économique dans les entreprises de moins de 50 salariés

Dans les entreprises de **moins de 50 salariés**, lorsque l'employeur envisage de procéder à un **licenciement collectif pour motif économique**, les DP sont **consultés** (art. L. 2313-7 C. trav.).

3 Le rôle des DP en l'absence du CE et/ou du CHSCT

A. La délégation unique du personnel (DUP)

Dans les entreprises de **moins de 200 salariés**, si l'employeur met en place une DUP, les **DP constituent également la délégation du personnel au CE** (art. L. 2313-12 C. trav.).

Tableau 17.1. Le nombre de DP dans le cadre de la DUP

Effectif	Nombre de DP (titulaires + suppléants)
50-74	3 + 3
75-99	4 + 4
100-124	5 + 5
125-149	6 + 6
150-174	7 + 7
175-199	8 + 8

B. Les attributions particulières dans les entreprises de 50 salariés et plus dépourvues de CE ou de CHSCT

En l'absence de CE, suite à une carence constatée aux élections, les **attributions économiques** de celui-ci sont **exercées temporairement par les DP**. Comme le CE, selon l'article L. 2325-35 du Code du travail, ils peuvent avoir recours à certains **experts** rémunérés par l'employeur (examen annuel des comptes, examen de l'orientation stratégique de l'entreprise…). Le budget de fonctionnement du CE est alors géré conjointement par l'employeur et les DP (art. L. 2313-13 C. trav.).

Depuis la loi « Auroux » n° 82-915 du 28 octobre 1982, si une entreprise devant avoir un CE et un CHSCT n'en a pas, **les DP héritent automatiquement des missions et moyens de l'institution.** Les DP n'ont cependant pas la personnalité morale et doivent donc agir en concertation avec l'employeur.

Tableau 17.2. Le nombre de DP dans une entreprise avec un CE et/ou un CHSCT (art. R. 2314-1 C. trav.)

Effectif	Nombre de DP (titulaires + suppléants)
11-25	1 + 1 + 10 heures de délégation chacun
26-74 (à partir de 50, CE et CHSCT)	2 + 2 + 10 heures de délégation chacun en dessous de 50 salariés 2 + 2 + 15 heures de délégation chacun au-dessus de 50 salariés.
75-99	3 + 3 + 15 heures de délégation chacun
100-124	4 + 4 + 15 heures de délégation chacun
125-174	5 + 5 + 15 heures de délégation chacun
175- 249	6 + 6 + 15 heures de délégation chacun
250-499	7 + 7 + 15 heures de délégation chacun
500 -749	8 + 8 + 15 heures de délégation chacun
750-999	9 + 9 + 15 heures de délégation chacun
1 000 et plus	1 titulaire et 1 suppléant par tranche de 250 salariés + 15 heures de délégation chacun

Les DP qui **exercent les attributions économiques du CE** en l'absence de ce dernier, suite à une carence constatée aux dernières élections, bénéficient d'un **crédit de 20 heures par mois** (art. L. 2315-2 C. trav.).

En **l'absence de CE, l'employeur informe les DP, une fois par an**, des éléments qui l'ont conduit à faire appel, au titre de l'année écoulée, et qui pourraient le conduire à faire appel pour l'année à venir, à des CDD, à des CTT ou des contrats conclus avec une entreprise de portage salarial (art. L. 2313-5 C. trav.).

Tableau 17.3. Tableau synthétique des missions de suppléance des DP

	Deviennent DS/RSS	Deviennent CE	Deviennent CHSCT
Les DP	Si un syndicat représentatif les désigne dans une entreprise employant moins de 50 salariés (art. L. 2143-6 C. trav.). Dans ces mêmes entreprises, ils peuvent être désignés en qualité de RSS par un syndicat non représentatif (art. 2142-1-3 C. trav.).	Ils exercent collectivement les attributions économiques du CE dans les entreprises de moins de 50 salariés ou quand un CE n'a pu être élu faute de candidature (art. L.2313-13 C. trav.). Ils participent aussi à la gestion des activités sociales et culturelles (art. L. 2313-15 C. trav.). Ils récupèrent ses attributions en matière de prévention des difficultés, de licenciement économique ou au cours d'une procédure collective. Dans les entreprises de moins de 200 salariés, l'employeur peut décider que les DP constituent la DUP au CE.	Dans les entreprises de moins de 50 salariés, les DP ont les missions et les moyens qui sont habituellement attribués aux membres de ce comité (art. L. 2313-16 C. trav.).

C. Le droit d'alerte économique

Ils bénéficient également du **droit d'alerte économique** du CE. Leur demande est inscrite de droit à l'ordre du jour de la première réunion entre les DP et l'employeur suivant la demande. Un procès-verbal est établi. S'ils **n'ont pu obtenir de réponse suffisante** de l'employeur ou si celle-ci révèle le caractère préoccupant de la situation économique de l'entreprise, les DP, après avoir pris l'avis d'un expert-comptable et le cas échéant du CAC, peuvent, dans les sociétés à conseil d'administration ou à conseil de surveillance ainsi que dans les autres personnes morales dotées d'un organe collégial, **saisir l'organe chargé de l'administration ou de la surveillance**. Dans les autres formes de sociétés ou dans les GIE, ils peuvent décider que **doivent être informés de la situation** les associés ou les membres du groupement, auxquels cas le gérant ou les administrateurs sont tenus de communiquer les demandes d'explication des délégués (art. L. 2313-14 C. trav.).

D. Le rôle des DP en l'absence de CHSCT

Tableau 17.4. Le rôle des DP en l'absence de CHSCT

Effectif	En l'absence de CHSCT
Plus de 50 salariés	Les DP exercent les missions attribuées à ce comité avec les mêmes moyens et obligations que celui-ci (art. L. 4611-2 C. trav.).
Moins de 50 salariés	Les DP exercent les missions attribuées à ce comité avec les moyens attribués aux DP (art. L. 4611-4 et L. 2316-16 C. trav.).

Tableau 17.5. Tableau récapitulatif des cas où les DP assument les missions d'autres institutions représentatives du personnel

	Rôle des DP
En l'absence de CE (entreprises de moins de 50 salariés)	Consultation sur les licenciements économiques, la durée du travail, la formation professionnelle, les congés payés. Les DP exercent les attributions économiques du CE.
Dans les entreprises de moins de 50 salariés	Les syndicats représentatifs peuvent désigner un DP comme DS. Les syndicats non représentatifs qui constituent une section syndicale peuvent désigner un DP, pour la durée de son mandat, comme RSS. Les DP exercent les missions du CHSCT avec les moyens attribués aux DP.
Dans les entreprises d'au moins 50 salariés sans CHSCT	Les DP se voient attribuer les missions et moyens du CHSCT.
Dans les entreprises de moins 200 salariés	L'employeur peut décider d'une DUP pour le CE et les DP.

4 L'élection des DP

L'élection des **DP et celle des représentants du personnel au CE** ont lieu à la même date, tous les **4 ans** (art. L. 2314-6, al. 1er, C. trav.) (fiche 18). Il n'y a **pas d'incompatibilité entre les fonctions de DP** et celles de **membre du CE** (art. L. 2314-19 C. trav.). Les DP sont élus pour **4 ans**. Leur mandat est renouvelable.

5 Les heures de délégation

L'employeur laisse aux DP le temps nécessaire à l'exercice de leurs fonctions dans les limites d'une durée qui, sauf circonstances exceptionnelles, ne peut excéder :

- **10 heures par mois** dans les entreprises **de moins de 50 salariés** ;
- **15 heures par mois** dans les entreprises **d'au moins 50 salariés** (art. L. 2315-1 C. trav.).

Le temps passé en délégation est de plein droit considéré comme **temps de travail et payé** à l'échéance normale. L'employeur qui entend contester l'utilisation faite des heures de délégation saisit le juge judiciaire. Pour l'exercice de leurs fonctions, les DP peuvent, durant les heures de délégation, **se déplacer hors de l'entreprise**. Ils peuvent également, tant dans les heures de délégation qu'en dehors des heures habituelles de travail, circuler librement dans l'entreprise et y prendre tous contacts nécessaires à l'accomplissement de leur mission, sous réserve de ne pas gêner l'accomplissement du travail des salariés (art. L. 2315-5 C. trav.).

FICHE 17

Attention

Les heures de délégation peuvent être utilisées en dehors du temps de travail, en raison des nécessités du mandat, et doivent être payées comme heures supplémentaires. L'employeur ne peut contester l'usage fait du temps alloué aux représentants du personnel pour l'exercice de leur mandat qu'après les avoir payés (Cass. soc. 26 juin 2013, n° 12-17.476).

L'employeur met à la disposition des DP le **local** nécessaire pour leur permettre d'accomplir leur mission et notamment de se réunir (art. L. 2315-6 C. trav.). Ils peuvent faire **afficher** les renseignements qu'ils ont pour rôle de porter à la connaissance du personnel sur des emplacements obligatoirement prévus et destinés aux communications syndicales, ainsi qu'aux portes d'entrée des lieux de travail (art. L. 2315-7 C. trav.). Les DP sont **reçus collectivement** par l'employeur au moins **une fois par mois. En cas d'urgence, ils sont reçus** à **leur demande**. Les DP peuvent, à leur demande, se faire **assister d'un représentant d'une organisation syndicale** (art. L. 2315-10 C. trav.). Le temps passé par les DP, titulaires ou suppléants, aux **réunions** prévues est rémunéré comme temps de travail. Ce temps n'est **pas déduit du crédit d'heures** dont disposent les DP titulaires (art. L. 2315-11 C. trav.).

Sauf circonstances exceptionnelles, les DP remettent à l'employeur une **note écrite** exposant l'objet des demandes présentées, 2 jours ouvrables avant la date à laquelle ils doivent être reçus. L'employeur répond **par écrit** à ces demandes, au plus tard dans les **6 jours** ouvrables suivant la réunion. Les demandes des DP et les réponses motivées de l'employeur sont soit transcrites sur un **registre spécial**, soit **annexées à ce registre**. Ce registre, ainsi que les documents annexés sont tenus à la disposition des salariés de l'établissement désirant en prendre connaissance, pendant un jour ouvrable par quinzaine et en dehors de leur temps de travail. Ils sont également tenus à la disposition de l'inspecteur du travail et des DP (art. L. 2315-12 C. trav.).

Attention

Le **délit d'entrave** : le fait de porter ou de tenter de porter atteinte à la libre désignation des DP ou à l'exercice régulier de leurs fonctions est puni d'un emprisonnement d'un an et d'une amende de 3 750 euros (art. L. 2316-1 C. trav.).

6 Le rôle de négociateur subsidiaire en l'absence de DS, de CE ou de DUP

Dans les établissements qui emploient **moins de 50 salariés**, les syndicats représentatifs dans l'établissement **peuvent désigner, pour la durée de son mandat, un DP comme DS. Sauf disposition conventionnelle, ce mandat n'ouvre pas droit à un crédit d'heures**. Le temps dont dispose le DP pour l'exercice de son mandat peut être utilisé dans les mêmes conditions pour l'exercice de ses fonctions de DS (art. L. 2143-6 C. trav.). Il en est de même des syndicats non représentatifs dans l'entreprise qui constituent une section syndicale et qui peuvent désigner pour la durée de son mandat un DP comme **RSS**, mais ce dernier n'a pas le pouvoir de négocier. Depuis la loi n° 2008-789 du 20 août 2008, en l'absence cumulative de tout DS et de tout CE dans l'entreprise, les DP peuvent, dans les entreprises **de moins de 200 salariés**, **négocier et conclure des accords collectifs** de travail sur des mesures dont la mise en œuvre est subordonnée par la loi à un accord collectif (sauf les accords relatifs aux modalités d'information et de consultation du CE en cas de licenciement économique d'au moins 10 salariés dans les 30 jours, cf. art. L. 1233-21 C. trav.). Les organisations syndicales représentatives dans la branche dont relève l'entreprise sont informées par l'employeur de sa décision d'engager des négociations. La **commission paritaire de branche se prononce sur la validité** de l'accord dans les **4 mois** qui suivent sa transmission ; à défaut, l'accord est réputé avoir été validé (art. L. 2232-21 C. trav.). La validité des accords d'entreprise ou d'établissement négociés et conclus est subordonnée à leur conclusion par des membres titulaires élus au CE ou, à défaut, **des DP titulaires représentant la majorité des suffrages exprimés lors des dernières élections** professionnelles et **l'approbation par la commission paritaire de branche**. Elle contrôle que l'accord collectif n'enfreint pas les dispositions législatives, réglementaires ou conventionnelles applicables. Si l'une des deux conditions n'est pas remplie, l'accord est réputé non écrit (art. L. 2232-22 C. trav.). Le temps passé aux négociations n'est **pas imputable sur les heures de délégation**. Chaque élu titulaire appelé à participer à une négociation dispose du temps nécessaire à l'exercice de ses fonctions dans les limites d'une durée qui, sauf circonstances exceptionnelles, ne peut excéder **10 heures par mois** (art. L. 2232-23 C. trav.).

APPLICATIONS

QCM

Choisissez, parmi les propositions suivantes, la ou les bonnes(s) réponse(s).

17.1. Les DP sont :

- ○ **a.** nommés par les représentants du personnel au CE.
- ○ **b.** élus par les DS dans les établissements de plus de 11 salariés.
- ○ **c.** élus dans les établissements dont l'effectif est d'au moins 11 salariés pendant 12 mois, consécutifs ou non, au cours des 3 années précédentes.

17.2. Pour calculer l'effectif d'une entreprise :

- ○ **a.** il faut prendre en compte les contrats à durée indéterminée à temps plein.
- ○ **b.** il ne faut pas prendre en compte les travailleurs à domicile.
- ○ **c.** il faut tenir compte des salariés titulaires d'un contrat de travail à durée déterminée, intermittent, temporaire ou mis à disposition depuis au moins un an.
- ○ **d.** il ne faut pas tenir compte des salariés en contrat à durée déterminée, des salariés mis à disposition et des salariés temporaires quand ils remplacent un salarié absent ou dont le contrat de travail est suspendu.
- ○ **e.** il faut tenir compte des salariés à temps partiel, quelle que soit la nature de leur contrat de travail, *au prorata* des heures passées dans l'entreprise.

17.3. En l'absence de CE à la suite d'une carence constatée aux élections :

- ○ **a.** les attributions économiques du CE sont exercées temporairement par les DS.
- ○ **b.** les attributions économiques du CE sont exercées temporairement par l'employeur.
- ○ **c.** les attributions économiques du CE sont exercées temporairement par les DP. Ils héritent automatiquement des missions et moyens dévolus au CE.

17.4. Le rôle des DP :

- ○ **a.** relève du domaine de la revendication salariale.
- ○ **b.** relève du domaine de la réclamation individuelle ou collective relativement au droit appliqué dans l'entreprise.
- ○ **c.** relève du domaine de la révocation de l'employeur pour juste motif quand le cas est envisageable.

17.5. Dans les entreprises de moins de 200 salariés, les DP :

- ○ **a.** peuvent constituer un CHSCT.
- ○ **b.** peuvent constituer une DUP qui constitue également la délégation du personnel au CE.
- ○ **c.** peuvent constituer une section syndicale.

Exercice. Cas pratique

La société HO est spécialisée dans la vente de climatiseurs réversibles. Elle emploie 53 salariés à temps plein depuis 6 ans. L'entreprise n'a pas de CE, ni de CHSCT. Au cours du mois de janvier 2014, M. Robin Alor, DP, a pris 3 heures de délégation en dehors de son horaire habituel de travail pour assister à une réunion d'information sur la réglementation en matière d'hygiène et de sécurité au travail. Il réclame le paiement de ces 3 heures de réunion en heures supplémentaires. Le directeur général de la société, M. Jean Bal, doute de la réalité de cette réunion et refuse catégoriquement le paiement de ces 3 heures. Il est persuadé que M. Robin Alor les a passées au café avec des amis syndicalistes. Selon lui, les heures de délégation doivent être prises pendant les heures de travail. M. Robin Alor menace de contester cette décision en justice.

1. M. Robin Alor considère qu'il exerce en tant que DP la mission du CHSCST. A-t-il raison ? Il réclame de ce fait les mêmes moyens et obligations que les membres du CHSCT.
2. M. Jean Bal peut-il ne pas payer les 3 heures réclamées par M. Robin Alor ?
3. M. Robin Alor considère qu'en agissant de la sorte M. Jean Bal porte atteinte à l'exercice régulier de ses fonctions de DP. Qu'en pensez-vous ?

CORRIGÉS

QCM

17.1. ✓c. Les DP sont élus dans les établissements dont l'effectif est d'au moins 11 salariés pendant 12 mois, consécutifs ou non, au cours des 3 années précédentes.

17.2. ✓a. ✓c. ✓d. ✓e. Pour calculer l'effectif d'une entreprise, il faut prendre en compte les CDI à temps plein, mais aussi les travailleurs à domicile. Il faut tenir compte des salariés titulaires d'un CDD, intermittent, temporaire ou mis à disposition depuis au moins un an. Par contre, il ne faut pas tenir compte des salariés en CDD, des salariés mis à disposition et des salariés temporaires quand ils remplacent un salarié absent ou dont le contrat de travail est suspendu. Enfin, il faut tenir compte des salariés à temps partiel, quelle que soit la nature de leur contrat de travail, *au prorata* des heures passées dans l'entreprise.

17.3. ✓c. En l'absence de CE suite à une carence constatée aux élections, les attributions économiques du CE sont exercées temporairement par les DP. Ils héritent automatiquement des missions et moyens dévolus au CE (20 heures en plus par mois pour les attributions économiques).

17.4. ✓b. Le rôle des DP relève du domaine de la réclamation individuelle ou collective relativement au droit appliqué dans l'entreprise.

17.5. ✓b. Dans les entreprises de moins de 200 salariés, les DP peuvent constituer une DUP qui constitue également la délégation du personnel au CE.

Exercice. Cas pratique

1. Dans les établissements d'au moins 50 salariés, s'il n'existe pas de CHCST, les DP exercent les missions attribuées à ce comité avec les mêmes moyens et obligations que celui-ci.

En l'espèce, M. Robin Alor considère à juste titre qu'il exerce en tant que DP également la mission du CHSCT, la société HO en étant dépourvu alors qu'employant 53 salariés à temps plein depuis 6 ans. En l'occurrence, ils sont 3 titulaires et 3 suppléants et bénéficient de 15 heures de délégation normale, 20 heures pour les attributions économiques du CE et 2 heures pour les missions du CHSCT. Il a le droit de réclamer de ce fait les mêmes moyens et obligations que les membres du CHSCT.

2. Le rôle des DP est de présenter à l'employeur les réclamations des salariés et de saisir l'inspection du travail des plaintes et observations. Pour exercer ses fonctions, chaque délégué titulaire bénéficie d'un crédit d'heures légal, les heures de délégation, qui dépend de l'effectif de l'entreprise, plus de 10 heures si l'entreprise a plus de 50 salariés. Il exerce ses fonctions pendant son temps de travail et ses heures de délégation doivent être rémunérées par l'employeur comme temps de travail. Exceptionnellement, elles peuvent être prises en dehors du temps de travail et sont alors rémunérées comme heures supplémentaires à condition que le délégué en fasse un usage conforme à l'exercice légal de ses fonctions (en ce sens, Cass. soc. 26 juin 2013, n° 12-17.476).

En l'espèce, l'employeur refuse de payer les 3 heures de délégation prises par M. Robin Alor en dehors de son temps de travail pour assister à une réunion d'information sur la réglementation en matière d'hygiène et de sécurité car il affirme faussement que les heures de délégation doivent être prises pendant le temps de travail et conteste la réalité de cette réunion. Il ne pourra refuser de payer les heures supplémentaires de M. Robin Alor que s'il prouve que la réunion n'a pas eu lieu, que le délégué n'y a pas assisté, ou que le sujet traité était tout à fait étranger à l'exercice légal des fonctions de DP. Cette preuve sera difficile à rapporter.

3. Le fait de porter atteinte à l'exercice régulier des fonctions d'un DP est puni d'un an d'emprisonnement et d'une amende de 3 750 € au maximum. Le non-respect des règles égales par l'employeur est susceptible de constituer un délit d'entrave sanctionné pénalement.

En l'espèce, en refusant de lui payer ses heures supplémentaires, heures de délégation, M. Jean Bal porte atteinte à l'exercice régulier des fonctions de M. Robin Alor, DP. Son comportement est constitutif d'un délit d'entrave si M. Robin Alor l'assigne en justice.

FICHE 18

Le comité d'entreprise (CE) : constitution et composition

1 La création du CE

A. La naissance du CE

Un CE est constitué dans toutes les entreprises employant au moins 50 salariés. (art. L. 2322-1 C. trav.)

Cependant, dans les entreprises employant **moins de 50 salariés**, des CE peuvent être créés **par convention ou accord collectif** de travail (art. L. 2322-3 C. trav.). Lorsqu'une **UES** regroupant **au moins 50 salariés** est reconnue par convention ou décision de justice entre plusieurs entreprises juridiquement distinctes, la mise en place d'un CE commun est obligatoire (art. L. 2322-4 C. trav.).

La mise en place du CE **n'est obligatoire** que si l'effectif d'**au moins 50 salariés** est atteint pendant **12 mois, consécutifs ou non, au cours des 3 années précédentes** (art. L. 2322-2, al. 1er, C. trav.). L'employeur dispose d'un **délai d'1 an** à compter du franchissement de ce seuil pour se conformer complètement aux obligations récurrentes d'information et de consultation du CE.

B. Le décompte des salariés

Les effectifs de l'entreprise sont calculés comme pour les DP (fiche 17).

Dans chaque entreprise, à défaut d'accord entre l'employeur et les organisations syndicales intéressées, **l'autorité administrative** du siège de l'entreprise a compétence pour reconnaître le caractère d'établissement distinct. La perte de cette qualité reconnue par décision administrative emporte suppression du CE, sauf si un accord conclu entre l'employeur et les organisations syndicales prévoit que les membres du CE achèvent leur mandat (art. L. 2322-5 C. trav.).

C. La composition

Le CE comporte l'**employeur** et une **délégation du personnel** dont le nombre de membres est déterminé selon l'effectif de l'entreprise.

Tableau 18.1. Composition du CE (art. R. 2324-1 C. trav.)

Nombre de salariés	Nombre de titulaires de la délégation du personnel au CE	Nombre de suppléants de la délégation du personnel au CE
De 50 à 74	3	3
De 75 à 99	4	4
De 100 à 399	5	5
De 400 à 749	6	6
De 750 à 999	7	7
De 1 000 à 1 999	8	8
De 2 000 à 2 999	9	9
De 3 000 à 3 999	10	10
De 4 000 à 4 999	11	11
De 5 000 à 7 499	12	12
De 7 500 à 9 999	13	13
À partir de 10 000	15	15

La délégation du personnel comporte un nombre égal de titulaires et de suppléants (ces derniers ont une voix seulement consultative). Le nombre de membres du CE peut être **augmenté** par convention ou accord entre l'employeur et les organisations syndicales (art. L. 2324-1 C. trav.).

En dehors du cas des entreprises de **moins de 300 salariés** et dans leurs établissements, où le **DS** est de droit le **représentant syndical au CE** ou d'établissement (art. L. 2143-22 C. trav.), chaque organisation syndicale ayant des élus au CE peut y nommer un **représentant**, qui a une voix consultative (art. L. 2324-2 C. trav.).

Tableau 18.2. La représentation syndicale dans le CE ou d'établissement

Nombre de salariés	Représentant syndical au CE ou d'établissement
Moins de 300 salariés	DS = représentant syndical
Plus de 300 salariés	Chaque organisation syndicale nomme un représentant syndical

2 L'élection

L'élection des RP au CE et celle des DP ont lieu à la même date, annoncée par affichage, tous les **4 ans**. La date du premier tour doit se tenir au plus tard **le 45e jour suivant l'affichage**, hors le cas d'un accord de branche, de groupe ou d'entreprise, dérogatoire ayant fixé une durée de mandat des DP comprise entre 2 et 4 ans (art. L. 2314-27 C. trav.). Lorsque l'élection est consécutive à un franchissement du seuil de 49 salariés, le premier tour doit se tenir dans les **90 jours** suivant le jour de l'affichage (art. L. 2324-2 C. trav.).

> *Sont informées, par voie d'affichage, de l'organisation des élections et invitées à négocier le protocole d'accord préélectoral et à établir les listes de leurs candidats aux fonctions de représentants du personnel au comité d'entreprise les organisations syndicales qui satisfont aux critères de respect des valeurs républicaines et d'indépendance, légalement constituées depuis au moins deux ans et dont le champ professionnel et géographique couvre l'entreprise ou l'établissement concernés.*
>
> *Les organisations syndicales reconnues représentatives dans l'entreprise ou l'établissement, celles ayant constitué une section syndicale dans l'entreprise ou l'établissement, ainsi que les syndicats affiliés à une organisation syndicale représentative au niveau national et interprofessionnel y sont également invités par courrier.*
>
> *Dans le cas d'un renouvellement du comité, cette invitation est faite un mois avant l'expiration du mandat des membres en exercice. Le premier tour des élections a lieu dans la quinzaine précédant l'expiration de ce mandat.* (art. L. 2324-4 C. trav.)

A. Le protocole d'accord préélectoral

La validité du **protocole d'accord préélectoral**, élaboré pour atteindre une **représentation équilibrée de femmes et d'hommes** (art. L. 2324-6 C. trav.), conclu entre l'employeur et les organisations syndicales intéressées, est subordonnée à sa **signature par la majorité des organisations syndicales** ayant participé à sa négociation, dont les organisations syndicales représentatives ayant recueilli la majorité des suffrages exprimés lors des dernières élections professionnelles ou, lorsque ces résultats ne sont pas disponibles, la majorité des organisations représentatives dans l'entreprise (art. L. 2324-4 C. trav.).

Lorsque le CE n'a pas été constitué ou renouvelé, un **procès-verbal de carence** est établi par l'employeur qui l'affiche dans l'entreprise et le transmet dans les 15 jours à l'inspecteur du travail. Ce dernier communique une copie du procès-verbal de carence aux organisations syndicales de salariés du département intéressé (art. L. 2324-8 C. trav.).

B. La régularité des élections

En cas de doute sur la régularité des élections à venir, le **juge judiciaire**, saisi préalablement aux élections, décide d'un dispositif de contrôle de leur régularité dont les frais sont à la charge de l'employeur (art. L. 2324-9 C. trav.).

C. Des possibles élections partielles

Des élections partielles sont organisées à l'initiative de l'employeur **si un collège électoral n'est plus représenté** ou si le nombre des membres titulaires de la délégation du personnel est **réduit de moitié ou plus**, sauf si ces événements interviennent moins de 6 mois avant le terme du mandat des membres du CE. Les candidats sont élus pour la durée du mandat restant à courir (art. L. 2324-10 C. trav.).

D. Les collèges électoraux

Les représentants du personnel sont élus sur des listes établies par les organisations syndicales pour chaque catégorie de personnel :
– d'une part, par le collège des ouvriers et employés ;
– d'autre part, par le collège des ingénieurs, chefs de service, techniciens, agents de maîtrise et assimilés.

Dans les entreprises d'au moins 501 salariés, les ingénieurs, les chefs de service et cadres administratifs, commerciaux ou techniques assimilés ont au moins un délégué titulaire au sein du second collège, élu dans les mêmes conditions.

En outre, dans les entreprises, quel que soit leur effectif, dont le nombre des ingénieurs, chefs de service et cadres administratifs, commerciaux ou techniques assimilés sur le plan de la classification est au moins égal à 25 au moment de la constitution ou du renouvellement du comité, ces catégories constituent un troisième collège. (art. L. 2324-11 C. trav.)

Le nombre et la composition des collèges électoraux ne peuvent être **modifiés** par une convention, un accord collectif de travail, étendu ou non, ou un accord préélectoral que lorsque la convention ou l'accord est **signé par toutes les organisations syndicales représentatives** existant dans l'entreprise. Il ne fait pas obstacle à la création d'un éventuel **troisième collège** (art. L. 2324-12 C. trav.).

La **répartition des sièges** entre les différentes catégories de personnel et la répartition du personnel dans les collèges électoraux font l'objet d'un **accord entre l'employeur et les organisations syndicales** intéressées tout en respectant les impératifs légaux. Lorsque cet accord ne peut être obtenu, **l'autorité administrative** décide de cette répartition entre les collèges électoraux (art. L. 2324-13 C. trav.).

E. Les électeurs

Il s'agit des salariés âgés de **16 ans révolus**, travaillant depuis **3 mois au moins** dans l'entreprise et n'ayant fait l'objet d'aucune interdiction, déchéance ou incapacité relative à leurs droits civiques (art. L. 2324-14 C. trav.).

Concernant les salariés **mis à disposition**, il faut **12 mois** de présence dans l'entreprise utilisatrice pour être électeur (art. L. 2324-16-1 C. trav.).

L'inspecteur du travail peut, après avoir consulté les organisations syndicales représentatives, autoriser des **dérogations aux conditions d'ancienneté** pour l'électorat, notamment lorsque leur application aurait pour effet de **réduire à moins de deux tiers de l'effectif** le nombre de salariés remplissant ses conditions (art. L. 2324-18, al. 1er, C. trav.).

F. Les éligibles

Fort logiquement, à l'exception des conjoints, partenaires liés par un PACS, concubins, ascendants, descendants, frères, sœurs ou alliées au même degré de l'employeur, les électeurs sont ceux âgés de **18 révolus** et travaillant dans l'entreprise depuis **un an** au moins.

Dans les **entreprises de travail temporaire**, les conditions d'ancienneté sont de **3 mois** pour être électeur et de **6 mois** pour être éligible (art. L. 2324-16 C. trav.). Ces conditions sont appréciées en totalisant les périodes pendant lesquelles ces salariés ont été liés à ces entreprises par des contrats de mission au cours des 12 mois (électorat) ou des 18 mois (éligibilité) précédant l'élection. Ce délai est réduit à **6 mois en cas de création d'entreprise ou d'ouverture d'établissement**. Tous les salariés temporaires liés à l'entreprise de travail temporaire par un contrat de mission au moment de l'élaboration des listes sont concernés, sauf ceux qui ont fait connaître leur volonté de ne plus bénéficier de contrat de mission et ceux à qui l'employeur a notifié sa décision de ne plus faire appel à eux (art. L. 2324-17 C. trav.). En outre, la **répartition des sièges** des membres du CE peut faire l'objet d'un **accord** entre l'employeur et les organisations syndicales intéressées en vue d'assurer une représentation équitable du **personnel permanent** et du **personnel temporaire** (art. L. 2324-7 C. trav.). Enfin, les **salariés mis à disposition** ne sont **pas éligibles** dans l'entreprise utilisatrice (art. L. 2324-16-1 C. trav.).

L'inspecteur du travail peut, après avoir consulté les organisations syndicales représentatives, **autoriser des dérogations aux conditions d'ancienneté pour l'éligibilité** lorsque leur application conduirait à une **réduction du nombre des éligibles** qui ne permettrait pas l'organisation normale des opérations électorales (art. L. 2324-18, al. 2, C. trav.).

G. Le mode de scrutin et le résultat des élections

L'élection a lieu à **scrutin secret sous enveloppe** ou par **voie électronique** si un accord d'entreprise le prévoit. Il est procédé à des votes séparés pour les membres titulaires et les membres suppléants dans chacune des catégories professionnelles formant des collèges distincts (art. L. 2324-19 C. trav.). L'élection a lieu **pendant le temps de travail, sauf accord contraire** entre l'employeur et les organisations syndicales représentatives (art. L. 2324-20 C. trav.). Les modalités d'organisation et de déroulement des opérations électorales font l'objet d'un accord entre l'employeur et les organisations syndicales. Les modalités sur lesquelles aucun accord n'a pu intervenir peuvent être fixées par une **décision du juge judiciaire** (art. L. 2324-21 C. trav.).

Le scrutin est de liste et à deux tours avec représentation proportionnelle à la plus forte moyenne.

Au premier tour de scrutin, chaque liste est établie par les organisations syndicales mentionnées aux premier et deuxième alinéas de l'article L. 2324-4. Si le nombre des votants est inférieur à la moitié des électeurs inscrits, il est procédé, dans un délai de quinze jours, à un second tour de scrutin pour lequel les électeurs peuvent voter pour des listes autres que celles présentées par une organisation syndicale. (art. L. 2324-22, al. 1 et 2, C. trav.)

Toutes les contestations relatives au scrutin électoral sont de la compétence du **juge judiciaire** (art. L. 2324-23 C. trav.).

Les membres du CE sont élus pour **4 ans** et leur mandat est **renouvelable**. Les fonctions de ces membres prennent fin par le décès, la démission, la **rupture du contrat de travail**, la perte des conditions requises pour être éligible (art. L. 2324-24 C. trav.). Cependant, par **dérogation**, un accord de branche, de groupe ou d'entreprise, peut fixer une **durée du mandat** des représentants du personnel au CE **entre 2 et 4 ans**. En cas de fusion, de cession de l'entreprise, le mandat des membres élus du CE et des représentants syndicaux de l'entreprise subsiste si cette entreprise conserve son autonomie juridique (art. L. 2324-26, al. 1er, C. trav.).

FICHE 18

Attention

Tout membre du CE peut être **révoqué** en cours de mandat sur proposition faite par l'organisation syndicale qui l'a présenté avec l'accord obtenu au scrutin secret par la majorité du collège électoral auquel il appartient (art. L. 2324-27 C. trav.).

3 La formation des membres du CE

Les membres titulaires du CE élus pour la **première fois** bénéficient d'un **stage de formation économique** d'une durée maximale de **5 jours**. Elle est renouvelée lorsqu'ils ont exercé leur mandat pendant quatre ans, consécutifs ou non. Le temps consacré à cette formation est pris sur le temps de travail et est rémunéré comme tel. Il n'est pas déduit des heures de délégation. Le financement est pris en charge par le CE (art. L. 2325-44 C. trav.).

4 La suppression

La suppression d'un CE est subordonnée à un **accord** entre l'employeur et l'ensemble des organisations syndicales représentatives. À défaut d'accord, l'autorité administrative peut autoriser la suppression du CE en cas de **réduction importante** et durable du personnel ramenant l'effectif au-dessous de 50 salariés (art. L. 2322-7 C. trav.).

APPLICATIONS

QCM

Choisissez, parmi les propositions suivantes, la ou les bonnes(s) réponse(s).

18.1. Un CE est constitué :

- ○ **a.** dans les entreprises employant au moins 100 salariés.
- ○ **b.** dans les entreprises employant au moins 50 salariés.
- ○ **c.** dans les entreprises employant au moins de 50 salariés si une convention ou un accord collectif le prévoit.
- ○ **d.** dans le cadre d'une UES entre plusieurs entreprises regroupant au moins 50 salariés.

18.2. La mise en place d'un CE n'est obligatoire que si l'effectif d'au moins 50 salariés est atteint pendant :

- ○ **a.** 12 mois consécutifs au cours des 3 années précédentes.
- ○ **b.** 12 mois consécutifs ou non au cours des 3 années précédentes.
- ○ **c.** 12 mois consécutifs ou non au cours des 5 années précédentes.

18.3. Pour la création d'un CE, sont comptabilisés :

- ○ **a.** les salariés titulaires d'un contrat à durée indéterminée à temps plein et les travailleurs à domicile.
- ○ **b.** les salariés titulaires d'un contrat de travail à durée déterminée, les salariés mis à disposition de l'entreprise depuis au moins 1 an, les salariés temporaires *au prorata* de leur temps de présence au cours des 12 derniers mois, sauf en cas de remplacement d'un salarié absent.
- ○ **c.** les salariés à temps partiel.
- ○ **d.** les salariés actifs.
- ○ **e.** les salariés titulaires d'un contrat de travail intermittent.

18.4. Le nombre de membres de la délégation du personnel du CE peut être augmenté :

- ○ **a.** par engagement unilatéral du chef d'entreprise car cela relève de son pouvoir de direction.
- ○ **b.** par convention ou accord entre l'employeur et les organisations syndicales.
- ○ **c.** par contrat entre l'autorité administrative et les syndicats représentatifs.

18.5. Chaque organisation syndicale ayant des élus au CE dans les entreprises de plus de 300 salariés peut :

- ○ **a.** faire élire un représentant permanent au CE.
- ○ **b.** y nommer un représentant qui a une voix consultative.
- ○ **c.** y nommer un représentant qui a une voix délibérative.

18.6. L'élection des RP au CE :

- ○ **a.** se fait en même temps que celle des DP tous les 4 ans.
- ○ **b.** se fait 4 ans après celle des DP.
- ○ **c.** se fait en même temps que celle des DS tous les 4 ans.

18.7. Les salariés mis à disposition :

- ○ **a.** sont éligibles au CE de l'entreprise utilisatrice.
- ○ **b.** ne sont pas éligibles au CE dans l'entreprise utilisatrice.
- ○ **c.** sont éligibles aux CE de l'entreprise employeur et de l'entreprise utilisatrice.

Exercice. Analyse d'arrêt

Cass. soc. 16 octobre 2013, n° 13-11.324 (extrait)

« [...] *Attendu, selon le jugement attaqué (tribunal d'instance de Versailles, 15 janvier 2013), qu'en vue du renouvellement des mandats des membres du comité d'entreprise de la société Dassault systèmes, un protocole préélectoral, conclu le 7 novembre 2012, a prévu la constitution de trois collèges électoraux, dont un premier, auquel était attribué un siège, composé des ouvriers et des employés, ceci malgré l'opposition de certains syndicats faisant valoir que les salariés de ce premier collège étant tous des salariés mis à disposition de l'entreprise, aucun n'était éligible à un tel mandat ;*

Mais attendu que la division des travailleurs d'une entreprise en collèges électoraux ayant pour finalité d'assurer une représentation spécifique de catégories particulières de personnels, la constitution d'un collège électoral ne peut priver une catégorie de salariés de toute représentation en violation des droits électoraux qui leurs sont reconnus pour assurer l'effectivité du principe de participation prévu par l'alinéa 8 du préambule de la Constitution du 27 octobre 1946 ;

Et attendu qu'ayant constaté qu'aucun des salariés devant composer le premier collège n'était éligible au comité d'entreprise, privant ainsi le personnel le composant de toute représentation de sorte que les conditions légales de constitution de ce collège n'étaient pas remplies, c'est à bon droit que le tribunal a décidé que le personnel devait être réparti en deux collèges composés respectivement des cadres et des non-cadres ; [...] »

1. S'agit-il d'un arrêt de rejet ou de cassation ? À quoi le voyez-vous ?
2. Quel est l'apport de cet arrêt ?

CORRIGÉS

QCM

18.1. ✅b. ✅c. ✅d. Un CE est constitué dans les entreprises employant au moins 50 salariés, mais il est également envisageable d'en créer un dans une entreprise de moins de 50 salariés si une convention ou un accord collectif le prévoit. Il est également possible d'en créer un dans le cas d'une UES entre plusieurs entreprises regroupant au moins 50 salariés.

18.2. ✅b. La mise en place d'un CE n'est obligatoire que si l'effectif d'au moins 50 salariés est atteint pendant 12 mois consécutifs ou non au cours des 3 années précédentes.

18.3. ✅a. ✅b. ✅c. ✅e. Pour la création d'un CE sont comptabilisés les salariés titulaires d'un contrat à durée indéterminée à temps plein et les travailleurs à domicile, les salariés titulaires d'un contrat de travail à durée déterminée, les salariés mis à disposition de l'entreprise depuis au moins 1 an, les salariés temporaires *au prorata* de leur temps de présence au cours des 12 derniers mois, sauf en cas de remplacement d'un salarié absent. Il en est de même des salariés à temps partiel et des salariés titulaires d'un contrat de travail intermittent.

18.4. ✅b. Le nombre de membres de la délégation du personnel du CE peut être augmenté par convention ou accord entre l'employeur et les organisations syndicales.

18.5. ✅b. Chaque organisation syndicale ayant des élus au CE dans les entreprises de plus de 300 salariés peut y nommer un représentant qui a une voix consultative.

18.6. ✅a. L'élection des représentants du personnel au CE se fait en même temps que celle des DP tous les 4 ans.

18.7. ✅b. Les salariés mis à disposition ne sont pas éligibles au CE dans l'entreprise utilisatrice.

Exercice. Analyse d'arrêt

1. C'est un arrêt de rejet. Il est loisible de le reconnaître en raison de l'expression « *attendu que le syndicat* [...] *fait grief au jugement de dire* [...] ». Il s'agit du copier-coller du pourvoi en cassation qui est la marque de la rédaction des arrêts de rejet. En outre, l'arrêt précise que « *c'est à bon droit que le tribunal a décidé...* ». La Cour de cassation est donc de l'avis des juges du fond, en l'occurrence, un tribunal, s'agissant forcément d'un jugement rendu en premier et dernier ressort (c'est-à-dire non susceptible d'appel).

2. La division des travailleurs d'une entreprise en collèges électoraux ayant pour finalité d'assurer une représentation spécifique de catégories particulières de personnels, la constitution d'un collège électoral ne peut priver une catégorie de salariés de toute représentation en violation des droits électoraux qui leur sont reconnus pour assurer l'effectivité du principe de participation prévu par l'alinéa 8 du Préambule de la Constitution du 27 octobre 1946. Il s'agissait là d'un subterfuge de l'employeur puisque le premier collège, celui des ouvriers et employés, était composé de salariés mis à disposition (c'est-à-dire que leur embauche résultait d'un prêt de main-d'œuvre de salariés, sans doute par la voie de l'intérim) ; de par la loi, aucun n'était éligible, ce qui aboutissait à priver une catégorie de salariés de toute représentation. Le tribunal ayant constaté qu'aucun des salariés devant composer le premier collège n'était éligible au CE, cela privait *de facto* le personnel le composant de toute représentation. Le tribunal avait ainsi constaté que les conditions légales de constitution de ce collège ne sont pas remplies. C'est pourquoi il décida à bon droit que le personnel doit être réparti en deux collèges composés respectivement des cadre s et des non-cadres.

FICHE 19 Le comité d'entreprise (CE) : fonctionnement et attributions

1 Le fonctionnement du CE

A. La personnalité morale du CE

Le CE a la **personnalité morale** et **gère son patrimoine**. Il est **présidé par l'employeur**, assisté éventuellement de 2 collaborateurs avec voix consultative. Le CE désigne un **secrétaire** (art. L. 2325-1 C. trav.). Le CE détermine dans un **RI** les modalités de son fonctionnement et celles de ses rapports avec les salariés (art. L. 2325-2 C. trav.).

B. Les heures de délégation

Sauf circonstances exceptionnelles, les heures de délégation ne peuvent excéder **20 heures** pour les **membres titulaires du CE**, les **représentants syndicaux** dans les entreprises d'au moins 501 salariés, les **représentants syndicaux au comité central d'entreprise** dans les entreprises d'au moins 501 salariés mais dont aucun établissement n'atteint ce seuil (art. L. 2325-5 C. trav.). Le temps passé en heures de délégation est considéré **comme du temps de travail et payé à l'échéance normale**. L'employeur qui entend contester l'utilisation faite des heures de délégation saisit le **juge judiciaire** (art. L. 2325-7 C. trav.). Le temps passé par les **titulaires** et les **suppléants** aux séances du CE et aux réunions de la commission de la formation est rémunéré comme du temps de travail. Ce temps n'est **pas déduit des 20 heures** de délégation prévues pour les titulaires (art. L. 2325-8 C. trav.). Pour les **représentants syndicaux**, le temps passé aux séances du CE est rémunéré comme du temps de travail, mais il n'est pas **déduit des heures de délégation** dans les entreprises **d'au moins 500 salariés** (art. L. 2325-9 C. trav.). Pour l'exercice de leurs fonctions, les membres élus du CE et les représentants syndicaux au CE peuvent, durant les heures de délégation, se déplacer **en dehors de l'entreprise**. Ils peuvent également circuler, durant les heures de délégation ou en dehors des heures habituelles du travail, **librement dans l'entreprise** (art. L. 2325-11 C. trav.).

C. Les réunions

L'employeur met à la disposition du CE un **local aménagé** et le **matériel nécessaire** à l'exercice de ses fonctions (art. L. 2325-12 C. trav.). Le CE peut inviter des **personnalités extérieures, syndicales ou autres**. Ces réunions ont lieu en dehors du temps de travail des participants. Toutefois, les membres du CE peuvent se réunir sur leur temps de délégation (art. L. 2325-13 C. trav.).

Dans les entreprises **d'au moins 150 salariés**, le CE se réunit au moins **1 fois par mois** sur convocation de l'employeur ou de son représentant. Dans les entreprises **de moins de 150 salariés**, le CE se réunit au moins **une fois tous les 2 mois**, sauf lorsque l'employeur a opté pour la **DUP**.

Le CE peut tenir une **seconde réunion** à la demande de la majorité de ses membres. Lorsque l'employeur est défaillant, et à la demande d'au moins la **moitié des membres** du comité, celui-ci peut être **convoqué par l'inspecteur du travail** et siéger sous sa présidence (art. L. 2325-14 C. trav.). Lorsque le CE se réunit à la demande de la **majorité de ses membres**, les questions jointes à la demande de convocation sont inscrites à l'ordre du jour de la séance (art. L. 2325-17 C. trav.).

L'ordre du jour des réunions du CE est arrêté **par l'employeur et le secrétaire**. Cependant, lorsque sont en cause des **consultations obligatoires**, elles sont **inscrites de plein droit** par l'un ou l'autre (art. L. 2325-15 C. trav.). L'ordre du jour est communiqué aux membres **3 jours au moins avant la séance**.

D. Les résolutions

Les résolutions sont prises à la **majorité** des **membres présents**. Le **président du CE ne participe pas au vote** lorsqu'il consulte **les membres élus en tant que délégation du personnel** (art. L. 2325-18 C. trav.). Le CE peut décider que certaines de ses délibérations seront transmises à l'autorité administrative (art. L. 2325-19 C. trav.). L'employeur fait connaître, lors de la réunion du CE suivant la communication du **procès-verbal**, sa décision motivée sur les propositions qui lui ont été soumises (art. L. 2325-20, al. 1er, C. trav.). Le procès-verbal des réunions du CE, après avoir été adopté, peut être **affiché ou diffusé** dans l'entreprise (art. L. 2325-21 C. trav.).

2 Les attributions du CE

A. Les attributions économiques

1) Une mission générale d'information et de consultation du CE

Le CE a pour objet d'assurer une **expression collective des salariés** permettant la prise en compte permanente de leurs intérêts dans les décisions relatives à la gestion et à l'évolution économique et financière de l'entreprise, à l'organisation du travail, à la formation professionnelle et aux techniques de production. Il **formule et examine à la demande de l'employeur** toute proposition de nature à améliorer les conditions de travail, d'emploi et de formation professionnelle des salariés, leurs conditions de vie dans l'entreprise, ainsi que les conditions dans lesquelles ils bénéficient de garanties collectives complémentaires (art. L. 2323-1 C. trav.).

Exemple : le CE du transporteur de colis Mory Ducros a rendu un avis défavorable (mais seulement consultatif) concernant l'offre de reprise proposée par Arcole industries le 23 janvier 2014.

Les décisions de l'employeur sont précédées de la **consultation** du CE, sauf avant le lancement d'une OPA pour des raisons évidentes de confidentialité (art. L. 2323-2 C. trav.). Cependant, lors du dépôt d'une OPA, l'employeur de l'entreprise sur laquelle porte l'offre et l'employeur qui en est l'auteur réunissent immédiatement leur CE respectif pour les en informer (art. L. 2323-21 C. trav.). Pour pouvoir rendre un **avis motivé**, les membres du CE, s'ils estiment disposer d'éléments insuffisants, peuvent **saisir le président du tribunal de grande instance** statuant en la forme des référés, pour qu'il ordonne la **communication par l'employeur des éléments manquants.** Le juge statue dans un délai de 8 jours (art. L. 2323-4 C. trav.).

2) L'information et la consultation sur l'organisation et la marche de l'entreprise

Le CE est informé et consulté sur les questions intéressant l'organisation, la gestion et la marche générale de l'entreprise, et notamment sur les mesures de nature à affecter le **volume ou la structure des effectifs, la durée du travail, les conditions d'emploi, de travail et de formation professionnelle** (art. L. 2323-6 C. trav.).

Un mois avant chaque élection du CE, l'employeur lui communique une documentation économique et financière précisant la forme juridique de l'entreprise et son organisation, les perspectives économiques, la position économique de l'entreprise au sein d'un groupe le cas échéant, la répartition du capital entre les actionnaires en détenant plus de 10 % et la position de l'entreprise dans la branche d'activité à laquelle elle appartient (art. L. 2323-7 C. trav.).

Chaque année, le CE est consulté sur les **orientations stratégiques** de l'entreprise et sur leurs conséquences sur l'activité, l'emploi, etc. Il peut proposer des **orientations alternatives**.

Attention

Depuis la loi n° 2013-504 du 14 juin 2013, le CE bénéficie d'une nouvelle faculté d'expertise : il peut se faire **assister de l'expert-comptable** de son choix pour l'examen des orientations stratégiques de l'entreprise (art. L. 2323-7-1 C. trav.). Sauf accord avec l'employeur, le comité contribue sur son budget de fonctionnement au financement de cette expertise à hauteur de 20 %, dans la limite du tiers de son budget annuel.

Depuis le décret n° 2013-1305 du 27 décembre 2013, le CE dispose d'une **base de données économiques et sociales** (art. L. 2323-7-2 C. trav.). En outre, les sommes reçues par l'entreprise au titre du crédit d'impôt sont retracées dans cette base (art. L. 2323-26-1 C. trav.).

3) La communication des documents comptables et financiers

Dans les **sociétés commerciales**, l'employeur communique au CE, avant leur présentation à l'AG des actionnaires ou à l'assemblée des associés, **l'ensemble des documents transmis annuellemen**t à ces assemblées, ainsi que le **rapport des CAC**. Le CE peut formuler toutes les **observations** sur la situation économique et sociale de l'entreprise. Ces observations sont transmises à **l'assemblée des actionnaires ou des associés**, en même temps que le rapport du CA, du directoire ou des gérants. Le CE peut convoquer les CAC pour recevoir leurs explications. Enfin, les membres du CE ont droit aux mêmes communications et copies que les actionnaires de la société (art. L. 2323-8 C. trav.). Les entreprises ne revêtant pas la forme de société commerciale (par exemple, les sociétés civiles) communiquent au CE les documents comptables qu'elles établissent (art. L. 2323-9 C. trav.).

Le CE est également consulté sur la politique de recherche et d'introduction des nouvelles technologies, les projets de restructuration et de compression des effectifs, le recours aux CDD et aux CTT (si celui-ci est abusif, il peut saisir l'inspecteur du travail), l'intéressement, la participation et l'épargne salariale, les modifications dans l'organisation économique ou juridique de l'entreprise (fusion, cession, prise de participation, concentration…), l'utilisation des sommes reçues par l'entreprise en matière de crédit d'impôt. L'information et la consultation du CE sont également prévues sur les conditions de travail (art. L. 2323-27 et s. C. trav.), en matière de formation professionnelle et d'apprentissage (art. L. 2323-33 C. trav.), lors d'une procédure de sauvegarde, de redressement ou de liquidation judiciaire (art. L. 2323-44 et s. C. trav.).

4) L'information et la consultation périodique du CE

Tableau. 19.1. L'information du CE

	Informations par trimestre	Informations annuelles	Particularités
Entreprises de moins de 300 salariés	• Sur l'évolution générale des commandes et la situation financière. • Sur l'exécution des programmes de production. • Sur les retards éventuels dans le paiement par l'entreprise des cotisations de sécurité sociale, des institutions de retraite et des organismes assureurs (art. L. 2323-46 C. trav.).	• Rapport sur la situation économique de l'entreprise. • Plan d'action sur l'égalité hommes/femmes. • Éléments qui ont conduit l'employeur à faire appel, au titre de l'année écoulée et qui pourraient le conduire à faire appel pour l'année à venir, à des CDD, des CTT, du portage salarial (art. L. 2323-47 C. trav.).	
Entreprises de plus de 300 salariés	• Mêmes informations que précédemment. • Sur les mesures envisagées en matière d'amélioration, de renouvellement ou de transformation des équipements ou des méthodes de production et d'exploitation et de leurs incidences sur les conditions de travail et d'emploi. • Sur la situation de l'emploi actuelle et à venir (nombre de CDD, CTT, portage, stagiaires…) (art. L. 2323-51 C. trav.).	• Rapport d'ensemble sur la situation économique et les perspectives de l'entreprise pour l'année à venir. • Évaluation de la rémunération moyenne horaire et mensuelle par sexe ; rémunérations minimales et maximales horaires et mensuelles au cours de l'exercice et par rapport au précédent. • Évolution de l'emploi et des qualifications dans l'entreprise au cours de l'année passée et prévisions. • Rapport écrit sur la situation comparée des conditions générales d'emploi et de formation des femmes et des hommes dans l'entreprise.	Il est possible d'adapter ces règles de consultation par voie d'accord collectif de branche, d'entreprise ou de groupe (art. L. 2323-61 C. trav.).

Attention

Lorsque, entre deux réunions trimestrielles du CE sur la situation de l'emploi, le nombre de salariés titulaires d'un CDD et le nombre de salariés temporaires connaissent un accroissement important par rapport à la situation déjà existante, l'examen de cette question est inscrit **de plein droit à l'ordre du jour** de la prochaine réunion ordinaire si la majorité des membres le demande (art. L. 2323-53 C. trav.).

5) La participation aux CA ou CS des sociétés

Dans les sociétés, **2 membres du CE**, délégués par le comité et appartenant l'un à la catégorie des cadres techniciens et agents de maîtrise, l'autre à la catégorie des employés et ouvriers, assistent avec **voix consultative** à toutes les séances du conseil d'administration, du conseil de surveillance (art. L. 2323-62, al. 1er, C. trav.) ou dans les SAS, l'organe social correspondant (art. L. 2323-66 C. trav.).

Attention

Dans les sociétés, le CE peut demander en justice la **désignation d'un mandataire chargé de convoquer l'AG des actionnaires en cas d'urgence**. Il peut également requérir l'inscription de projets et de résolutions à l'ordre du jour des assemblées. En outre, 2 membres du CE, désignés par lui et appartenant l'un à la catégorie des cadres techniciens et agents de maîtrise, l'autre à la catégorie des employés et ouvriers, peuvent assister aux assemblées générales. Ils sont entendus à leur demande lors de toutes les délibérations requérant l'unanimité des associés (art. L. 2323-67 C. trav.).

6) Le bilan social

L'employeur établit et soumet **annuellement** au CE un bilan social lorsque l'effectif habituel de l'entreprise est **au moins de 300 salariés**. En présence d'établissements distincts, il est fait de même **pour chaque établissement**. Emplois, rémunérations, charges accessoires, conditions de santé et de sécurité… Le CE émet chaque année un avis sur ce bilan (art. L. 2323-72 C. trav.).

7) Le droit d'alerte économique

Lorsque le CE a connaissance de **faits de nature à affecter de manière préoccupante la situation économique** de l'entreprise, il peut **demander à l'employeur de lui fournir des explications**. Cette demande est inscrite **de droit à l'ordre du jour de la prochaine réunion**. Si le CE n'a pu obtenir de réponse suffisante de l'employeur ou si celle-ci confirme le caractère préoccupant de la situation, il établit un rapport, qui est transmis **à l'employeur et au CAC** (art. L. 2323-78 C. trav.).

B. Les attributions en matière d'activités sociales et culturelles

Le CE **assure, contrôle ou participe à la gestion de toutes les activités sociales et culturelles** établies dans l'entreprise prioritairement au bénéfice des salariés, de leur famille et des stagiaires. Les pouvoirs du CE peuvent être **délégués à des organismes créés par lui et soumis à son contrôle**. Il fixe les conditions de financement des activités sociales et culturelles (art. L. 2323-83 C. trav.).

Exemples : chèques cinéma, chèques vacances, voyages, colonies de vacances…

La contribution versée chaque année par l'employeur pour financer des institutions sociales du CE **ne peut, en aucun cas, être inférieure au total le plus élevé des sommes affectées aux dépenses sociales** de l'entreprise atteint au cours **des 3 dernières années précédant** la prise en charge des activités sociales et culturelles par le CE, à l'exclusion des dépenses temporaires lorsque les besoins correspondants ont disparu. Le rapport de cette contribution au montant global des salaires payés ne peut non plus être **inférieur au même rapport existant pour l'année de référence** (art. L. 2323-86 C. trav.). Cette subvention patronale est distincte du budget de fonctionnement du CE. Elle n'a **pas de taux obligatoire**. Les salariés participent en partie en payant une part des dépenses engagées (par exemple, les voyages du CE). En cas de reliquat budgétaire et **dans la limite de 1 % de son budget**, les membres du CE peuvent décider de verser ces fonds à une **association humanitaire reconnue d'utilité publique** afin de favoriser les actions locales ou réglementées de lutte contre l'exclusion ou des actions de réinsertion sociale (art. L. 2323-87 C. trav.).

3 Les autres pouvoirs du CE

A. La création de commissions

Le CE peut créer des commissions pour l'examen des problèmes particuliers. Il peut adjoindre aux commissions, **avec voix consultative, des experts et des techniciens** appartenant à l'entreprise et choisis en dehors du comité (art. L. 2325-22 C. trav.).

Exemples : commission économique (art. L. 2325-23 et s.), commission de la formation (art. L. 2325-26 C. trav.), commission d'information et d'aide au logement (art. L. 2325-27 et s.), commission de l'égalité professionnelle (art. L. 2325-34 C. trav.).

B. Le recours des experts

1) Le recours à l'expert-comptable

Tableau 19.2. Le CE et l'expertise comptable

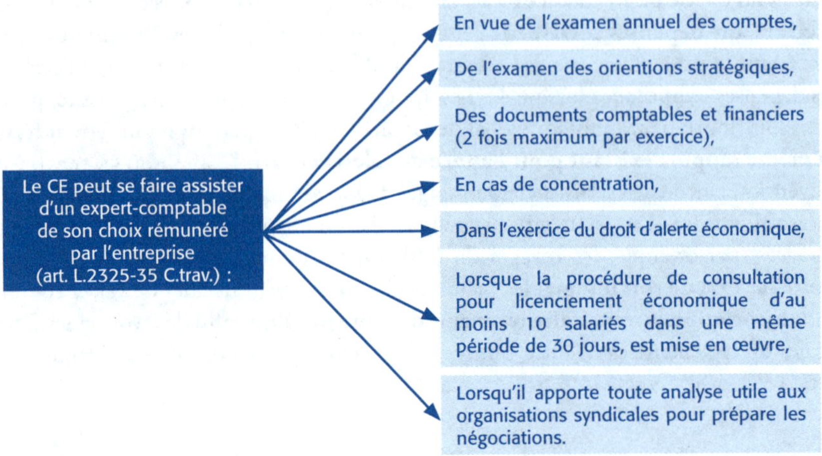

2) Le recours à d'autres experts

Dans les entreprises d'**au moins 300 salariés**, le CE peut recourir à un **expert technique** à l'occasion de **tout projet important** relatif aux **nouvelles technologies** (art. L. 2323-13 C. trav.) ou en cas de **mutation technologique** (art. L. 2323-14 C. trav.). Le recours à cet expert fait l'objet d'un accord entre l'employeur et la majorité des membres élus du CE. Enfin, le CE peut faire appel à tout expert rémunéré par ses soins pour la préparation de ses travaux (art. L. 2325-41 C. trav.).

C. Un rôle subsidiaire dans la négociation collective depuis la loi n° 2008-789 du 20 août 2008

De son rôle d'information, de consultation, le CE est passé à la négociation informelle pour la GPEC alors que cette fonction est normalement réservée aux syndicats (art. L. 2232-21 et s. C. trav.).

En effet, dans les entreprises de **moins de 200 salariés**, en l'absence de DS (ou de DP désigné comme DS dans les entreprises de moins de 50 salariés), les **représentants élus du personnel au CE ou la DUP ou, à défaut, les DP** peuvent **négocier et conclure** des accords collectifs de travail (hors le cas des accords d'entreprise, de groupe ou de branche fixant des modalités d'information et de consultation du CE) lorsque l'employeur envisage de prononcer **le licenciement économique d'au moins 10 salariés dans une même période de 30 jours** (art. L. 1233-21 C. trav.). La validité de ces accords d'entreprise ou d'établissement est subordonnée à leur **conclusion par des membres titulaires élus au CE** ou, à défaut, à des DP titulaires représentant la majorité des suffrages exprimés lors des dernières élections professionnelles et à **l'approbation par la commission paritaire de branche**. Le temps passé à ces négociations n'est pas imputé sur les heures de délégation et, sauf circonstances exceptionnelles, est de **10 heures maximum** par **mois** (art. L. 2232-23 C. trav.). En outre, depuis la loi du 14 juin 2013, concernant les accords de maintien dans l'emploi, les PSE négociés, le CE doit être **consulté avant** la signature.

4 Le budget : subventions de fonctionnement

L'employeur verse au CE une subvention de fonctionnement d'un **montant annuel** équivalant à **0,2 % de la masse salariale brute**. Ce montant s'ajoute à la **subvention destinée aux activités sociales et culturelles**, sauf si l'employeur fait déjà bénéficier le CE **d'une somme ou de moyens en personnel équivalant à 0,2 % de la masse salariale brute** au minimum (art. L. 2325-43 C. trav.).

5 Les autres sortes de CE

Tout comme il existe un **comité d'établissement**, il peut exister un **comité de groupe**, qui est constitué au sein du groupe formé par une entreprise dominante, dont le siège social est situé sur le territoire français, et les entreprises qu'elle contrôle (art. L. 2331-1 C. trav.). Un **CE européen** peut également être institué par accord (art. L. 2324-9 C. trav.).

APPLICATIONS

QCM

Choisissez, parmi les propositions suivantes, la ou les bonnes(s) réponse(s).

19.1. Le CE a :

- ○ **a.** la personnalité physique.
- ○ **b.** un patrimoine scindé en deux sans personnalité morale.
- ○ **c.** la personnalité morale.

19.2. Les heures de délégation des membres du CE :

- ○ **a.** peuvent excéder 50 heures par mois avec autorisation de l'inspection du travail.
- ○ **b.** ne peuvent excéder 20 heures par mois.
- ○ **c.** ne peuvent excéder 10 heures par mois.

19.3. Le CE est composé :

- ○ **a.** de tiers extérieurs indépendants, d'un commissaire aux comptes et de représentants syndicaux.
- ○ **b.** de membres titulaires, de représentants syndicaux dans les entreprises d'au moins 500 salariés et de l'employeur.
- ○ **c.** de 6 secrétaires et 1 directeur.

CORRIGÉS

QCM

19.1. ✓c. Le CE a la personnalité morale. Il peut donc engager des travailleurs et avoir son propre patrimoine.

19.2. ✓b. Les heures de délégation des membres du CE ne peuvent excéder 20 heures par mois selon la loi.

19.3. ✓b. Le CE est composé de membres titulaires, de représentants syndicaux dans les entreprises d'au moins 500 salariés et de l'employeur. Un secrétaire est désigné.

FICHE 20

Le comité d'hygiène, de sécurité et des conditions de travail (CHSCT)

1 La création d'un CHSCT

A. Création d'un CHSCT ou à défaut le rôle dévolu aux DP en la matière

Tableau 20.1 Les possibilités de création d'un CHSCT

Cas de création d'un CHSCT	Conditions
CHSCT obligatoire dans les établissements **d'au moins 50 salariés.**	**Obligatoire** si l'effectif d'au moins 50 salariés a été atteint pendant **12 mois consécutifs ou non au cours des 3 années précédentes** (art. L.4611-1 C. trav.).
CHSCT non obligatoire dans les établissements **d'au moins 50 salariés.**	Les DP ont les **mêmes missions, moyens et obligations que les membres du CHSCT** (art. L.4611-2 C. trav.).
CHSCT non obligatoire dans les établissements **de moins de 50 salariés.**	Les DP sont investis des missions dévolues aux membres du CHSCT qu'ils exercent dans le cadre **de leurs propres heures de délégation** (art. L.2315-1 C. trav.). Ils sont soumis aux mêmes obligations (art. L.4611-3 C. trav.).

En dehors du domaine du bâtiment et des travaux publics, **l'inspecteur du travail peut imposer la création d'un CHSCT dans les établissements de moins de 50 salariés** lorsque cette mesure est nécessaire, notamment en raison de **la nature des travaux, de l'agencement ou de l'équipement des locaux**. Cette décision peut être contestée devant la DIRECCTE (art. L. 4611-5 C. trav.). En ce qui concerne le domaine du **bâtiment et des travaux publics**, dans les entreprises employant au moins 50 salariés, **l'autorité administrative peut en imposer la création** lorsque cette mesure est nécessaire en raison du **danger particulier de l'activité ou de l'importance des risques** constatés (art. L. 4611-6 C. trav.).

Attention

Il peut exister des dispositions plus favorables, résultant d'accords collectifs ou d'usage, concernant le fonctionnement, la composition ou les pouvoirs du CHSCT (art. L. 4611-7 C. trav.).

B. Le regroupement possible

Les entreprises **de moins de 50 salariés** peuvent se regrouper sur un plan professionnel ou interprofessionnel en vue de constituer un CHSCT (art. L. 4611-6 C. trav.).

2 Les attributions du CHSCT

Le CHSCT a pour mission :

1° De contribuer à la protection de la santé physique et mentale et de la sécurité des travailleurs de l'établissement et de ceux mis à sa disposition par une entreprise extérieure ;

2° De contribuer à l'amélioration des conditions de travail, notamment en vue de faciliter l'accès des femmes à tous les emplois et de répondre aux problèmes liés à la maternité ;

3° De veiller à l'observation des prescriptions légales prises en ces matières. (art. L. 4612-1 C. trav.)

Le CHSCT procède à l'analyse des **risques professionnels** auxquels peuvent être exposés les travailleurs de l'établissement, ainsi qu'à l'analyse des **conditions de travail**. Il procède également à l'analyse des risques professionnels auxquels peuvent être exposées les **femmes enceintes**, ainsi que des **facteurs de pénibilité** (art. L. 4612-2 C. trav.). Le CHSCT contribue à la promotion de la **prévention des risques professionnels** dans l'établissement et suscite toute initiative qu'il estime utile dans cette perspective. Il peut proposer, notamment, des actions de **prévention du harcèlement moral** et du **harcèlement sexuel** (fiche 16). Le refus de l'employeur, en ce cas, doit être motivé (art. L. 4612-3 C. trav.).

A. Le pouvoir d'inspections et enquêtes du CHSCT

Le CHSCT procède, à intervalles réguliers, à des **inspections**. La fréquence de ces inspections est au moins égale à celle des réunions ordinaires du comité (art. L. 4612-4 C. trav.). Le CHSCT réalise des **enquêtes en matière d'accidents du travail ou de maladies professionnelles** ou à caractère professionnel (art. L. 4612-5 C. trav.). Lors des visites de l'inspecteur ou du contrôleur du travail, les RP au CHSCT sont informés de sa présence par l'employeur et peuvent présenter leurs observations (art. L. 4612-7 C. trav.). Les enquêtes du CHSCT en cas d'accidents du travail ou de maladies professionnelles ou à caractère professionnel sont réalisées par une **délégation** comprenant au moins **l'employeur ou un représentant désigné par lui, et un représentant du personnel** siégeant à ce comité (art. R. 4612-21 C. trav.)

B. Les consultations obligatoires du CHSCT

1) L'aménagement

Le CHSCT est consulté avant **toute décision d'aménagement** important modifiant les conditions de santé et de sécurité ou les conditions de travail et, notamment, avant **toute transformation importante des postes de travail** découlant de la modification de l'outillage, d'un changement de produit ou de l'organisation du travail, ainsi qu'avant **toute modification des cadences et des normes de productivité** liées ou non à la rémunération du travail (art. L. 4612-8 C. trav.).

Exemple : constitue un trouble manifestement illicite le fait, pour l'employeur, de communiquer au CHSCT des informations insuffisantes (seulement une description sommaire du projet dans ses grandes lignes, présenté sous le seul angle de l'amélioration de la qualité des soins et des conditions de travail) ne lui permettant pas de donner un avis utile sur la décision soumise à consultation préalable (Cass. soc. 25 septembre 2013, n° 12-21.747, publication en cours).

FICHE 20

2) Les TIC

Le CHSCT est consulté sur le **projet d'introduction et lors de l'introduction de nouvelles technologies**, sur les conséquences de ce projet ou de cette introduction sur la santé et la sécurité des travailleurs. Dans les entreprises dépourvues de CHSCT, les DP ou, à défaut, les salariés sont consultés (art. L. 4612-9 C. trav.). Le CHSCT est consulté sur le **plan d'adaptation** établi lors de la mise en œuvre de **mutations technologiques** importantes et rapides (art. L. 4612-10 et L. 2323-14 C. trav.).

3) Les travailleurs handicapés ou accidentés

Le CHSCT est consulté sur les mesures prises en vue de faciliter **la mise, la remise ou le maintien au travail des accidentés du travail**, des invalides de guerre ou civils et des travailleurs handicapés, notamment sur l'aménagement des postes de travail (art. L. 4612-11 C. trav.).

4) Le règlement intérieur et toute question relevant de la compétence du CHSCT

Le CHSCT est consulté sur les documents se rattachant à sa mission, notamment sur le **RI** (art. L. 4612-12 C. trav). Indépendamment des consultations obligatoires prévues, le CHSCT se prononce sur **toute question de sa compétence** dont il est saisi par l'employeur, le CE et les DP (art. L. 4612-13 C. trav.).

C. Les rapports et programmes annuels du CHSCT

Au moins une fois par an, l'employeur présente au CHSCT :

1° Un rapport annuel écrit faisant le bilan de la situation générale de la santé, de la sécurité et des conditions de travail dans son établissement et des actions menées au cours de l'année écoulée. La question du travail de nuit est traitée spécifiquement.

2° Un programme annuel de prévention des risques professionnels et d'amélioration des conditions de travail. Ce programme fixe la liste détaillée des mesures devant être prises au cours de l'année à venir, ainsi que, pour chaque mesure, ses conditions d'exécution et l'estimation de son coût. (art. L. 4612-16 C. trav.)

Le CHSCT émet un **avis** sur le rapport et sur le programme annuels de prévention. Il peut proposer un **ordre de priorité et l'adoption de mesures supplémentaires**. Lorsque certaines des mesures prévues par l'employeur ou demandées par le comité n'ont pas été prises au cours de l'année concernée par le programme, l'employeur énonce les **motifs de cette inexécution**, en annexe au rapport annuel. L'employeur transmet pour information le rapport et le programme annuels au CE, accompagnés de l'avis du CHSCT.

FICHE 20

Attention

Le PV de la réunion du CHSCT consacrée à l'examen du rapport et du programme est joint à toute demande présentée par l'employeur en vue d'obtenir des marchés publics, des participations publiques, des subventions, des primes de toute nature ou des avantages sociaux ou fiscaux (art. L. 4612-17 C. trav.).

Enfin, dans les entreprises du bâtiment et des travaux publics employant entre 50 et 299 salariés et n'ayant pas de CHSCT, ces dispositions sont mises en œuvre par le CE (art. L. 4612-18 C. trav.).

3 La composition du CHSCT

Le CHSCT comprend l'**employeur** et une **délégation du personnel** dont les membres sont **désignés** par un **collège** constitué par **les membres élus du CE et les DP**. L'employeur transmet à l'inspecteur du travail le PV de la réunion de ce collège (art. L. 4613-1 C. trav.).

Tableau 20.1. Composition de la délégation du personnel au CHSCT (art. R. 4613-1 C. trav.)

Nombre de salariés	Composition de la délégation du personnel au CHSCT
Moins de 199 salariés	3 salariés dont 1 appartenant au personnel de maîtrise ou des cadres
De 200 à 499 salariés	4 salariés dont 1 appartenant au personnel de maîtrise ou des cadres
De 500 à 1 499 salariés	6 salariés dont 2 appartenant au personnel de maîtrise ou des cadres
Au moins 1 500 salariés	9 salariés dont 3 appartenant au personnel de maîtrise ou de cadres

Le ou les médecins du travail chargés de la surveillance médicale du personnel assistent avec voix consultative aux séances du CHSCT (art. L. 4613-2 C. trav.). Les contestations relatives à la délégation des RP au CHSTC sont de la compétence du **juge judiciaire**. Les RP au CHSCT sont désignés pour une durée de **2 ans** et leur mandat est renouvelable. Lorsque, pendant la durée normale de son mandat, un RP cesse ses fonctions, il est remplacé dans le délai d'1 mois. Il n'est pas remplacé si la période de mandat restant à courir est inférieure à 3 mois (art. R. 4613-5 C. trav.). Le **secrétaire du CHSCT** est choisi parmi les RP au sein de ce comité (art. R. 4614-1 C. trav.).

Dans les établissements d'**au moins 500 salariés**, le CE détermine, en accord avec l'employeur, le **nombre des CHSCT** devant être constitués, eu égard à la nature, la fréquence et la gravité des risques, aux dimensions et à la répartition des locaux ou groupes de locaux, au nombre des travailleurs occupés dans ces locaux ou groupes de locaux, ainsi qu'aux modes d'organisation du travail. Il prend, le cas échéant, les mesures nécessaires à la coordination de l'activité des différents CHSCT. En cas de désaccord avec l'employeur, le nombre des comités distincts ainsi que les mesures de coordination sont fixés par **l'inspecteur du travail**. Cette décision est susceptible d'un recours hiérarchique devant le DIRECCTE (art. L. 4613-4 C. trav.).

Le CHSCT est **présidé par l'employeur** (art. L. 4614-1 C. trav.). Les décisions du CHSCT portant sur ses modalités de fonctionnement et l'organisation de ses travaux sont adoptées à la **majorité des membres présents** (art. L. 2325-18 C. trav.). Il en est de même des **résolutions** que le comité adopte.

4 Les prérogatives du CHSCT

A. Les heures de délégation

Tableau 20.2. Les heures de délégation des RP au CHSCT

Nombre de salariés	Heures de délégation
Moins de 99 salariés	2 heures par mois
De 100 à 299 salariés	5 heures par mois
De 300 à 499 salariés	10 heures par mois
De 500 à 1 499 salariés	15 heures par mois
Au moins 1 500 salariés	20 heures par mois

Ce temps peut être dépassé en cas de **circonstances exceptionnelles** ou de participation à une **instance de coordination de CHSCT** entre plusieurs établissements (art. L. 4616-1 C. trav.). Lorsque plusieurs CHSCT sont créés dans un même établissement, les heures de délégation attribuées aux RP sont calculées en fonction de l'effectif de salariés relevant de chaque comité (art. L. 4614-4 C. trav.). Les RP peuvent **répartir entre eux les heures de délégation** dont ils disposent. Ils en informent l'employeur (art. L. 4614-5 C. trav.). Le temps passé en heures de délégation est de plein droit considéré comme du **temps de travail et payé** à l'échéance normale.

> *Est également payé comme temps de travail effectif et n'est pas déduit des heures de délégation, le temps passé :*
>
> *1° Aux réunions ;*
>
> *2° Aux enquêtes menées après un accident du travail grave ou des incidents répétés ayant révélé un risque grave ou une maladie professionnelle ou à caractère professionnel grave ;*
>
> *3° À la recherche de mesures préventives dans toute situation d'urgence et de gravité.*
> (art. L. 4614-6 C. trav.)

FICHE 20

B. Les réunions

Le CHSCT se réunit **au moins tous les trimestres** à l'initiative de l'employeur, **plus fréquemment en cas de besoin**, notamment dans les branches d'activité présentant des risques particuliers (art. L. 4614-7 C. trav.). L'ordre du jour de chaque réunion est établi par le président et le secrétaire. Il est transmis aux membres du comité et à l'inspecteur du travail (art. L. 4614-8 C. trav.). Le CHSCT reçoit **de l'employeur les informations** qui lui sont nécessaires pour l'exercice de ses missions, ainsi que les moyens nécessaires à la préparation et à l'organisation des réunions et aux déplacements imposés par les enquêtes ou inspections. Les membres du comité sont tenus à une **obligation de discrétion** à l'égard des informations présentant un caractère confidentiel et données comme telles par l'employeur. Ils sont tenus au **secret professionnel** pour toutes les questions relatives aux procédés de fabrication (art. L. 4614-9 C. trav.).

Le CHSCT est réuni à la suite de **tout accident** ayant entraîné ou ayant pu entraîner des conséquences graves ou à la **demande motivée de 2 de ses membres** RP. Il est réuni en cas d'événement grave lié à l'activité de l'établissement ayant porté atteinte ou ayant pu porter **atteinte à la santé publique ou à l'environnement** (art. L. 4614-10 C. trav.). L'inspecteur du travail est prévenu de toutes les réunions du CHSCT et peut y assister (art. L. 4614-11 C. trav.).

C. Le recours à un expert

Le CHSCT peut faire appel à un expert agréé :

1° Lorsqu'un risque grave, révélé ou non par un accident du travail, une maladie professionnelle ou à caractère professionnel est constaté dans l'établissement ;

2° En cas de projet important modifiant les conditions de santé et de sécurité ou les conditions de travail. (art. L. 4614-12 C. trav.)

L'expert, désigné lors de sa première réunion par le CHSCT ou par l'instance de coordination dans le cadre d'une consultation sur un projet de restructuration et de compression des effectifs, présente son rapport au plus tard 15 jours avant l'expiration du délai. L'avis du comité et, le cas échéant, de l'instance de coordination est rendu avant la fin du délai prévu. À l'expiration de ce délai, ils sont réputés avoir été consultés (art. L. 414-12-1 C. trav.). Les experts auxquels le CHSCT peut faire appel le sont dans les domaines suivants : santé et sécurité au travail, organisation du travail et de la production (art. R. 4614-6 C. trav.).

Exemple : certains risques graves permettent la désignation d'un expert. La mise en œuvre par l'employeur d'une politique de gestion entraînant de nombreuses procédures disciplinaires démontrait que les relations sociales étaient très tendues et les statistiques relatives aux accidents du travail mettaient en évidence un taux anormalement élevé d'incidents sur les lieux de travail (Cass. soc. 18 décembre 2013, n° 12-21.719).

Les frais d'expertise sont **à la charge de l'employeur**. L'employeur qui entend contester la nécessité de l'expertise, la désignation de l'expert, le coût, l'étendue ou le délai de l'expertise, saisit le **juge judiciaire**. Toutefois, lorsque l'expert a été désigné pour consultation d'un **projet de restructuration et de compression de l'effectif** (art. L. 4614-12-1 C. trav.), toute contestation relative à l'expertise avant transmission de la demande de validation ou d'homologation d'un PSE (art. L. 1233-57-4 C. trav.) est **adressée à l'autorité administrative**, qui se prononce dans un délai de 5 jours.

D. La formation

Les RP au comité CHSCT bénéficient de la formation nécessaire à l'exercice de leurs missions. Cette formation est renouvelée lorsqu'ils ont exercé leur mandat pendant **4 ans, consécutifs ou non**. Dans les établissements où il n'existe pas de CHSCT, les DP bénéficient de la formation (art. L. 4614-14 C. trav.). La charge financière de la formation des RP au CHSCT incombe à l'employeur (art. L. 4614-16 C. trav).

APPLICATIONS

QCM

Choisissez, parmi les propositions suivantes, la ou les bonnes(s) réponse(s).

20.1. À défaut de CHSCT dans les établissements de moins de 50 salariés :

- ○ **a.** les DP ont les mêmes missions, moyens et obligations que ce dernier.
- ○ **b.** les DP utilisent leurs heures de délégation pour l'exercice des missions du CHSCT.
- ○ **c.** le CE joue le rôle de CHSCT.
- ○ **d.** la DIRECCTE joue le rôle de CHSCT.

20.2. Les attributions du CHSCT sont :

- ○ **a.** la protection de la santé physique et mentale, de la sécurité des travailleurs.
- ○ **b.** l'amélioration des conditions de travail.
- ○ **c.** l'amélioration des activités culturelles.
- ○ **d.** l'observation des prescriptions légales.
- ○ **e.** la prévention du harcèlement moral ou sexuel.

20.3. Le CHSCT a le pouvoir :

- ○ **a.** de réaliser des inspections.
- ○ **b.** de réaliser des constats.
- ○ **c.** de réaliser des enquêtes en matière d'accidents du travail ou de maladies professionnelles ou à caractère professionnel.

20.4. Le CHSCT doit être consulté :

- ○ **a.** avant toute décision d'aménagement des locaux et transformation des postes de travail.
- ○ **b.** sur le projet d'introduction et lors de l'introduction de nouvelles technologies.
- ○ **c.** sur le plan d'adaptation établi lors de la mise en œuvre de mutations technologiques importantes et rapides.
- ○ **d.** sur l'utilisation des chèques-vacances et des chèques-cadeaux.
- ○ **e.** sur les mesures concernant la remise ou le maintien au travail des accidentés du travail, des invalides de guerre ou civils, des travailleurs handicapés.

Exercice. Analyse d'arrêt

Cass. soc. 17 janvier 2013, n° 11-24.696 (extrait)

« [...] *Vu l'article L. 1152-1 du Code du travail ;*

Attendu que pour débouter la salariée de sa demande en dommages-intérêts pour harcèlement, la cour d'appel relève que certains éléments évoqués par la salariée relevaient d'une méthode de direction employée à l'égard de tous les membres du service export et non pas seulement de l'intéressée ; que la surcharge de travail a été le lot de tous les membres du service, et qu'il n'est pas établi à l'égard de celle-ci d'implications négatives à la suite de la restructuration du service ;

Attendu cependant que peuvent caractériser un harcèlement moral les méthodes de gestion mises en œuvre par un supérieur hiérarchique dès lors qu'elles se manifestent pour un salarié déterminé par des agissements répétés ayant pour objet ou pour effet d'entraîner une dégradation des conditions de travail susceptible de porter atteinte à ses droits et à sa dignité, d'altérer sa santé physique ou mentale ou de compromettre son avenir professionnel ;

Et attendu que la cour d'appel a constaté que la salariée produisait des attestations tendant à démontrer qu'elle était une cible privilégiée dans le service en matière de sanctions et de reproches, que l'ambiance de travail dans le service auquel elle appartenait s'était dégradée avec l'arrivée d'un nouveau responsable qui ne laissait aucune initiative et surveillait les moindres faits et gestes des salariés, que la surcharge invoquée par la salariée était réelle, que les membres du CHSCT avaient fait le constat d'une souffrance au travail de la salariée, et que cette dernière était en arrêt de travail depuis mai 2006 pour troubles anxio-dépressifs en lien, selon le médecin psychiatre, avec le travail ; qu'en se déterminant comme elle l'a fait, la cour d'appel n'a pas donné de base légale à sa décision ; [...] »

1. S'agit-il d'un arrêt de cassation ou de rejet ? À quoi le voyez-vous ?
2. Quelle était la question de droit posée par cet arrêt ?

CORRIGÉS

QCM

20.1. ✓a. ✓b. À défaut de CHSCT dans les établissements de moins de 50 salariés, les DP ont les mêmes missions et moyens que ce dernier. Ils utilisent leurs heures de délégation pour les missions du CHSCT.

20.2. ✓a. ✓b. ✓d. ✓e. Les attributions du CHSCT sont la protection de la santé physique et mentale, de la sécurité des travailleurs, l'amélioration des conditions de travail, l'observation des prescriptions légales et la prévention du harcèlement moral ou sexuel.

20.3. ✅ a. ✅ c. Le CHSCT a le pouvoir de réaliser des inspections et des enquêtes en matière d'accidents du travail ou de maladies professionnelles ou à caractère professionnel.

20.4. ✅ a. ✅ b. ✅ c. ✅ e. Le CHSCT doit être consulté avant toute décision d'aménagement des locaux et transformation des postes de travail, sur le projet d'introduction et lors de l'introduction de nouvelles technologies, sur le plan d'adaptation établi lors de la mise en œuvre de mutations technologiques importantes et rapides, et sur les mesures concernant la remise ou le maintien au travail des accidentés du travail, des invalides de guerre ou civils, des travailleurs handicapés.

Exercice. Analyse d'arrêt

1. Il s'agit d'un arrêt de cassation. Le visa nous l'indique (« *Vu l'article L. 1152-1 du Code du travail* »), ainsi que la fin de l'extrait : « *qu'en se déterminant comme elle l'a fait, la cour d'appel n'a pas donné de base légale à sa décision* ». L'arrêt de la cour d'appel est donc censuré sur le fondement de l'article L. 1152-1 du Code du travail.

2. La question se posait de savoir si les méthodes de gestion mises en œuvre par un supérieur hiérarchique peuvent caractériser un harcèlement moral à l'encontre d'un salarié. La réponse est affirmative dès lors qu'un salarié déterminé supporte des agissements répétés ayant pour objet ou pour effet d'entraîner une dégradation des conditions de travail susceptible de porter atteinte à ses droits et à sa dignité, d'altérer sa santé physique ou mentale ou de compromettre son avenir professionnel. Le*s* membres du CHSCT avaient fait le constat d'une souffrance au travail de la salariée.

FICHE 21

Les syndicats représentatifs et les délégués syndicaux (DS)

1 La liberté syndicale

A. La libre adhésion

Tout salarié peut **librement adhérer au syndicat professionnel** de son choix (art. L. 2141-1 C. trav.). Il est bien évidemment **interdit à l'employeur** de prendre en considération **l'appartenance à un syndicat** ou l'exercice d'une activité syndicale pour arrêter ses décisions en matière, notamment, de recrutement et d'octroi d'avantages sociaux, de mesures de discipline et de rupture du contrat de travail (art. L. 2141-5 C. trav.). Tout comme il lui est **interdit de prélever les cotisations sociales sur les salaires** et d'employer un quelconque moyen de pression en faveur ou à l'encontre d'une organisation syndicale (art. L. 2141-6 et s. C. trav.). La **collecte des cotisations** syndicales peut être réalisée à l'intérieur de l'entreprise (art. L. 2142-2 C. trav.).

B. La communication syndicale

Les communications syndicales sont transmises à l'employeur, simultanément à leur affichage. Les panneaux sont mis à la disposition de chaque section syndicale suivant accord avec l'employeur (art. L. 2142-3 C. trav.). Les publications et tracts de nature syndicale peuvent être librement diffusés aux travailleurs de l'entreprise dans l'enceinte de celle-ci **aux heures d'entrée et de sortie** du travail (art. L. 2142-4 C. trav.). Un accord d'entreprise peut autoriser la mise à disposition des publications et tracts de nature syndicale, soit sur un **site syndical mis en place sur l'intranet**, soit par diffusion sur la **messagerie électronique** de l'entreprise (art. L. 2142-6 C. trav.).

C. Le délit d'entrave

Cette infraction pénale est mise en mouvement par l'inspecteur du travail ou par une constitution de partie civile (le syndicat généralement) en cas **d'obstacles dressés au bon fonctionnement des institutions représentatives du personnel** (CE, DP, DS…). Elle est punie d'un an d'emprisonnement et de 3 750 € d'amende (art. L. 2146-1 C. trav).

D. Le statut légal protecteur des représentants du personnel lato sensu

Les DS et les autres RP (DP, membres du CE ou du comité d'établissement, membres du CHSCT, conseillers prud'homaux, le représentant des salariés dans les procédures collectives, les candidats aux élections des DP et des membres du CE, les salariés qui ont demandé l'organisation des élections sont **protégés contre le licenciement** pendant 6 mois, les anciens DP, membres du CE et des CHSCT pendant les 6 mois qui suivent l'expiration de leur mandat, les représentants syndicaux, le conseiller du salarié…) doivent être **protégés contre tout licenciement** en raison de leur **actuelle ou ancienne qualité** de représentant du personnel. Cette protection leur échoit dès lors qu'ils n'ont pas été convoqués à un entretien préalable au licenciement avant leur désignation ou leur candidature à une élection. Ils bénéficient donc d'une **procédure spéciale de licenciement.** En outre, la jurisprudence a **étendu le régime d'autorisation administrative** aux hypothèses de **modification du contrat de travail** et **changement des conditions de travail** des salariés protégés (Cass. soc. 25 novembre 1997, n° 94-42.727, Bull. civ. V, n° 406).

FICHE 21

2 La représentativité syndicale

A. Les critères de la représentativité syndicale

De 1950 à 2008, les critères retenus étaient ceux des **effectifs, de l'indépendance, des cotisations, de l'expérience et l'ancienneté, de l'attitude patriotique durant l'occupation**. À l'époque, les syndicats déclarés représentatifs sur le plan national bénéficiaient d'une **présomption irréfragable de représentativité** (Cass. soc. 7 juillet 1983, n° 83-60.025, Bull. civ. V, n° 431). La représentativité des organisations syndicales est désormais déterminée, depuis la loi n° 2008-789 du 20 août 2008, d'après les **critères cumulatifs** suivants :

1° Le respect des valeurs républicaines ;

2° L'indépendance ;

3° La transparence financière ;

4° Une ancienneté minimale de deux ans dans le champ professionnel et géographique couvrant le niveau de négociation. Cette ancienneté s'apprécie à compter de la date de dépôt légal des statuts ;

5° L'audience établie selon les niveaux de négociation conformément aux dispositions légales ;

6° L'influence, prioritairement caractérisée par l'activité et l'expérience ;

7° Les effectifs d'adhérents et les cotisations. (art. L. 2121-1 C. trav.)

Concernant le 5e critère dans l'entreprise ou l'établissement, sont représentatives les organisations syndicales qui ont recueilli au moins 10 % des suffrages exprimés au premier tour des dernières élections des titulaires au CE ou de la DUP ou, à défaut, des DP, quel que soit le nombre de votants. (art. L. 2122-1 C. trav.)

1) Dans la branche professionnelle et au niveau national et interprofessionnel

Dans la **branche professionnelle** et au niveau **national et interprofessionnel**, la mesure d'audience s'effectue **tous les 4 ans** comme suit (art. L. 2122-5 et L.2122-9 C. trav.) :

Tableau 21.1. La représentation syndicale dans la branche professionnelle et au niveau national et interprofessionnel

	Critères communs	Autres critères	Concernant le 5e critère (audience)
Branche professionnelle	Les 7 critères précités.	**Implantation territoriale équilibrée**.	Au moins **8 %** des suffrages exprimés résultant de l'addition au niveau de la branche des suffrages exprimés au premier tour des dernières élections des titulaires au CE ou de la DUP ou, à défaut, des DP, quel que soit le nombre de votants. Pour les entreprises de moins de 11 salariés, **8 %** de suffrages exprimés au scrutin au niveau régional (art. L. 2122-5 C. trav.).
Niveau national et interprofessionnel	Les 7 critères précités.	Être une **organisation représentative à la fois dans les branches de l'industrie, de la construction, du commerce et des services**.	Au moins **8 %** des suffrages exprimés résultant de l'addition au niveau national et interprofessionnel des suffrages exprimés au premier tour des dernières élections des titulaires au CE ou de la DUP ou, à défaut, des DP, quel que soit le nombre de votants. Pour les entreprises de moins de 11 salariés, **8 %** des suffrages exprimés au scrutin (art. L. 2122-10-1 C. trav.).

2) Dans le groupe

Dans le **groupe**, on procède par **addition de l'ensemble des suffrages obtenus** dans l'entreprise ou les établissements concernés (art. L. 2122-4 C. trav.).

3) Les syndicats représentatifs au niveau national et interprofessionnel pour 2013-2017

Tableau 21.2. Les syndicats représentatifs au niveau national et interprofessionnel (arrêté du 30 mai 2013 publié au JO du 1er juin 2013)

Syndicats représentatifs	Pourcentages obtenus
CGT	26,77 %
CFDT	26,00 %
FO	15,94 %
CFE-CGC	9,43 %
CFTC	9,30 %

Attention

Jusqu'à la loi n° 2014-288 du 5 mars 2014, les syndicats patronaux (MEDEF, CGPME, UPA...) ne tiraient leur légitimité que des élections prud'homales et n'étaient soumis à aucun critère de représentativité. Désormais, l'article L. 2151-1 du Code du travail prévoit qu'à compter de 2017 les mêmes critères que pour les organisations syndicales trouveront à jouer. Seules différences, il n'a pas été prévu de critère d'effectif et l'audience sera mesurée tous les 4 ans en fonction du nombre d'entreprises adhérentes à jour de leur cotisation représentant au moins 8 % de l'ensemble des entreprises adhérant à des organisations professionnelles d'employeurs au niveau des branches professionnelles, au niveau national et interprofessionnel (art. L. 2152-1 et L. 2152-4 C. trav.).

FICHE 21

B. La section syndicale

Dans toute entreprise ou dans tout établissement, **même de moins de 50 salariés**, un syndicat est habilité à constituer une section syndicale dès lors qu'il remplit les conditions légales. Avant la loi du 20 août 2008, seuls les syndicats représentatifs pouvaient avoir une section. Désormais, dès lors qu'il y a **plusieurs adhérents** dans l'entreprise ou dans l'établissement, chaque **syndicat affilié à une organisation syndicale représentative au niveau national et interprofessionnel ou chaque organisation syndicale qui satisfait aux critères de respect des valeurs républicaines et d'indépendance** et constitué **depuis 2 ans au moins**, dont le **champ professionnel et géographique** couvre l'entreprise concernée, peut constituer une section syndicale. Elle assure la **représentation des intérêts matériaux et moraux** des membres du syndicat (art. L. 2142-1 C. trav.). Il faut au moins 2 adhérents pour pouvoir créer une section au sein d'une entreprise (un adhérent et un délégué syndical suffisent, Cass. soc. 8 juillet 2009, n° 09-60.011, Bull. civ. V, n° 18). Le nombre de DS dont dispose chaque section est fixé soit par entreprise, soit par établissement distinct (art. R. 2143-1 C. trav.). Ce nombre peut être dépassé avec la nomination d'un DS supplémentaire ou un DS central d'entreprise.

Tableau 21.3. Le nombre de DS par entreprise ou établissement distinct de plus de 50 salariés (art. R. 2143-2 C. trav.)

Nombre de salariés dans l'entreprise ou établissement	Nombre de DS
De 50 à 999	1
De 1 000 à 1 999	2
De 2 000 à 3 999	3
De 4 000 à 9 999	4
Au-delà de 9 999	5

C. Le délégué syndical (DS)

Le DS doit être âgé de **18 ans révolus**, travailler dans l'entreprise depuis **un an** au moins et n'avoir fait l'objet d'aucune interdiction, déchéance ou incapacité relative à ses droits civiques. Ce délai d'un an est réduit à **4 mois** en cas de création d'entreprise ou d'ouverture d'établissement (art. L. 2143-1 C. trav.).

Figure 21.1. La désignation des DS

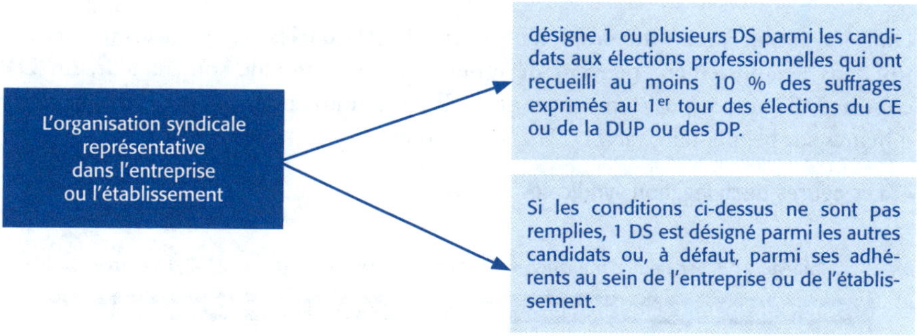

La désignation d'un DS peut intervenir lorsque l'effectif d'au moins 50 salariés a été atteint pendant **12 mois, consécutifs ou non, au cours des 3 années précédentes** (art. L. 2143-3 C. trav.). Les noms du ou des DS sont portés à la connaissance de l'employeur par LRAR ou par lettre remise contre récépissé (art. D. 2143-4 C. trav.). Ils sont affichés sur des panneaux réservés aux communications syndicales. La copie de la communication adressée à l'employeur est adressée simultanément à l'inspecteur du travail. La même procédure est appliquée en cas de remplacement ou de cessation de fonction du DS (art. L. 2143-7 C. trav.). **Seul le DS négocie** les conventions et accords collectifs de travail.

1) Le DS supplémentaire

Dans les entreprises d'au moins 500 salariés, tout syndicat représentatif dans l'entreprise peut désigner un **DS supplémentaire** s'il a obtenu **un ou plusieurs élus dans le collège des ouvriers et employés** lors de l'élection du CE et s'il compte **au moins un**

élu dans l'un des deux autres collèges. Ce DS supplémentaire est **désigné** parmi les **candidats** aux élections professionnelles qui ont recueilli au moins **10 %** des suffrages exprimés au premier tour des dernières élections au CE ou des DP, quel que soit le nombre des votants (art. L. 2143-4 C. trav.).

2) Le DS central d'entreprise

Tableau 21.4. La désignation du DS central d'entreprise

	Désignation DS central d'entreprise (art. L. 1243-5 C. trav.)
Entreprises d'au moins 2 000 salariés avec au moins 2 établissements d'au moins 50 salariés	Chaque syndicat représentatif (au moins 10 % des suffrages exprimés au 1er tour des dernières élections du CE ou de la DUP ou, à défaut, des DP) peut désigner 1 DS central d'entreprise.
Entreprises de moins de 2 000 salariés avec au moins 2 établissements d'au moins 50 salariés	Chaque syndicat représentatif peut désigner l'un de ses DS d'établissement en vue d'exercer les fonctions de DS central d'entreprise.

3) Le DP/DS

Dans les établissements qui emploient **moins de 50 salariés**, les syndicats représentatifs dans l'établissement peuvent **désigner**, pour la durée de son mandat, un **DP comme DS**. Sauf disposition conventionnelle, ce mandat n'ouvre pas droit à un crédit d'heures supplémentaire (art. L. 2143-6 C. trav.).

4) Les heures de délégation syndicales

Tableau 21.5. Les heures mensuelles de délégation syndicale (art. L. 2143-13 C. trav.)

Nombre de salariés dans l'entreprise ou l'établissement	Nombre d'heures par mois
De 50 à 150	10
De 151 à 499	15
À partir de 500	20
Circonstances exceptionnelles	Dépassement possible

Les DS peuvent se répartir le temps dont ils disposent au titre de leur mandat de DS, mais doivent en informer l'employeur (art. L. 2143-14 C. trav.). Des « bons de délégation » servent en pratique à l'information préalable de l'employeur mais non à solliciter son autorisation.

Attention

Le DS central dispose de 20 heures par mois pour l'exercice de ses fonctions. Ces heures s'ajoutent à celles dont il peut disposer à un autre titre que celui de DS d'établissement (art. L. 2143-15 C. trav.).

En outre, chaque section syndicale dispose, au profit de son ou ses **DS** et des **salariés** de l'entreprise appelés à **négocier la convention ou l'accord d'entreprise**, en vue de la préparation de la négociation de cette convention ou de cet accord, d'un crédit global supplémentaire :

Tableau 21.6. Le crédit global supplémentaire pour la négociation

Nombre de salariés	Heures de crédit supplémentaire pour la négociation
Au moins 500 salariés	10 heures par an
Au moins 1 000 salariés	15 heures par an

Les heures de délégation sont de plein droit considérées comme **temps de travail** et payées à l'échéance normale. L'employeur qui entend contester l'utilisation faite des heures de délégation saisit le **juge judiciaire** (art. L. 2143-17 C. trav.). Les heures utilisées pour participer à des réunions qui ont lieu à l'initiative de l'employeur ne sont pas imputables sur les temps de délégation (art. L. 2143-18 C. trav.). Pour l'exercice de leurs fonctions, les DS peuvent, durant les heures de délégation, se déplacer hors de l'entreprise. Ils peuvent également, tant durant les heures de délégation qu'en dehors de leurs heures habituelles de travail, circuler librement dans l'entreprise (art. L. 2143-20 C. trav.).

5) La désignation des représentants syndicaux au CE

Chaque organisation syndicale ayant des **élus au CE** peut y nommer un **représentant**. Il assiste aux séances avec **voix consultative**. Il est choisi parmi les membres du personnel de l'entreprise et doit remplir les conditions d'éligibilité au CE (article L. 2324-2 C. trav.).

Attention

Dans les entreprises de moins de 300 salariés et dans les établissements appartenant à ces entreprises, le DS est, de droit, représentant syndical au CE ou d'établissement. Le DS est, à ce titre, destinataire des informations fournies au CE ou d'établissement (art. L. 2143-22 C. trav).

Les organisations syndicales désignent également les représentants du personnel au **comité de groupe** (art. L. 2333-2 C. trav.) et les représentants du personnel au **CE européen** (art. L. 2341-1 C. trav.).

D. Le représentant de la section syndicale (RSS)

Il s'agit d'une création issue de la loi n° 2008-789 du 20 août 2008 ayant pour but de donner aux syndicats **non représentatifs** les moyens de le **devenir**. Chaque syndicat qui a **une section** syndicale au sein de l'entreprise ou de l'établissement **d'au moins 50 salariés** peut, s'il n'est **pas représentatif** dans l'entreprise ou l'établissement, **désigner un RSS** pour le représenter au sein de l'entreprise ou de l'établissement. Ce RSS bénéficie des mêmes prérogatives que le DS **à l'exception du pouvoir de négocier** des accords collectifs. Le mandat du RSS prend fin à l'issue des premières élections professionnelles suivant sa désignation, dès lors que le syndicat qui l'a désigné n'est pas reconnu représentatif dans l'entreprise. Le salarié qui perd ainsi son mandat de représentant syndical ne peut pas être désigné à nouveau comme représentant syndical jusqu'aux 6 mois précédant la date des élections professionnelles suivantes (art. L. 2142-1-1 C. trav.).

Attention

Par dérogation, et en raison d'une carence au premier tour des élections professionnelles, si un DS n'a pu être désigné au sein de l'entreprise ou de l'établissement ou lorsqu'il n'existe pas de DS dans l'entreprise ou l'établissement, le RSS désigné par une organisation syndicale de salariés affiliés à une organisation syndicale représentative au niveau national et interprofessionnel **peut disposer, sur mandatement par son organisation syndicale, du pouvoir de négocier** et conclure un accord d'entreprise ou d'établissement (art. L.2143-23 C. trav.).

FICHE 21

Le RSS a **4 heures de délégation par mois** payées comme des heures travaillées. L'employeur qui entend contester l'utilisation faite de ces heures de délégation saisit le **juge judiciaire** (art. L. 2142-1-3 C. trav.). Dans les entreprises de **moins de 50 salariés**, les **syndicats non représentatifs** qui constituent une **section syndicale** peuvent désigner, pour la durée de son mandat, **un DP comme RSS**. Mais c'est uniquement par **disposition conventionnelle que ce mandat peut ouvrir droit à un crédit d'heures**. Le temps dont dispose le DP pour l'exercice de son mandat peut être utilisé dans les mêmes conditions pour l'exercice de ses fonctions de RSS (art. L. 2142-1-4 C. trav.).

Attention

Ne pas confondre le RSS avec le représentant syndical au CE.

3 La mission des syndicats

Les syndicats professionnels ont exclusivement pour objet l'étude et la défense des droits, ainsi que des intérêts matériels et moraux, tant collectifs qu'individuels, des salariés (art. L. 2131-1 C. trav.).

Les syndicats professionnels sont seuls admis à négocier les conventions et accords collectifs de travail. (art. L. 2132-2 C. trav.)

Les syndicats professionnels ont le **droit d'ester en justice**. Ils peuvent, devant toutes les juridictions, exercer tous les droits réservés à la **partie civile** concernant les faits portant un préjudice direct ou indirect à l'intérêt collectif de la profession qu'ils représentent (art. L. 2132-3 C. trav.). Ils peuvent également intenter une **action de substitution en faveur du salarié** (il ne doit pas s'y opposer et peut toujours intervenir dans l'instance engagée) et une **action syndicale** pour défendre les intérêts collectifs.

4 Les ressources et moyens des syndicats

Les syndicats sont soumis aux obligations comptables (art. L. 123-12 C. trav.). Lorsque leurs ressources annuelles n'excèdent pas 230 000 €, ils peuvent adopter une **présentation simplifiée** de leurs comptes. Si leurs ressources annuelles n'excèdent pas 2 000 €, ils peuvent tenir **un livre** enregistrant chronologiquement l'ensemble des mouvements de leur patrimoine (art. L. 2135-1 C. trav.). Les syndicats professionnels et leurs unions qui contrôlent une ou plusieurs personnes morales sont tenus soit d'établir des **comptes consolidés**, soit de fournir en annexe de leurs propres comptes les comptes de ces personnes morales (art. L. 2135-2 C. trav.).

A. Le local syndical

Tableau 21.7 Local et section syndicale

<table>
<tr><td>Entreprises ou établissements d'au moins 200 salariés</td><td>Les sections syndicales ont un local commun.</td><td rowspan="2">Les meubles et immeubles nécessaires sont insaisissables.</td></tr>
<tr><td>Entreprises ou établissements d'au moins 1 000 salariés</td><td>Chaque section syndicale constituée par une organisation syndicale représentative dans l'entreprise ou l'établissement a un local (art. L. 2142-8 C. trav.).</td></tr>
</table>

B. Les réunions syndicales

Les adhérents de chaque section syndicale peuvent se réunir **une fois par mois** dans l'enceinte de l'entreprise, en dehors des locaux de travail suivant accord avec l'employeur. Les sections syndicales peuvent **inviter des personnalités syndicales extérieures** à l'entreprise à participer à des réunions organisées par elles dans les locaux syndicaux mis à leur disposition ou, avec l'accord du chef d'entreprise, dans d'autres locaux mis à leur disposition. Des **personnalités extérieures autres que syndicales peuvent être invitées** par les sections syndicales à participer à une réunion avec l'accord de l'employeur (art. L. 2142-10 C. trav.).

APPLICATIONS

QCM

Choisir, parmi les propositions suivantes, la ou les bonnes(s) réponse(s).

21.1. Les RP :

- ○ **a.** sont des salariés qui peuvent être licenciés comme n'importe quels autres salariés.
- ○ **b.** sont des salariés protégés par une procédure spéciale contre tout licenciement qui aurait lieu en raison leur qualité de représentants du personnel.
- ○ **c.** sont des salariés qu'il est impossible de licencier, d'où le terme de « protégés ».

21.2. Les critères de représentativité des syndicats dans l'entreprise ou l'établissement depuis 2008 sont :

- ○ **a.** les effectifs, l'expérience et l'ancienneté, l'attitude patriotique durant l'occupation, les cotisations, l'indépendance.
- ○ **b.** le respect des valeurs républicaines, l'indépendance, la transparence financière, une ancienneté minimale de deux ans, une audience de 10 % des suffrages exprimés au premier tour des dernières élections des titulaires du CE ou de la DUP ou, à défaut, des DP, quel que soit le nombre de votants.
- ○ **c.** le charisme du *leader* syndical et le résultat des élections prud'homales.

21.3. Le DS est :

- ○ **a.** élu par ses pairs.
- ○ **b.** élu par les salariés de l'entreprise tous les 4 ans.
- ○ **c.** désigné par l'organisation syndicale.

CORRIGÉS

QCM

20.1. ✓b. Les RP sont des salariés protégés par une procédure spéciale contre tout licenciement qui aurait lieu en raison leur qualité de représentants du personnel.

20.2. ✓b. Les critères de représentativité des syndicats dans l'entreprise ou l'établissement depuis 2008 sont le respect des valeurs républicaines, l'indépendance, la transparence financière, une ancienneté minimale de deux ans, une audience de 10 % des suffrages exprimés au premier tour des dernières élections des titulaires du CE ou de la DUP ou, à défaut, des DP, quel que soit le nombre de votants.

20.3. ✓c. Le délégué syndical est désigné par l'organisation syndicale.

FICHE 22 La négociation collective

1 Le droit commun des conventions et accords collectifs

Les conventions ou accords collectifs sont des **contrats conclus entre un employeur ou un groupement d'employeurs et une ou plusieurs organisations syndicales représentatives** de salariés en vue de fixer les **conditions d'emploi, de formation professionnelle, de travail** ainsi que leurs **garanties sociales** (art. L. 2221-1 et art. L. 2231-1 C. trav.). Ils servent à organiser les entreprises et les professions. Il existe un droit commun des conventions collectives, mais la **portée de la convention varie** selon le niveau de représentation.

Tableau 22.1. La distinction entre convention et accord collectif

Convention collective	Elle traite **de tous ces sujets** : conditions d'emploi, de formation professionnelle et de travail, ainsi que leurs garanties sociales pour toutes les catégories professionnelles intéressées.
Accord collectif	Il traite seulement de **l'un ou de plusieurs sujets** déterminés ci-dessus, mais pas de la totalité (art. L. 2221-2 C. trav.).
Cette distinction entre les deux termes s'applique quel que soit le niveau de négociation (par exemple, entre une convention ou un accord d'entreprise). *N.B.* : dans le reste de la fiche, par simplification, les termes de « conventions collectives » ou « accords collectifs » doivent être considérés comme synonymes.	

Il s'agit de contrats conclus au sens de l'article 1134 du Code civil, mais qui ont la particularité de régir les contrats individuels de travail. La convention est conclue pour une **durée déterminée** (maximum **5 ans**) ou **indéterminée**. Elle prévoit les formes et le délai aux termes desquels son renouvellement et sa révision seront possibles (art. L. 2222-5 C. trav.), ainsi que ses conditions de dénonciation (durée du préavis…, art. L. 2222-6 C. trav.). Il s'agit forcément d'un **acte écrit**, à peine de nullité (art. L. 2231-3 C. trav.), déposé en deux exemplaires (papier et numérique) auprès du ministère du Travail et rédigé en français (art. L. 2231-4 C. trav.).

A. L'information des salariés

L'information des salariés et des RP se fait, en principe, selon les modalités prévues au niveau de la branche ou de la profession (art. L. 2262-5 C. trav.). À défaut, l'employeur doit remettre une notice d'information à l'embauche, communiquer un exemplaire des différentes conventions applicables aux RP, afficher un avis informant les salariés du lieu où ils peuvent consulter une version à jour de ces textes dans l'entreprise, les mettre à disposition sur l'intranet de l'entreprise. Mention doit être faite **sur le bulletin de paie** de la convention de branche applicable au salarié. Le défaut d'information engage la **responsabilité civile** de l'employeur sans que le salarié n'ait à rapporter la preuve d'un préjudice.

Attention

Le défaut d'information rend inopposables aux salariés les obligations qui résultent pour eux de la convention collective, mais ne peut les priver des droits qu'elle leur accorde (Cass. soc. 28 février 1996, n° 93-42.058, Bull. civ. V, n° 75).

B. La conclusion de la convention ou de l'accord collectif

Seuls les **syndicats représentatifs** (fiche 21) ont la capacité de signer des conventions. Du côté des employeurs, il n'y a **aucune exigence de représentativité jusqu'en 2017 (cf. art. L.2151-1 C. trav.)** et tout groupement d'employeurs et tout employeur pris individuellement peuvent valablement conclure un accord collectif.

Attention

Cependant, un accord professionnel ou interprofessionnel ne peut être étendu que s'il a été conclu par des organisations représentatives d'employeurs et de salariés (art. L. 2261-19 C. trav.).

C. L'applicabilité de la convention ou de l'accord collectif

Les conventions et accords sont applicables, sauf stipulation contraire, à partir du **jour qui suit le dépôt auprès du service compétent** (art. L. 2261-1 C. trav.). La convention collective applicable est celle dont relève **l'activité principale** exercée par l'employeur. Elle s'applique aux contrats de travail conclus **postérieurement** à sa mise en vigueur, mais aussi aux contrats **en cours** d'exécution (art. L. 2254-1 C. trav.). Elle s'impose au contrat de travail individuel.

... À retenir ...

La loi du 20 août 2008 exige la signature de l'accord par une minorité significative de syndicats représentatifs, c'est-à-dire ceux ayant recueilli au moins 30 % des suffrages exprimés aux élections professionnelles pour la validité d'un accord interprofessionnel, d'une convention de branche, d'un accord professionnel, d'un accord d'entreprise ou d'établissement (art. L. 2232-2, L. 2232-6 et L.2332-12 C. trav.). Cependant, les syndicats représentatifs ayant recueilli 50 % des suffrages exprimés aux élections professionnelles peuvent s'opposer à l'entrée en vigueur de l'accord signé par des minoritaires par écrit motivé dans un délai de 15 jours pour les accords interprofessionnels et les conventions de branche ; 8 jours pour les accords d'entreprise. L'autre mode de contestation, mais qui n'est guère utilisé, consiste à soumettre la validité de la convention à l'engagement explicite des organisations majoritaires ou à la faire approuver par une majorité de salariés.

Attention

L'accord est toujours dit majoritaire ; toutefois, lorsque l'accord n'a pas été frappé d'opposition, on parle d'une **majorité implicite** ou de **consensus**, alors que lorsqu'il a été signé par une représentation majoritaire, il s'agit d'une **majorité d'engagement**.

Actuellement, l'absence d'opposition majoritaire ne suffit pas à valider un accord collectif. Celui-ci est également subordonné à la signature de l'accord par une minorité significative des syndicats représentatifs.

Un groupement d'employeurs ou un syndicat de salariés n'ayant pas signé la convention peut, s'il a la capacité de négocier une convention collective, y **adhérer postérieurement** (art. L. 2261-2 C. trav.).

D. La révision de la convention ou de l'accord

La convention collective ou l'accord arrive à échéance s'il est à durée déterminée ou s'il est dénoncé. Il doit prévoir les formes selon lesquelles il pourra être renouvelé ou révisé (art. L. 2222-5 C. trav.). Les organisations syndicales de salariés représentatives, signataires d'une convention ou d'un accord ou qui y ont adhéré, sont seules habilitées à signer les avenants portant révision de cette convention ou de cet accord (art. L. 2261-7 C. trav.).

E. La dénonciation de la convention ou de l'accord

Si les parties à une convention collective n'arrivent pas à trouver le moyen de l'adapter, certaines peuvent la dénoncer. La convention et l'accord **à durée indéterminée** peuvent être dénoncés par les parties signataires. La dénonciation est **totale**, hors le cas de la clause prévoyant la dénonciation partielle. En l'absence de stipulation expresse, la **durée du préavis** qui doit précéder la dénonciation est de **3 mois**. Elle est notifiée par son auteur aux autres signataires de la convention ou de l'accord (art. L. 2261-9 C. trav.).

1) La dénonciation par la totalité des signataires

Lorsque la dénonciation émane de la **totalité** des signataires employeurs ou des signataires salariés, la convention ou l'accord **continue de produire effet** jusqu'à **l'entrée en vigueur de la convention ou de l'accord** qui lui est substitué ou, à défaut, pendant **une durée d'un an** à compter de l'expiration du délai de préavis, sauf clause prévoyant une durée déterminée supérieure. Une nouvelle négociation s'engage, à la demande d'une des parties intéressées, dans les **3 mois** qui suivent la date de la dénonciation.

... À retenir ...

Lorsque la convention ou l'accord qui a été dénoncé n'a pas été remplacé par une nouvelle convention ou un nouvel accord dans un délai d'un an à compter de l'expiration du préavis, les salariés des entreprises concernées conservent les avantages individuels qu'ils ont acquis, en application de la convention ou de l'accord, à l'expiration de ce délai (art. L. 2261-13 C. trav.). Pour la Cour de cassation, seules les personnes dont le contrat de travail a été conclu avant que la convention ne soit dénoncée peuvent invoquer le maintien de ces avantages conventionnels (Cass. soc. 15 mai 2001, n° 99-41.669, Bull. civ. V, n° 170).

FICHE 22

2) La dénonciation par une partie seulement des signataires

Lorsque la dénonciation est le fait **d'une partie seulement** :

- **des signataires employeurs** : la convention cesse d'être applicable dans les entreprises dont les responsables sont **membres du syndicat l'ayant dénoncée**. Cependant, la convention collective reste applicable **15 mois après le dépôt** de la dénonciation et *de facto* en raison du **maintien des avantages individuels acquis par cette convention après le délai d'un an.**
- **des signataires salariés** : en ce cas, la convention demeure **applicable à tous les salariés** travaillant dans les entreprises liées par celle-ci. Seules les organisations syndicales ne pourront plus se voir opposer les droits et obligations des signataires (art. L. 2261-11 C. trav.).

3) La dénonciation par une seule organisation signataire

Lorsque la dénonciation d'une convention de branche ou d'un accord professionnel ou interprofessionnel émane d'**une seule organisation signataire**, soit pour la partie employeurs, soit pour la partie salariés, concernant un secteur territorial ou professionnel inclus dans le champ d'application du texte dénoncé, ce **champ d'application** est **modifié** en conséquence (art. L. 2261-12 C. trav.).

F. L'incidence de la perte de la qualité d'organisation représentative

Lorsqu'une des organisations syndicales de salariés signataires de la convention ou de l'accord **perd la qualité d'organisation représentative** dans le champ d'application de cette convention ou de cet accord, la **dénonciation** de ce texte n'emporte d'effets que si elle émane **d'une ou plusieurs organisations** syndicales de salariés représentatives dans son champ d'application **ayant recueilli la majorité** des suffrages exprimés (art. L. 2261-10 C. trav.).

G. La mise en cause : fusion, cession, scission ou changement d'activité...

Lorsque l'application d'une convention ou d'un accord est mise en cause dans une entreprise en raison notamment d'une fusion, cession, scission ou d'un changement d'activité, cette convention ou cet accord **continue de produire effet jusqu'à l'entrée en vigueur de la convention ou de l'accord qui lui est substitué** ou, à défaut, pendant une durée **d'un an à compter de l'expiration du délai de préavis**. Lorsque la convention ou l'accord mis en cause **n'a pas été remplacé**, les salariés concernés conservent les **avantages individuels** qu'ils ont acquis. La nouvelle négociation doit s'engager dans l'entreprise concernée, à la demande d'une des parties intéressées, dans les **3 mois suivant** la mise en cause, soit pour l'adaptation aux dispositions conventionnelles, soit pour l'élaboration de nouvelles stipulations (art. L. 2261-14 C. trav.).

FICHE 22

H. L'extension et l'élargissement de la convention ou de l'accord

1) L'extension

L'arrêté ministériel étend la portée de la convention ou de l'accord. Le domaine professionnel et géographique n'est pas modifié, mais **tous les employeurs exerçant une activité entrant dans ce champ d'application professionnel et géographique doivent respecter les dispositions contenues dans la convention ou l'accord, qu'ils soient membres ou non des organisations patronales signataires**.

Les stipulations d'une convention de branche ou d'un accord professionnel ou interprofessionnel peuvent être rendues **obligatoires** pour tous les salariés et les employeurs compris dans le champ d'application de cette convention ou de cet accord par **arrêté du ministre chargé du Travail après avis motivé de la Commission nationale de la négociation collective** (art. L. 2261-15 C. trav.). Le ministre du Travail peut également rendre obligatoires par arrêté les avenants ou annexes à une convention ou à un accord étendu (art. L. 2261-16 C. trav.).

2) L'élargissement

Si l'arrêté d'extension ne modifie pas le champ d'application territorial et professionnel de la convention ou de l'accord collectif, l'arrêté d'élargissement **rend applicable dans une région ou dans un secteur d'activité** une convention que les acteurs sociaux de cette région ou de ce secteur n'ont pas conclue.

En cas d'absence ou de carence des organisations de salariés ou d'employeurs se traduisant par une **impossibilité persistante de conclure une convention ou un accord dans une branche d'activité ou un secteur territorial déterminé**, le ministre chargé du Travail peut, **à la demande d'une des organisations représentatives intéressées ou de sa propre initiative, sauf opposition écrite et motivée de la majorité des membres de la Commission nationale de la négociation collective** :

> *1° Rendre obligatoire dans le secteur territorial considéré une convention ou un accord de branche déjà étendu à un secteur territorial différent. Le secteur territorial faisant l'objet de l'arrêté d'élargissement doit présenter des conditions économiques analogues à celles du secteur dans lequel l'extension est déjà intervenue ;*
>
> *2° Rendre obligatoire dans le secteur professionnel considéré une convention ou un accord professionnel déjà étendu à un autre secteur professionnel. Le secteur professionnel faisant l'objet de l'arrêté d'élargissement doit présenter des conditions analogues à celles du secteur dans lequel l'extension est déjà intervenue, quant aux emplois exercés ;*
>
> *3° Rendre obligatoire dans une ou plusieurs branches d'activité non comprises dans son champ d'application un accord interprofessionnel étendu ;*
>
> *4° Lorsque l'élargissement d'une convention ou d'un accord a été édicté conformément aux alinéas précédents, rendre obligatoires leurs avenants ou annexes ultérieurs eux-mêmes étendus dans le ou les secteurs visés par cet élargissement.* (art. L.2261-17 C. trav.)

FICHE 22

3) Les conditions d'extension des conventions et accords

Pour pouvoir être **étendus**, la convention de branche ou l'accord professionnel ou interprofessionnel, ainsi que leurs avenants ou annexes, doivent avoir été **négociés et conclus en commission paritaire**. Cette commission est composée de représentants des organisations syndicales d'employeurs et de salariés représentatives dans le champ d'application considéré (art. L. 2261-19 C. trav.).

Attention

> Ne pas confondre l'extension et l'agrément. L'extension a pour effet de généraliser l'effet normatif d'une convention collective déjà applicable et l'agrément de l'État est un préalable à l'applicabilité de certaines conventions (convention d'assurance-chômage, sécurité sociale...).

4) Les effets

L'application des conventions et accords est obligatoire pour tous les signataires ou membres des organisations ou groupements signataires (art. L. 2262-1 C. trav.).

Attention

> L'employeur qui démissionne de l'organisation ou du groupement signataire postérieurement à la signature de la convention ou de l'accord demeure lié par ces derniers (art. L. 2262-3 C. trav.).

Les clauses du contrat de travail contraires aux clauses de la convention collective sont remplacées par ces dernières.

2 Le principe de faveur

La convention ou l'accord a normalement pour but et pour effet d'améliorer la situation des salariés. Fort logiquement, une convention ou un accord peut comporter des **stipulations plus favorables** pour les salariés que les dispositions légales en vigueur. C'est aussi pourquoi ils ne peuvent déroger aux dispositions qui revêtent un caractère **d'ordre public relatif** et qui sont le minimum légal social protecteur pour le salarié (art. L. 2251-1 C. trav.). Lorsqu'un employeur est lié par les clauses d'une convention ou d'un accord, ces clauses s'appliquent aux contrats de travail conclus avec lui, sauf stipulations plus favorables (art. L. 2254-1 C. trav.).

Il existe, cependant, des dispositions **d'ordre public absolu** (par exemple, l'interdiction des indexations fondées sur le SMIC). Le **principe de faveur** s'applique aussi bien en cas de **concours de normes de nature différente** (loi, convention collective, contrat) qu'en cas de **concours de conventions collectives**. Le contrat de travail peut être plus favorable que la convention collective. Le Conseil constitutionnel considère le principe de faveur comme un **principe fondamental du droit du travail** et non comme un principe fondamental reconnu par les lois de la République, ce qui permet au législateur d'en réduire la portée (Cons. constit. déc. 2004-494 DC, 29 avril 2004), ce qui est possible depuis la loi Fillon n° 2004-391 du 4 mai 2004, qui permet de **déroger par accord d'entreprise** aux dispositions de la convention de branche et à de nombreuses dispositions légales.

FICHE 22

Attention

Une convention de branche ou un accord professionnel ou interprofessionnel (accords dérogatoires d'entreprise) peut comporter des stipulations moins favorables aux salariés que celles qui leur sont applicables en vertu d'une convention ou d'un accord couvrant un champ territorial ou professionnel plus large, sauf si cette convention ou cet accord stipule expressément qu'on ne peut y déroger en tout ou partie.

Lorsqu'une convention ou un accord de niveau supérieur à la convention ou à l'accord intervenu est conclu, les parties adaptent les stipulations de la convention ou accord antérieur moins favorables aux salariés si une stipulation de la convention ou de l'accord de niveau supérieur le prévoit expressément (art. L. 2252-1 C. trav.).

Exemple : la loi du 20 août 2008 a renforcé ce mouvement concernant le temps de travail puisque l'accord d'entreprise, sans être un accord dérogatoire, peut déroger (et à défaut l'accord de branche) et fixer lui-même la norme applicable (par exemple, la fixation du contingent d'heures supplémentaires).

3 L'opposition

L'opposition à l'entrée en vigueur d'une convention ou d'un accord est exprimée par écrit et motivée. Elle précise les points de désaccord (art. L. 2231-8 C. trav.). Les conventions et accords frappés d'opposition majoritaire ainsi que ceux qui n'ont pas obtenu l'approbation de la majorité des salariés sont réputés non écrits (art. L. 2231-9 C. trav.).

APPLICATIONS

QCM

Choisissez, parmi les propositions suivantes, la ou les bonnes(s) réponse(s).

22.1. Une convention collective :

- ○ **a.** traite de tous les sujets choisis librement par l'employeur.
- ○ **b.** traite des conditions d'emploi, de formation professionnelle et de travail, ainsi que des garanties sociales des salariés.
- ○ **c.** traite de tous les sujets choisis librement par les syndicats représentatifs.

22.2. La convention collective :

- ○ **a.** peut être conclue pour une durée indéterminée.
- ○ **b.** peut être conclue pour une durée déterminée (maximum 5 ans).
- ○ **c.** est toujours conclue pour 4 ans.

22.3. Pour être applicable, une convention collective ou un accord :

- ○ **a.** exige la signature de la convention ou de l'accord par une minorité significative de syndicats représentatifs, c'est-à-dire ceux ayant recueilli au moins 30 % des suffrages exprimés aux élections professionnelles.
- ○ **b.** ne doit pas connaître l'opposition de syndicats représentatifs ayant recueilli 50 % des suffrages exprimés aux élections professionnelles.
- ○ **c.** exige la signature de l'employeur et de 4 DS, après aval du CE.
- ○ **d.** exige le vote majoritaire des salariés au sein de l'entreprise à bulletin secret.

22.4. L'absence d'opposition majoritaire :

- ○ **a.** suffit à valider un accord collectif.
- ○ **b.** ne suffit pas à valider un accord collectif, il faut également que l'accord soit signé par une minorité significative de syndicats représentatifs.
- ○ **c.** suffit à valider l'accord si l'employeur y donne son assentiment.

22.5. Une convention collective peut être dénoncée :

- ○ **a.** par la totalité de ses signataires.
- ○ **b.** par une partie seulement de ses signataires.
- ○ **c.** par l'employeur seul.

22.6. Les avantages individuels acquis :

- ○ **a.** sont des avantages que les salariés conservent lorsque leur convention collective a été dénoncée sans avoir été remplacée par une autre durant un an à compter de l'expiration du préavis.
- ○ **b.** ne bénéficient selon la jurisprudence, qu'aux seuls les salariés dont le contrat de travail a été conclu avant la dénonciation de la convention collective.
- ○ **c.** bénéficient également aux salariés en cas de mise en cause de la convention collective, c'est-à-dire quand une entreprise sort de son champ d'application à la suite d'une fusion, d'une cession, d'une scission ou d'un changement d'activité.

CORRIGÉS

QCM

22.1. ✓b. Une convention collective traite des conditions d'emploi, de formation professionnelle et de travail, ainsi que des garanties sociales des salariés.

22.2. ✓a. ✓b. La convention collective peut être conclue pour une durée indéterminée ou une durée déterminée (maximum 5 ans).

22.3. ✓a. ✓b. Pour être applicable, une convention collective exige sa signature par une minorité significative de syndicats représentatifs, c'est-à-dire ceux ayant recueilli au moins 30 % des suffrages exprimés aux élections professionnelles. Elle ne doit pas connaître l'opposition de syndicats représentatifs ayant recueilli 50 % des suffrages exprimés aux élections professionnelles.

22.4. ✓b. L'absence d'opposition majoritaire ne suffit pas à valider un accord collectif, il faut également que l'accord soit signé par une minorité significative de syndicats représentatifs. Il s'agit d'une majorité de consensus et pas d'engagement.

22.5. ✓a. ✓b. Une convention collective peut être dénoncée par la totalité de ses signataires ou par une partie seulement de ses signataires.

22.6. ✓a. ✓b. ✓c. Les avantages individuels acquis sont des avantages que les salariés conservent lorsque leur convention collective a été dénoncée sans avoir été remplacée par une autre durant un an à compter de l'expiration du préavis. Selon la jurisprudence, seuls les salariés dont le contrat de travail a été conclu avant la dénonciation de la convention collective peuvent en bénéficier. Ils bénéficient également aux salariés en cas de mise en cause de la convention collective, c'est-à-dire quand une entreprise sort de son champ d'application à la suite d'une fusion, d'une cession, d'une scission ou d'un changement d'activité.

FICHE 23 Les différents niveaux de négociations collectives

Figure 23.1. Gradation des différents niveaux de conventions et d'accords collectifs

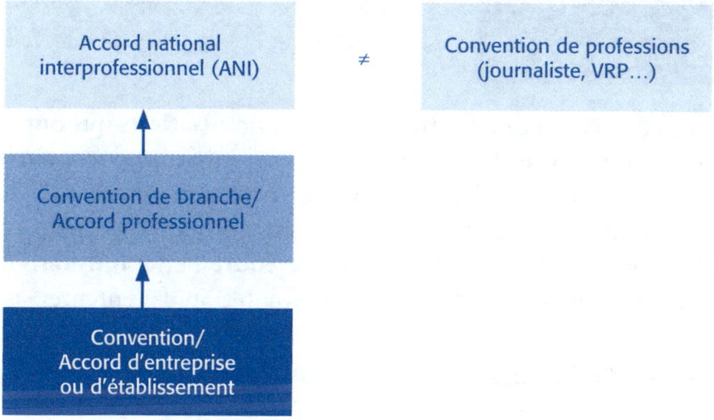

1 Les accords nationaux interprofessionnels (ANI)

Ces accords s'apparentent à une sorte de « loi négociée » et permettent à l'État d'associer employeurs et salariés à l'évolution du droit du travail.

Exemple : l'ANI du 11 janvier 2013 pour un nouveau modèle économique et social au service de la compétitivité des entreprises et de la sécurisation de l'emploi et des parcours professionnels des salariés.

2 Les conventions de branche et accords professionnels

Le champ d'application territorial des conventions de branche et des accords professionnels peut être **national, régional ou local** (art. L. 2232-5 C. trav.). La loi fait obligation aux organisations qui sont liées par une convention de branche ou, à défaut, par des accords professionnels de négocier sur les sujets suivants :

Tableau 23.1. Le rythme des négociations dans les conventions de branche

Chaque année	Sur les salaires et sur la programmation de la suppression des écarts de rémunérations entre hommes et femmes (art. L. 2241-1 C. trav.).
Tous les 3 ans	Sur l'égalité professionnelle entre hommes et femmes (art. L. 2241-3 C. trav.). Sur la formation professionnelle (art. L. 2241-6 C. trav.). Sur les conditions de travail et de la GPEC (art. L. 2241-4 C. trav.). Sur les travailleurs handicapés, la formation professionnelle et l'apprentissage (art. L. 2241-3 C. trav.).
Au moins une fois tous les 5 ans	Sur les classifications et l'épargne salariale (art. L. 2241-7 C. trav.).

Cette obligation de négocier **ne s'impose qu'aux organisations qui ont déjà conclu une convention ou un accord de branche**. Les **entreprises appartenant à la même branche** ne se concurrencent ainsi pas **sur les conditions de travail des salariés**. Cette fonction d'intérêt général des conventions de branche explique que **l'État puisse décider**, sous certaines conditions, d'en **étendre l'effet normatif à toutes les entreprises qui en relèvent** en échappant à la prohibition des ententes.

A. Les modalités de la négociation de branche

L'employeur doit remettre aux organisations syndicales un **rapport** au moins 15 jours avant l'ouverture de la négociation. Si la négociation échoue, les **dernières propositions** faites par l'organisation patronale ont été assimilées à un **engagement minimum** (Cass. soc. 4 mars 1981, Bull. civ. V, n° 180). Elles prennent la forme d'une **recommandation à valeur de simple conseil ou impérative** selon le bon vouloir de l'organisation patronale.

B. La modification du champ d'application de la convention

Si la modification résulte de l'adhésion d'une organisation d'employeurs à la convention : cela n'affecte en rien le champ d'application territoriale ou professionnelle de la convention.

Si la modification résulte de l'adhésion d'une organisation patronale qui rend la convention collective applicable dans un secteur professionnel ou dans un secteur géographique où elle ne l'était pas : elle prend alors la forme d'un accord collectif entre le ou les organismes qui veulent adhérer et les signataires de la convention (art. L.2261-5 C. trav.).

C. Les conditions d'applicabilité obligatoire

L'affiliation syndicale d'un salarié est **indifférente** et il ne peut exiger de l'employeur qu'il lui applique la convention si celui-ci n'est pas membre du syndicat patronal signataire. L'employeur membre du groupement patronal signataire doit l'appliquer à **tout le personnel** de son entreprise, **sans distinction** entre adhérents ou non.

Si l'employeur n'est pas membre du groupement signataire, il n'est pas lié par les clauses de la convention ou l'accord en dehors des cas où la convention ou l'accord a fait l'objet d'un arrêté d'extension.

Si, au contraire, l'employeur est membre du groupement signataire, il est tenu de l'appliquer lorsque son entreprise se trouve dans le champ d'application géographique et professionnel couvert par la convention. (art. L. 2262-1 C. trav.)

1) L'activité économique

L'activité principale de l'employeur doit relever du champ d'application professionnel de la convention (art. L. 2261-2 C. trav.). Il est parfois délicat de déterminer l'activité principale. En outre, il peut exister des **activités distinctes** dans des **centres autonomes**.

2) La géographie

Une convention collective ne s'applique dans une entreprise ou un établissement que dans la mesure où ceux-ci sont situés dans l'espace géographique que cette convention entend couvrir.

D. Les conditions d'applicabilité volontaire

Adhésion volontaire de l'employeur : l'activité de l'entreprise est située dans le champ d'application géographique et professionnel de la convention.

Adhésion volontaire de l'employeur : la convention collective concerne un autre secteur d'activité ou une autre région. L'adhésion de l'employeur est subordonnée à l'**agrément** des organisations syndicales représentatives dans l'entreprise. Cet agrément est donné **après négociation** (art. L. 2261-6 C. trav.).

Application volontaire sans adhésion par l'employeur de tout ou partie des dispositions d'une convention collective qui n'est pas normalement applicable. Cette application doit résulter d'une **volonté claire et non équivoque** de l'employeur et l'application volontaire d'une convention collective ne vaut pas nécessairement engagement concernant d'éventuels avenants ou accords de substitution.

Exemple : la mention dans le contrat de travail d'un salarié précisant qu'il bénéficiera des droits reconnus par une convention collective déterminée.

La fin de l'application volontaire : elle survient lorsque l'employeur veut mettre fin à l'application volontaire de la convention collective. Il doit, pour mettre **fin à son usage** ou à son **engagement unilatéral**, **prévenir individuellement les salariés** et **informer les RP** dans un délai permettant d'éventuelles négociations.

E. Les conflits de normes

Des interférences sont susceptibles de se produire entre des conventions collectives dont les effets normatifs s'exercent dans un même champ d'application.

1) Le concours de conventions relatif à leur champ d'application professionnelle

Pluralité d'activités dans la même entreprise : pour déterminer quelle convention est applicable, il faut prendre en compte **l'activité principale** de l'entreprise. Mais l'employeur peut la choisir s'il existe une **clause d'option**.

Pluralité d'activités dans ces centres autonomes : s'il s'agit d'un centre d'activité autonome, c'est la convention collective **relative à cette activité** qui s'applique, de préférence à la convention collective concernant l'activité principale de l'entreprise.

2) Le concours dans une même branche de conventions ayant un champ d'application territorial ou professionnel différent

Plusieurs conventions collectives peuvent être applicables dans une même entreprise. En application du principe de faveur, les droits attribués aux salariés par la convention ayant la portée géographique la plus étendue ne pouvaient pas, jusqu'à la loi Fillon n° 2004-391 du 4 mai 2004, être limités ou supprimés par une convention ayant un champ d'application plus limité.

Attention

Désormais, une convention ou un accord de branche pourrait en principe comporter des dispositions moins favorables que les conventions de niveau territorial ou professionnel plus élevé. C'est seulement s'il est stipulé qu'il ne pourra y être dérogé en tout ou en partie que le principe de faveur trouvera à s'appliquer. (art. L. 2252-1 C. trav.) Au principe de faveur, est substitué l'adage selon lequel la « *règle spéciale l'emporte sur la règle générale* ».

Depuis la loi n° 2008-789 du 20 août 2008, les **accords d'entreprise** supplantent la **convention de branche**, en conférant à cette dernière un **caractère supplétif**. Concernant le **temps de travail**, c'est l'**accord d'entreprise ou d'établissement** qui a priorité. Ce mécanisme de simplification exclut tout concours de normes. Cependant, un concours entre accords dérogatoires de niveaux différents est possible.

La loi obligeait les parties à un accord de niveau inférieur à adapter le texte lorsque des stipulations plus favorables étaient adoptées dans une convention de niveau supérieur applicable à l'entreprise. Ce principe est supprimé depuis 2004.

> *Désormais, c'est seulement lorsque la convention ou l'accord de niveau supérieur l'aura expressément prévu que les parties à un accord moins favorable de niveau inférieur seront tenues de modifier celui-ci.* (art. L. 2252-1 C. trav.)

3) Le concours de conventions successives

Si une convention nouvelle se révèle moins avantageuse que l'ancienne, il faut distinguer deux cas :

- **En l'absence d'une clause de maintien des avantages acquis** : le changement est sans influence sur les droits accordés au salarié par la **loi** ou une **incorporation** au contrat de travail. S'agissant des avantages qui procèdent d'une **convention collective d'un niveau supérieur**, ils continuent de produire effet **sous réserve des possibilités de dérogation que la loi offre désormais aux conventions de niveau inférieur**. Le salarié qui revendique des avantages acquis en application d'une convention collective qui a été **dénoncée** et à laquelle **aucune autre convention n'a été substituée** a désormais droit, par application de la loi, **au maintien des avantages individuels acquis**.
- **En présence d'une clause de maintien des avantages acquis** : il faut que la clause **précise les avantages individuels ou collectifs**. À défaut de précisions, la jurisprudence utilise quelques règles générales d'interprétation : il faut comparer « chaque ensemble d'avantages se rapportant à la même cause », c'est-à-dire **l'ensemble des droits reconnus au salarié en cas de licenciement ou de maladie, pour l'ensemble des bénéficiaires**, sans que la conservation d'un ensemble d'avantages prévus par l'ancienne convention **ne conduise à un cumul** avec les avantages nouveaux.

3 Les conventions et accords d'entreprise ou d'établissement

Il faut négocier **tous les ans** dans les entreprises dotées d'une représentation syndicale. La loi du 20 août 2008 fait jouer un rôle essentiel aux accords d'entreprise dans l'organisation du temps de travail et la loi du 14 juin 2013 a autorisé la conclusion d'accords de maintien de l'emploi et de la mobilité.

A. La liberté de négocier

La négociation peut concerner l'ensemble de l'**entreprise**, un **établissement** ou un **groupe d'établissements** (art. L. 2232-16 C. trav.). Les accords peuvent être différents d'un établissement à l'autre. Pour permettre la négociation dans les petites entreprises, il existe des **commissions paritaires** susceptibles de suppléer le défaut d'institutions représentatives.

B. Les négociateurs

Le chef d'entreprise et les organisations syndicales dans l'entreprise ou l'établissement négocient. Le chef d'entreprise invite **toutes les organisations syndicales représentatives** à la négociation. Chaque **délégation syndicale** comprend obligatoirement 1 ou 2 DS (2 chaque fois que plusieurs DS ont été désignés pour une même section syndicale). Elle comprend **facultativement un ou plusieurs salariés** de l'entreprise.

C. Dans les entreprises sans DS

En raison de la faible implantation des DS dans les PME : la négociation d'entreprise est désormais possible uniquement **sur des mesures dont la mise en œuvre est subordonnée par la loi à un accord collectif**. Il existe plusieurs modalités de négociation :

- Négociation avec des représentants élus du personnel (art. L. 2232-22 C. trav.).
- Négociation avec des salariés mandatés. L'accord signé par un salarié mandaté doit, pour être validé, être approuvé par les salariés à la majorité des suffrages exprimés.
- **Négociation avec le RSS.** Dans les entreprises **de moins de 200 salariés** au moins, le RSS, désigné par une organisation syndicale de salariés affiliée à une organisation syndicale représentative au niveau national et interprofessionnel, peut disposer, sur mandatement par son organisation syndicale, du pouvoir de négocier et de conclure un **accord d'entreprise ou d'établissement** (art. L. 2143-23 et L.2232-21 C. trav.). Cette possibilité n'est ouverte que **s'il n'existe pas de DS** dans l'entreprise. La validité de l'accord conclu avec le RSS est subordonnée à son **approbation par les salariés à la majorité des suffrages exprimés** (art. L. 2232-14 C. trav.).

1) La procédure de la négociation

Lorsqu'il s'agit d'une **négociation facultative**, aucun formalisme n'est imposé par le législateur pour le déroulement de la négociation. Il faut tenir compte de la **consultation du CE** lorsque l'objet de la négociation porte sur une question intéressant l'organisation, la gestion et la marche générale de l'entreprise, une mesure de nature à affecter le volume ou la structure des effectifs, la durée du travail, les conditions d'emploi, de travail et de formation professionnelle du personnel (art. L. 2323-6 C. trav.).

2) Le libre objet de la négociation

Jusqu'en 2004, les négociateurs ne pouvaient retenir que des solutions au moins aussi favorables pour les salariés que les dispositions légales et réglementaires. La négociation d'entreprise améliorait forcément la situation des travailleurs. Depuis la loi Fillon de 2004, les dérogations sont nombreuses et l'accord d'entreprise peut mener à détériorer les conditions de travail. La loi Fillon **a autorisé 14 nouvelles dérogations** antérieurement réservées aux accords de branche étendus. Cette faculté de dérogation concerne les **salaires**, la **durée du travail**, **l'emploi précaire**. Le principe de faveur ne s'applique plus qu'à 4 points : les **salaires minima**, les **classifications,** la **protection sociale complémentaire**, la **mutualisation des fonds** destinés à la formation professionnelle (art. L. 2253-1 C. trav.).

Attention

> Cependant un accord d'entreprise, conclu postérieurement à l'entrée en vigueur de la loi du 4 mai 2004, ne peut déroger par des clauses moins favorables à une convention collective de niveau supérieur, conclue antérieurement à cette date, à moins que les signataires de cette convention en aient disposé autrement. (Cass. soc. 9 mars 2011, n° 09-69.647, Bull. civ. V, n° 73)

3) La négociation obligatoire annuelle

L'obligation de négocier **pèse sur l'employeur**. Il est **interdit à l'employeur, sauf urgence, de prendre des décisions unilatérales** concernant la collectivité des salariés **dans les matières qui font l'objet de négociation** (art. L. 2242-3 C. trav.). Les négociations aboutissent soit à un **accord**, soit à un **procès-verbal de désaccord**. En ce dernier cas, le PV doit mentionner les **propositions respectives des parties et les mesures que l'employeur entend appliquer unilatéralement**.

Tableau 23.2. Les thèmes de négociation imposés

	Thèmes imposés	Thèmes imposés en l'absence d'accord déjà applicable	Thèmes dans les entreprises de plus de 300 salariés (groupe ou grande entreprise) (art. L. 2242-15 C. trav.)
Négociation annuelle	Salaires effectifs. Durée du travail. Organisation du temps de travail (notamment la mise en place du temps partiel à la demande du salarié) (art. L. 2242-8 C. trav.).	Mise en place d'un régime de prévoyance maladie (art. L. 2242-11 C. trav.). Mise en place d'un système d'intéressement, de participation financière ou d'épargne entreprise (art. L. 2242-12 C. trav.).	Néant.
Négociation triennale	Objectifs en matière d'égalité professionnelle entre les hommes et les femmes (art. L. 2242-13 C. trav.). Insertion professionnelle et maintien dans l'emploi des travailleurs handicapés (art. L. 2242-13 C. trav.).	Néant.	Modalités d'information et de consultation du comité sur la stratégie de l'entreprise et ses effets prévisibles sur l'emploi et les salaires. Mise en place d'un GPEC. Accès et maintien dans l'emploi des salariés âgés et leur accès à la formation professionnelle.

Attention

Une convention ou un accord d'entreprise ou d'établissement peut adapter les stipulations des conventions de branche ou des accords professionnels ou interprofessionnels applicables dans l'entreprise aux conditions particulières de celle-ci ou des établissements considérés (loi Fillon du 4 mai 2004). Une convention ou un accord peut également comporter des stipulations nouvelles et des stipulations plus favorables aux salariés (art. L. 2253-1 C. trav.).

Lorsqu'une **convention de branche ou un accord professionnel ou interprofessionnel** vient à s'appliquer dans l'entreprise **postérieurement** à la conclusion de conventions ou d'accords **d'entreprise ou d'établissement** négociés, les **stipulations** de ces derniers sont **adaptées** en conséquence (art. L. 2253-2 C. trav.). Depuis la loi Fillon du 4 mai 2004, les conventions de branche et les accords professionnels étendus peuvent subordonner la validité des accords d'entreprises à la **signature de syndicats représentatifs** ayant recueilli au moins la **moitié des suffrages** exprimés au premier tour des dernières élections au CE, ou, à défaut, des DP. Il est possible de déroger par accord d'entreprise aux dispositions de la convention de branche et à de nombreuses dispositions légales.

4 Les conventions ou accords de groupe création de 2004

... À retenir ...

L'accord de groupe ne peut, à la différence de l'accord d'entreprise, déroger aux conventions de branche dont relèvent les entreprises du groupe que lorsque ces conventions l'autorisent expressément (art. L. 2232-35 C. trav.).

Les effets de l'accord de groupe sont les mêmes que ceux d'un accord d'entreprise. Il est directement applicable dans toutes les entreprises entrant dans son champ d'application.

Attention

Il existe aussi des accords atypiques : des accords qui mettent fin à un conflit du travail, des conventions collectives qui ne respectent pas certaines conditions de validité...

5 Les règles de conclusion des accords ou convention

Tableau 23.3. Les conditions nécessaires à la conclusion des divers accords et conventions

	Organisation syndicale représentative	Absence d'opposition
Conclusion des ANI	Signature par une ou plusieurs **organisations syndicales des salariés représentatives** ayant recueilli aux élections du 1er tour des élections des titulaires au CE ou à la DUP ou, à défaut, de DP **au moins 30 % des suffrages exprimés** en faveur d'organisations reconnues représentatives à ce niveau, quel que soit le nombre des votants.	**Absence d'opposition dans un délai de 15 jours** d'une ou plusieurs organisations syndicales de salariés représentatives ayant recueilli la majorité des suffrages exprimés en faveur des mêmes organisations à ces mêmes élections, quel que soit le nombre des votants.
Conclusion des conventions de branche et des accords professionnels[1]	Idem.	Idem.
Conclusion des conventions et accords d'entreprise ou d'établissement	Idem.	Idem, sauf délai d'opposition de **8 jours**.
Conclusion des conventions ou accords de groupe	Idem.	Idem.

[1] Il existe des règles de conclusion provisoirement maintenues dans l'attente de l'application de la règle nouvelle ici présentée.

6 Les accords dérogatoires

Ils correspondent au désir de flexibilité des employeurs dans certains domaines (aménagement du temps de travail, recours aux emplois précaires, accords de méthode du licenciement économique sans information et consultation du CE…). Les lois de 2004 et 2008 ont ouvert aux accords d'entreprise de nouvelles possibilités de dérogation antérieurement réservées aux accords de branche.

FICHE 24 Les conflits collectifs : la grève et le *lock out*

1 Les conflits collectifs : la grève

Le délit de coalition interdisant la grève avait été créé par la loi le Chapelier le 14 juin 1791 puis abrogé par la loi Ollivier du 25 mai 1864. Il faudra attendre le préambule de la Constitution du 27 octobre 1946 pour voir inscrit que « le droit de grève s'exerce dans le cadre des lois qui le réglementent ». C'est désormais une **modalité légitime de défense des intérêts professionnels** contrebalançant le **pouvoir de direction** de l'employeur.

Elle consiste dans la **cessation collective et concertée du travail à l'appui de revendications** (Cass. soc. 2 février 2006, n° 04-12.336, Bull. civ. V, n° 52). L'employeur est obligé de négocier pour que l'entreprise fonctionne de nouveau normalement alors que le salarié perd son salaire. En effet, le contrat de travail est **suspendu** durant la grève. Le salarié est dispensé de son obligation de fournir une prestation de travail, mais **perd en contrepartie son salaire.**

Attention

La grève dans les **services publics** nuit plus aux usagers qu'à la direction. Elle est donc soumise à des conditions plus restrictives (préavis obligatoire, service minimum…, art. L. 2512-1 C. trav.). En outre, certaines professions sont privées du droit de grève : militaires, fonctionnaires de police et CRS, personnels de l'administration pénitentiaire, magistrats…

A. La qualification de grève

Est une grève **tout arrêt collectif et concerté du travail** en vue d'appuyer des **revendications professionnelles** (Cass. soc. 23 octobre 2007, n° 06-17.802, Bull. civ. V, n° 169).

Attention

Il n'y a pas de préavis à déposer, sauf dans les services publics (art. L. 2512-2 C. trav.). Les salariés de droit privé peuvent arrêter le travail et se mettre en grève en l'absence de toute initiative syndicale. En revanche, dans les entreprises publiques, la grève doit émaner d'une organisation syndicale. La grève peut avoir une durée précise ou être à durée indéterminée.

La grève peut être **minoritaire**, mais doit être le fait de plus d'un salarié, s'agissant avant tout d'un mouvement collectif. Elle a pour cause des revendications professionnelles, mais « la capacité de l'employeur à satisfaire les revendications des salariés est sans incidence sur la légitimité de la grève » (Cass. soc. 23 octobre 2007, préc.).

Il résulte du préambule de la Constitution du 27 octobre 1946, ainsi que de la Constitution du 4 octobre 1958, que le droit de grève est un **principe de valeur constitutionnelle**. Selon l'article L. 521-1 du Code du travail, qui détermine les conditions d'exercice de ce droit, **la grève ne rompt pas le contrat de travail, sauf faute lourde** imputable au salarié ; l'exercice du droit de grève ne pouvant donner lieu de la part de l'employeur **à des mesures discriminatoires** en matière de rémunération et d'avantages sociaux. **Tout licenciement** prononcé en violation de ce texte est **nul de plein droit**.

Exemple : une cour d'appel décide donc exactement que des salariés, dont les contrats de travail n'avaient pas été rompus et dont les licenciements étaient nuls, avaient droit au paiement d'une indemnité égale au montant de la rémunération qu'ils auraient dû recevoir entre leur éviction et leur réintégration, peu importe qu'ils aient ou non perçu des salaires ou un revenu de remplacement pendant cette période (Cass. soc. 2 février 2006, n° 03-47.481, Bull. civ. V, n° 53).

1) La grève de solidarité

La grève de solidarité interne ou externe envers d'autres travailleurs n'est licite que si les grévistes présentent également des réclamations les concernant eux-mêmes.

2) La grève tournante

Elle peut affecter alternativement une catégorie de salariés puis une autre, ou un atelier à la suite d'un autre. Elle est **interdite dans les services publics** (art. L. 2512-3 C. trav.). Elle est licite dans le privé.

3) La grève perlée

Ce n'est pas une vraie grève, car il n'y a pas d'arrêt de travail : le travail est exercé **au ralenti**. Il s'agit d'une mauvaise exécution du contrat de travail.

B. L'exercice du droit de grève

L'exercice normal du droit de grève pour le salarié ne lui fait **pas perdre son emploi** (licenciement nul de plein droit) sauf **faute lourde**, mais il sera **privé de salaire** (art. L. 2511-1 C. trav.). En effet, comme le contrat de travail est **suspendu** durant la grève, la faute commise par le salarié durant cette grève ne peut entraîner la rupture du contrat. En outre, la grève ne suspend pas le mandat des représentants du personnel qui peuvent jouer le rôle de négociateurs. Le **licenciement d'un gréviste est un acte nul de plein droit appelant une remise en état immédiate** (art. L. 1132-2 et L. 2511-1 al. 3 C. trav.). Le salarié a alors droit à une indemnité égale au montant de la rémunération qu'il aurait dû percevoir, peu importe qu'il ait ou non reçu un salaire durant cette période.

... À retenir ...

La suspension du contrat de travail durant la grève entraîne le relâchement du lien de subordination entre employeur et salarié. L'employeur n'a donc plus la qualité de commettant au sens de l'article 1384 du Code civil (c'est-à-dire qu'il ne répond plus des dommages causés par le salarié à des tiers) et l'éventuel accident d'un gréviste n'est pas considéré comme un accident du travail ou du trajet et n'est pas couvert par la Sécurité sociale.

FICHE 24

La retenue de salaire doit être **proportionnelle à la durée de l'interruption** de travail. Mais il existe des circonstances particulières où le gréviste demeure payé **si l'accord le prévoit**, ou si la grève a été provoquée par un **manquement grave et délibéré de l'employeur à ses obligations**.

Exemple : la Cour de cassation a reconnu l'existence d'un manquement grave et délibéré envers une société ayant créé, pour les salariés, une situation contraignante telle qu'ils s'étaient trouvés obligés de cesser le travail pour obtenir l'application des 35 heures (Cass. soc. 23 janvier 2013, n° 11-24.039).

La perte de rémunération est parfois compensée par des collectes ou des fonds syndicaux.

C. L'abus du droit de grève

Il s'agit des arrêts de travail qui désorganisent **non pas la production, mais l'entreprise** elle-même.

Exemples : « [...] *la cour d'appel a retenu qu'il n'était pas établi que les salariés grévistes aient empêché d'autres salariés de travailler ou que leurs agissements aient désorganisé l'entreprise ; qu'elle en a déduit à bon droit que l'abus* *dans l'exercice du droit de grève n'étant pas avéré, l'engagement de procédures de licenciement disciplinaire contre les membres du personnel ayant participé au mouvement de grève constituait un trouble manifestement illicite auquel il devait être mis fin* [...] » (Cass. soc. 13 mai 2009, n° 08-41.337)

D. L'occupation des locaux

Lorsqu'elle est une modalité de la grève, elle est licite.

Exemple : « [...] *Et attendu que la cour d'appel, qui a retenu, sans sortir des termes du litige, que la lettre de licenciement invoquait l'occupation par les salariés des locaux de l'entreprise lors du mouvement de grève et qu'il ne leur était reproché aucune faute lourde, en a exactement déduit, sans avoir à procéder à une recherche que ses constatations rendaient inopérante, que le licenciement était nul* [...] » (Cass. soc. 16 janvier 2013, n° 11-22.589)

Cependant, en cas de fautes commises par les salariés, l'expulsion des occupants peut être demandée.

E. Les ripostes de l'employeur à la grève

1) Le pouvoir disciplinaire

Il est possible de **licencier le salarié** qui participe à une **grève irrégulière** ou qui a commis une **faute lourde**. La faute grave ne légitime aucune sanction puisque le contrat du salarié est suspendu et qu'il n'est plus soumis à la subordination de l'employeur. La faute lourde est donc une **faute intentionnelle, d'une gravité particulière et que l'état d'insubordination ne peut justifier.**

Exemple : la faute lourde est constituée par la participation à une grève illicite ou abusive (Cass. soc. 15 octobre 2013, n° 11-18.977, publication en cours).

Aucune autre sanction ne peut être prononcée contre les grévistes. En outre, les primes d'assiduité ne permettent plus à l'employeur de sanctionner indirectement le salarié gréviste sous peine de discrimination.

2) Le pouvoir de direction de l'employeur en cas de conflit

La continuation de l'entreprise

Si les grévistes empêchent les non-grévistes d'exercer leur activité professionnelle, l'employeur peut saisir le juge des référés pour obtenir l'expulsion des grévistes et, à défaut, invoquer la **force majeure le libérant de son obligation de rémunérer les**

non-grévistes qui peuvent prétendre au chômage partiel. L'employeur **doit en effet payer les salariés qui veulent travailler même si aucune prestation de travail n'a été fournie**. Les grévistes ne peuvent pas s'opposer à ce que des non-grévistes fassent leur tâche sous peine de faute lourde.

Dans les services publics, l'autorité hiérarchique peut désigner les salariés qui devront rester à leur poste en raison du caractère indispensable de leur tâche.

La loi **interdit à l'employeur d'engager par CDD ou CTT** un salarié pour remplacer un gréviste. L'employeur ne peut pas recourir à la récupération des heures non travaillées (art. L. 3122-27 C. trav.). Il peut cependant convenir avec les organisations syndicales que les heures perdues seront en tout ou en partie récupérées et traitées comme des heures supplémentaires.

Le lock-out

Il s'agit de la **fermeture préventive** de l'entreprise, d'un établissement, d'un atelier ou d'un service à l'occasion d'un conflit collectif. L'employeur ne veut pas mettre les instruments de travail à la disposition des salariés, ni les payer. Il s'agit d'une **suspension unilatérale de l'exécution des contrats de travail par l'employeur en vue de faire pression sur les salariés**.

FICHE 24

3) Le *lock-out* fautif de l'employeur

La suspension unilatérale des contrats de travail ou la fermeture de l'entreprise contre une grève sont des **fautes contractuelles**. Les salaires correspondant aux heures ou journées perdues doivent être versés au personnel, hors cas de force majeure.

Sont **fautifs** :

- Le *lock-out* concomitant à une grève, si la grève n'est pas illicite ou abusive et si l'ordre dans l'entreprise n'est pas menacé.
- Le *lock-out* préventif pour briser une grève en préparation.
- Le *lock-out* postérieur si la grève est licite.

Le *lock-out* est **justifié par la nécessité de la remise en ordre des locaux**. Ce pouvoir d'ajourner la reprise du travail est contrôlé par les tribunaux.

4) La fermeture justifiée par une situation contraignante

Il peut s'agir de l'impossibilité absolue de fournir du travail par le cas d'une force majeure ou les nécessités de l'ordre et de la sécurité dans l'entreprise. Cette contrainte dispense l'employeur du paiement des heures ou des journées non travaillées :

- **La force majeure** : la grève n'est ni **étrangère**, ni **extérieure**, et pour qu'elle soit **irrésistible**, il faut que l'employeur **ait fait tout ce qui était en son pouvoir pour éviter la grève ou y mettre fin**. C'est pourquoi, en cas d'occupation des locaux, l'employeur doit avoir sollicité l'évacuation des lieux de travail. L'empêchement au travail des non-grévistes doit être absolu et non simplement plus difficile ou plus onéreux. Les non-grévistes doivent également être dans l'impossibilité d'être affectés à des travaux de remplacement. La charge de la preuve pèse sur l'employeur.

- **L'ordre et la sécurité** : la désorganisation de l'entreprise met l'ordre et la sécurité en péril.

2 L'action en responsabilité pour dommages de grève

A. La responsabilité civile des grévistes, des délégués et des syndicats

L'article 1382 du Code civil relatif à la **responsabilité civile délictuelle** s'applique :
– s'il est possible de prouver une **faute** (acte en soi illicite, abus du droit de grève) ;
– s'il est possible de prouver l'existence d'un **lien de causalité** entre la faute et le dommage ;
– s'il est possible de prouver l'existence d'un **dommage** (autre que celui découlant de l'exercice du droit de grève).

Chaque gréviste exerce individuellement son droit de grève et le **syndicat n'est pas le commettant** des grévistes. Une exception **existe** si le syndicat s'est rendu coupable **d'infractions pénales** ou **qu'il est à l'origine des faits ne pouvant se rattacher à l'exercice normal** du droit de grève. Le syndicat engage sa responsabilité contractuelle s'il méconnaît les dispositions d'une convention collective fixant une procédure préalable au déclenchement d'une grève. Les DS ne doivent répondre que de leur acte (responsabilité du fait personnel) puisqu'ils ne sont ni les préposés, ni les mandataires du syndicat. Si les grévistes occupent le lieu de travail et en interdisent l'accès au non-gréviste, ils peuvent être rendus responsables si leur comportement fautif est la cause du non-paiement des salaires. L'action des non-grévistes contre les grévistes tendant au paiement des salaires à titre de réparation relève de la compétence du conseil de prud'hommes (art. L. 1411-3 C. trav.).

B. La responsabilité pénale des grévistes et des syndicats

Le droit pénal commun prévoit le délit de séquestration (art. 224-1 C. pén.), de détérioration de marchandises, matériel, instruments de travail (art. 322-1 C. pén.), de coups et blessures volontaires. **Est sanctionné le fait d'entraver**, d'une manière concertée et à l'aide de menaces, l'exercice de la liberté d'expression, **du travail**, d'association, de réunion ou de manifestation (art. 431-1 C. pén.). Le prévenu encourt une amende de 15 000 € et d'un an emprisonnement. Les sanctions pénales sont plus rigoureuses (3 ans d'emprisonnement et 45 000 € d'amende) lorsque l'entrave à l'une de ces libertés résulte de coups, violences, voies de fait, destruction ou dégradation (art. 431-1, al. 2, C. pén.). La **responsabilité pénale d'un syndicat, personne morale**, peut désormais être recherchée pour toutes les infractions. Les poursuites peuvent être déclenchées par le Parquet et par les salariés non grévistes (mais pas par l'employeur) qui peuvent se constituer partie civile pour atteinte à leur liberté du travail. L'employeur victime d'une séquestration, d'une dégradation de matériel peut se constituer partie civile et mettre ainsi en mouvement l'action publique. La grève n'exonère pas l'employeur de sa responsabilité envers ses clients puisque ce n'est pas un cas de force majeure.

APPLICATIONS

QCM

Choisissez, parmi les propositions suivantes, la ou les bonnes(s) réponse(s).

24.1. Le droit de grève :

- ○ a. est reconnu par le Conseil constitutionnel comme un principe fondamental des lois de la République.
- ○ b. est inscrit dans le Préambule de la Constitution du 27 octobre 1946.
- ○ c. est reconnu comme un principe démocratique par la Cour de cassation.

24.2. La grève :

- ○ a. est une modalité légitime de défense des intérêts professionnels contrebalançant le pouvoir de direction de l'employeur.
- ○ b. consiste en la cessation collective et concertée du travail à l'appui de revendications.
- ○ c. est interdite car contraire à la liberté d'entreprendre et au bon fonctionnement de l'économie de marché.
- ○ d. est interdite dans les entreprises privées.

24.3. L'exercice normal du droit de grève par le salarié :

- ○ a. lui fait perdre son emploi.
- ○ b. le prive de son salaire.
- ○ c. le fait automatiquement rétrograder de catégorie professionnelle.
- ○ d. suspend son contrat de travail.

24.4. Le licenciement d'un salarié gréviste :

- ○ a. est toujours possible.
- ○ b. est interdit.
- ○ c. est possible uniquement en cas de faute lourde.

24.5. L'exercice du droit de grève :

- ○ **a.** peut être abusif
- ○ **b.** n'est jamais abusif.
- ○ **c.** est toujours abusif.

24.6. Si les grévistes empêchent les non-grévistes d'exercer leur activité professionnelle, l'employeur peut :

- ○ **a.** saisir le juge des référés et obtenir l'expulsion des grévistes.
- ○ **b.** invoquer la force majeure pour se dispenser de rémunérer les non-grévistes qui peuvent prétendre au chômage partiel.
- ○ **c.** leur imposer une rupture conventionnelle de leur contrat de travail.

24.7. Le *lock-out* :

- ○ **a.** consiste en l'ouverture de l'entreprise malgré la grève.
- ○ **b.** consiste en la fermeture préventive de l'entreprise à l'occasion d'une grève.
- ○ **c.** entraîne la suspension unilatérale de l'exécution des contrats de travail par l'employeur.
- ○ **d.** n'est justifié que par la nécessité de remettre en ordre les locaux.

Exercice. Analyse d'arrêt

Cass. soc. 26 mars 2014, n° 12-18.125, publication en cours (extrait)

« [...] *Attendu cependant que l'employeur peut tenir compte des absences, même motivées par la grève, pour le paiement d'une prime, dès lors que toutes les absences, hormis celles qui sont légalement assimilées à un temps de travail effectif, entraînent les mêmes conséquences sur son attribution ;*

Qu'en statuant comme il l'a fait, alors qu'il résultait de ses constatations qu'à l'exclusion des absences pour accident de travail, légalement assimilées à un temps de travail effectif, toutes les autres absences prévues par l'accord d'entreprise conclu le 2 juin 1982 donnaient lieu à réduction ou suppression de congés supplémentaires, ce dont il résultait que la retenue opérée par l'employeur pour absence pour fait de grève ne revêtait aucun caractère discriminatoire, le conseil de prud'hommes a violé par fausse application le texte susvisé ; [...]»

1. S'agit-il d'un arrêt de cassation ou de rejet ?
2. Pourquoi le salarié ne bénéficie-t-il pas de la prime ?

CORRIGÉS

QCM

24.1. ✓**a.** ✓**b.** Le droit de grève est inscrit dans l'article 7 du Préambule de la Constitution du 27 octobre 1946 et a été reconnu comme un principe fondamental des lois de la République par le Conseil constitutionnel (décision du 16 juillet 1971).

24.2. ✓**a.** ✓**b.** La grève est une modalité légitime de défense des intérêts professionnels contrebalançant le pouvoir de direction de l'employeur. Elle consiste en la cessation collective et concertée du travail à l'appui de revendications selon la Cour de cassation (Cass. soc. 2 février 2006, n° 04-12336, Bull. civ. V, n° 52). Elle est permise dans les entreprises privées.

24.3. ✓**b.** ✓**d.** L'exercice normal du droit de grève par le salarié le prive de son salaire. Son contrat de travail est juste suspendu.

24.4. ✓**c.** Le licenciement d'un salarié gréviste est possible uniquement en cas de faute lourde (Cass. soc. 2 février 2006, n° 03-47481, Bull. civ. V, n° 53).

24.5. ✓**a.** L'exercice du droit de grève peut être abusif. Par exemple, ne peut constituer un mouvement de grève illicite l'inexécution par des salariés durant leur service de leur seule obligation d'astreinte (Cass. soc. 2 février 2006, préc.).

24.6. ✓**a.** ✓**b.** Si les grévistes empêchent les non-grévistes d'exercer leur activité professionnelle, l'employeur peut saisir le juge des référés et obtenir l'expulsion des grévistes. Il peut aussi invoquer la force majeure pour se dispenser de rémunérer les non-grévistes qui peuvent prétendre au chômage partiel.

24.7. ✓**b.** ✓**c.** ✓**d.** Le *lock-out* consiste en la fermeture préventive de l'entreprise à l'occasion d'une grève et entraîne la suspension unilatérale de l'exécution des contrats de travail par l'employeur. Il n'est justifié que par la nécessité de remettre en ordre les locaux.

Exercice. Analyse d'arrêt

1. Il s'agit d'un arrêt de cassation (sans renvoi). La Cour de cassation précise que le conseil de prud'hommes a violé par fausse application la loi. Le jugement, rendu en dernier ressort, est donc censuré.

2. À l'exclusion des absences pour accident de travail, légalement assimilées à un temps de travail effectif, toutes les autres absences prévues par l'accord d'entreprise donnaient lieu à réduction ou suppression de congés supplémentaires. C'est pourquoi la retenue pour grève effectuée par l'employeur pour absence pour fait de grève ne revêtait aucun caractère discriminatoire.

Index

Achevé d'imprimé en France en août 2014
JOUVE, 1, rue du Docteur Sauvé, 53100 MAYENNE
N° 2165739N- Dépôt légal : août 2014
N° d'éditeur : 2014_083